国家杰出青年科学基金资助项目(编号:40125003)

服务业与城市发展丛书

大城市商业业态空间研究

闫小培　主编
林耿　周锐波　著

商务印书馆
2008年·北京

图书在版编目(CIP)数据

大城市商业业态空间研究/林耿,周锐波著.—北京:商务印书馆,2008

(服务业与城市发展丛书/闫小培主编)
ISBN 978-7-100-05624-3

Ⅰ.大… Ⅱ.①林…②周… Ⅲ.大城市-商业经济-研究 Ⅳ.F710

中国版本图书馆 CIP 数据核字(2007)第 142603 号

所有权利保留。
未经许可,不得以任何方式使用。

服务业与城市发展丛书
大城市商业业态空间研究
闫小培　主编
林耿　周锐波　著

商 务 印 书 馆 出 版
(北京王府井大街36号 邮政编码 100710)
商 务 印 书 馆 发 行
北京瑞古冠中印刷厂印刷
ISBN 978-7-100-05624-3

2008年6月第1版　　开本 880×1230　1/32
2008年6月北京第1次印刷　印张 10¾　插页 5
定价:28.00元

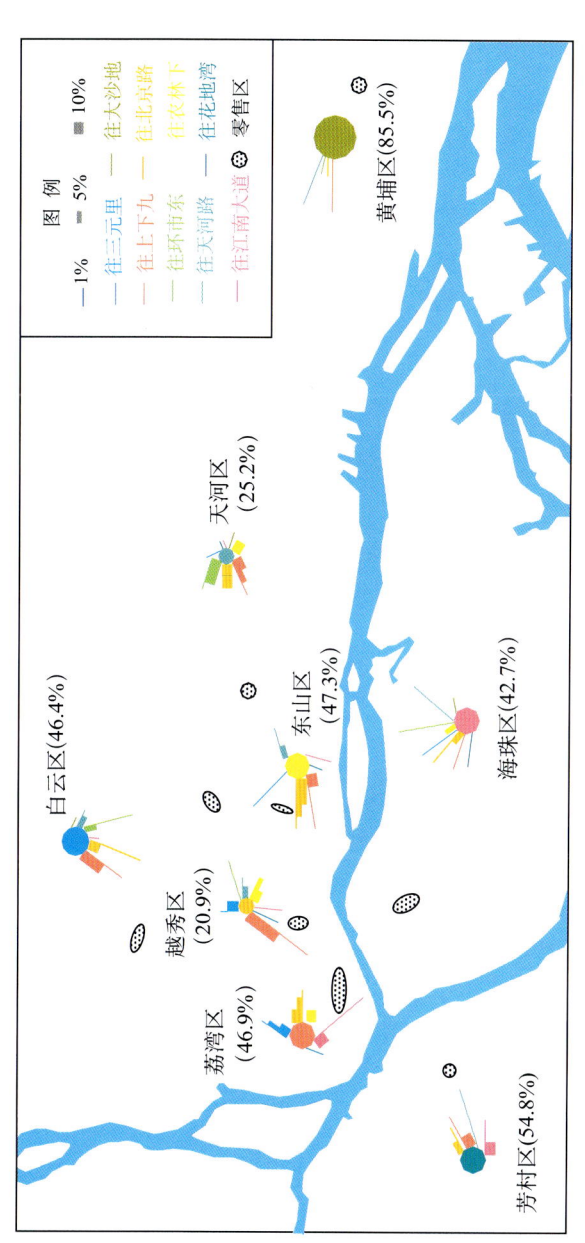

彩图 I 各区消费者的空间流动状况
(注：百分率代表各区消费者的空间流动状况)

彩图Ⅱ 广州市商业业态空间构成

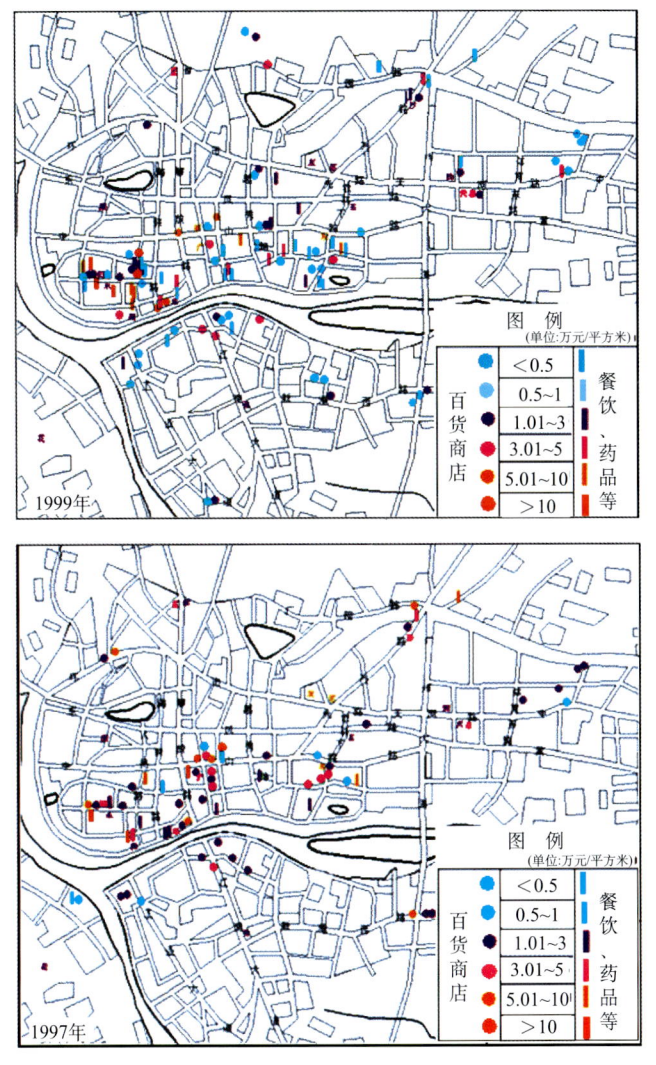

彩图Ⅲ　市区零售业用地空间效益状况（1997年、1999年）
（资料来源：广州市商业委员会统计年报）

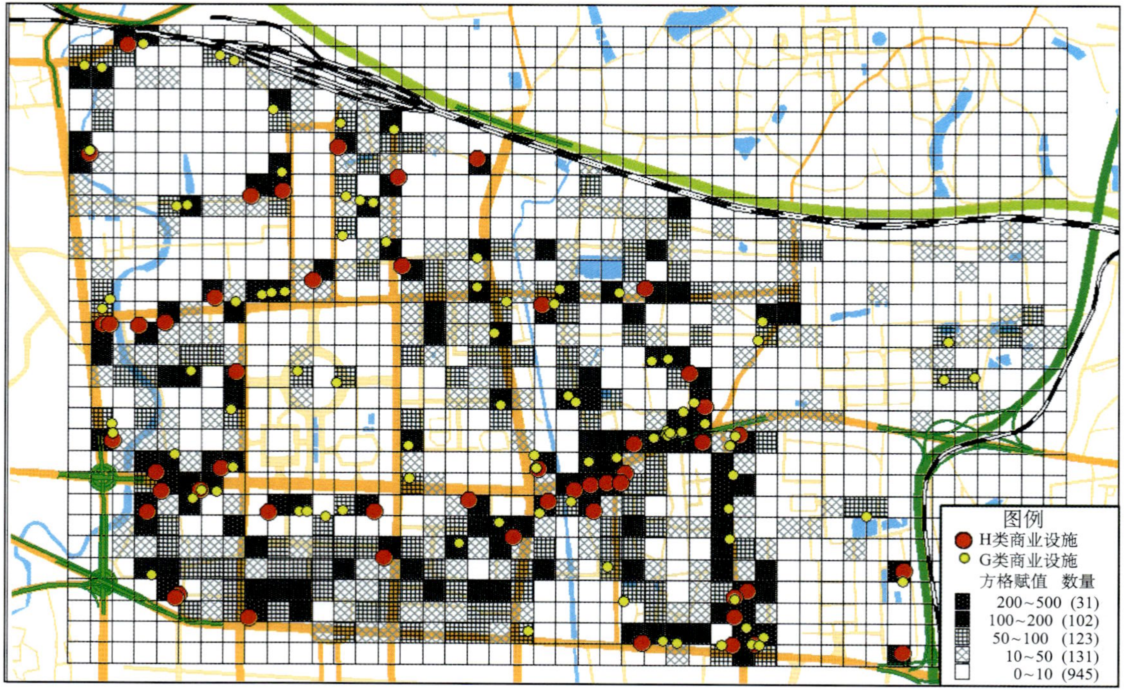

彩图Ⅳ 大型商业服务业设施对城市商业空间的影响分析

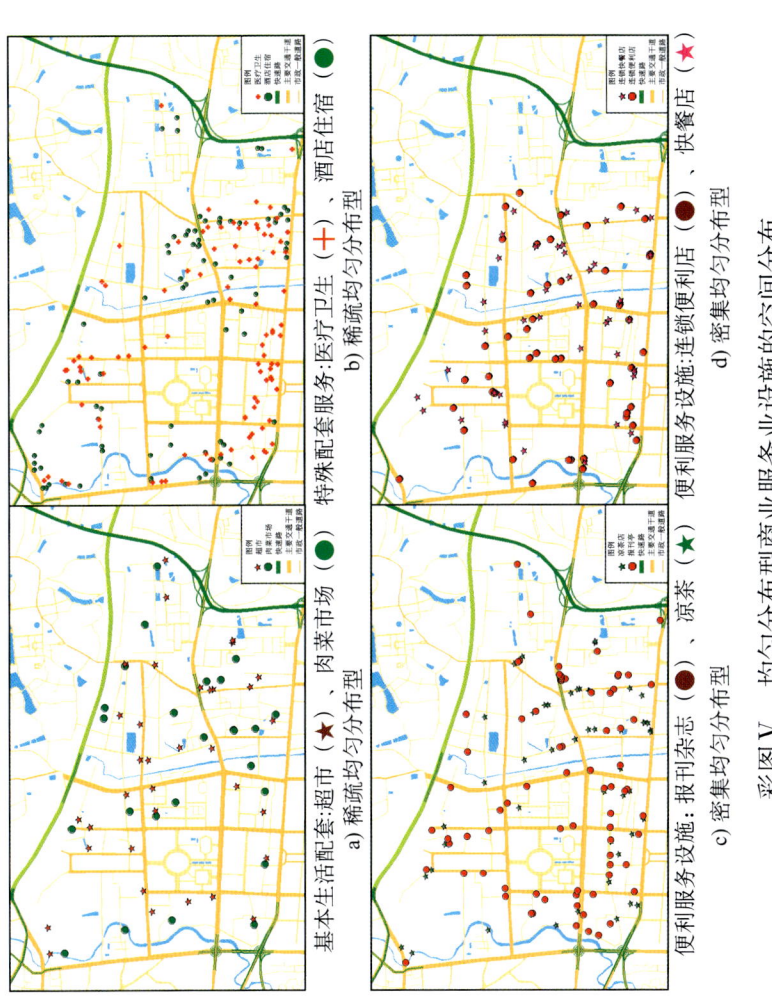

彩图V 均匀分布型商业服务业设施的空间分布

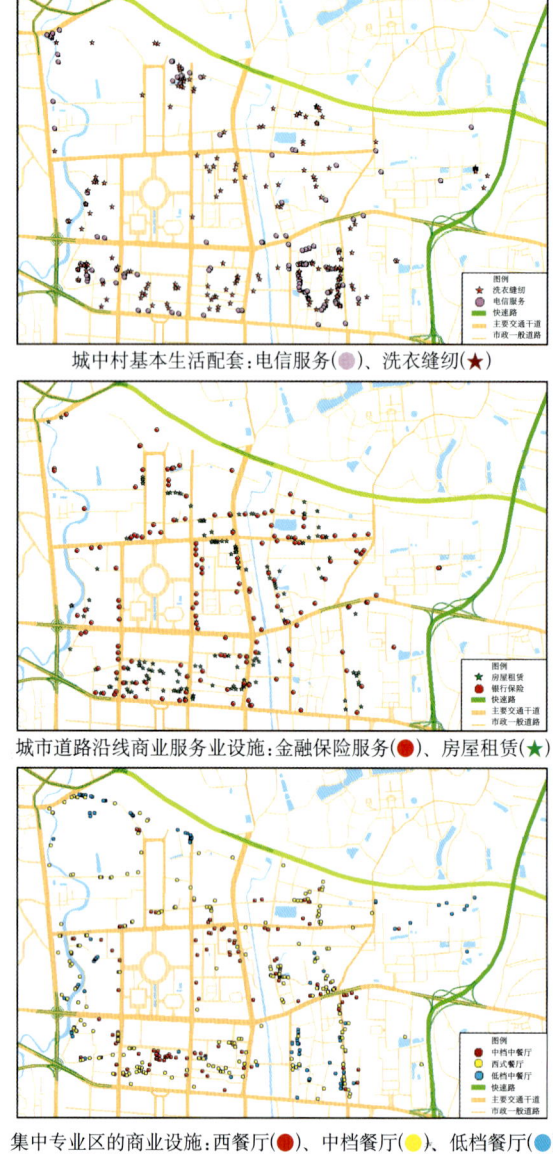

彩图Ⅵ 偏均匀分布型商业服务业设施的空间分布

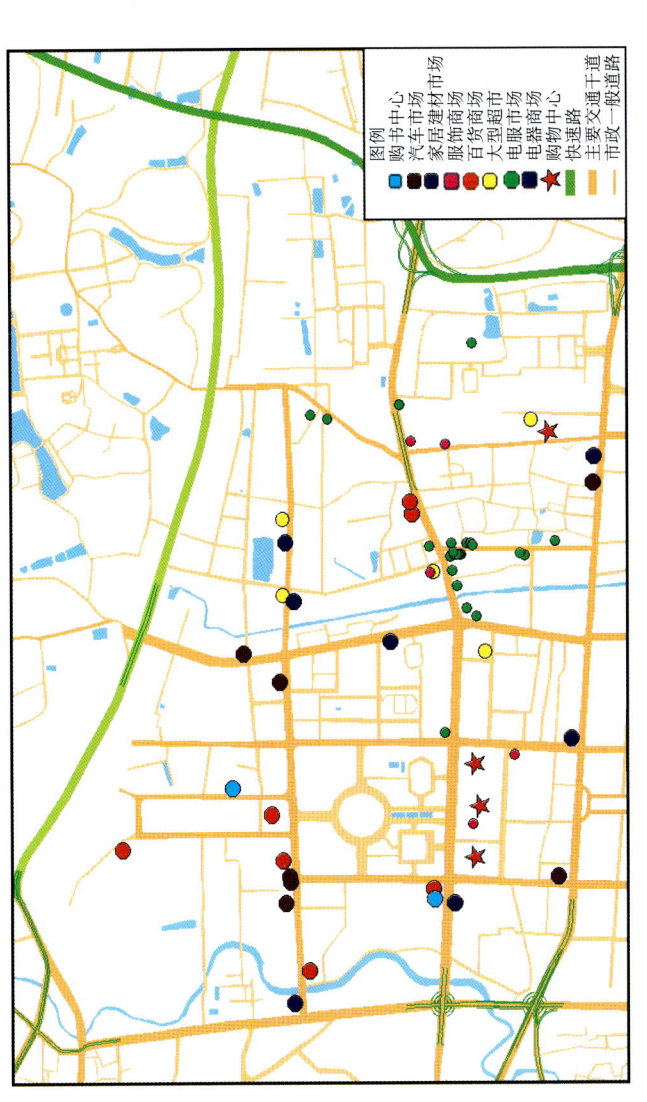

彩图Ⅶ 零星分布型商业服务业设施的空间分布

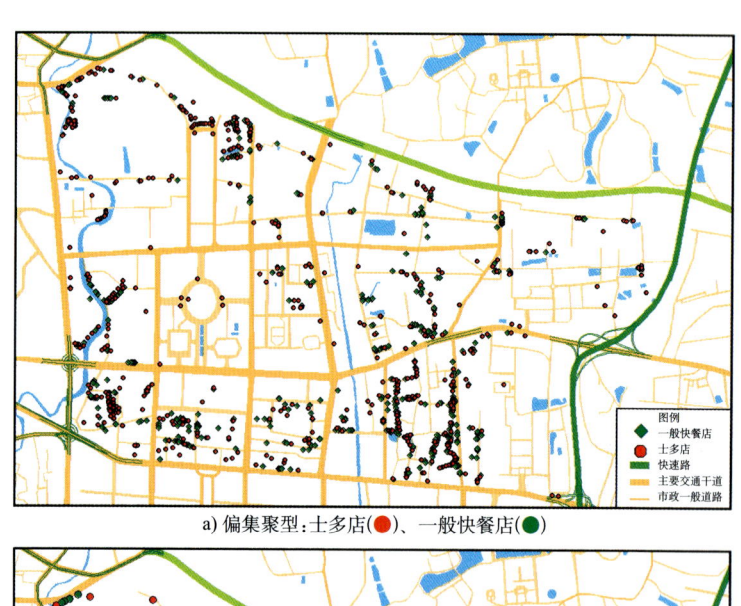

a) 偏集聚型：士多店(●)、一般快餐店(●)

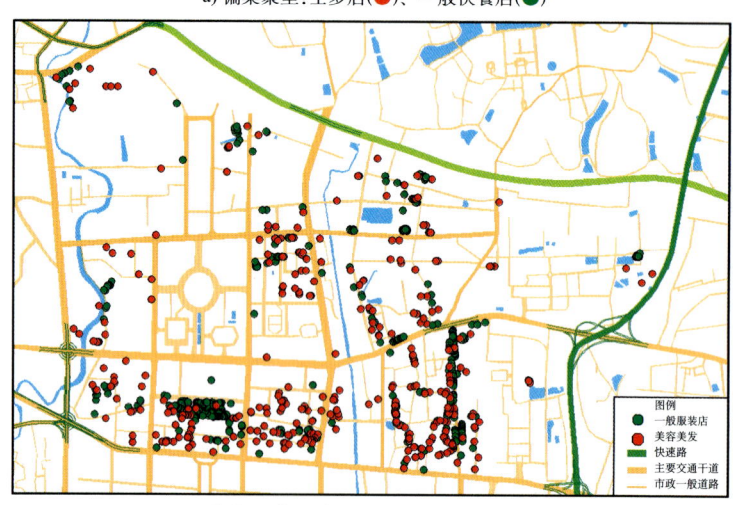

b) 偏集聚型：美容美发(●)、一般服装(●)

彩图Ⅷ 偏集聚型商业服务业设施的空间分布

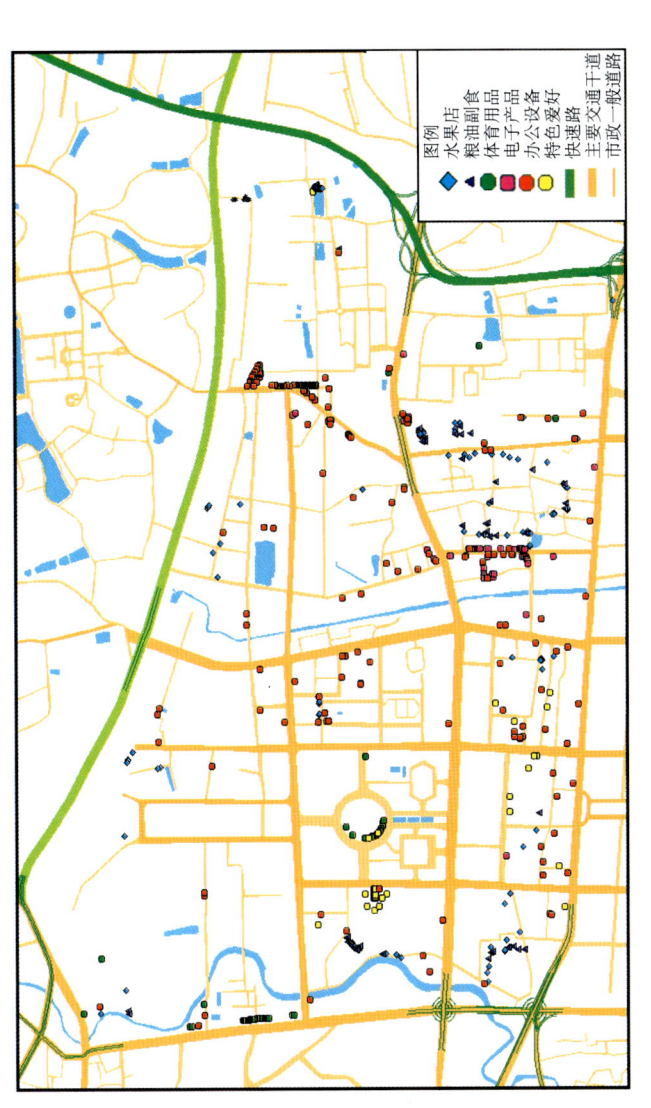

彩图Ⅸ 高度集聚型商业服务业设施的空间分布

目 录

总序 ·· i
前言 ·· vii

第一章 总论 ·· 1
　第一节 概念界定 ·· 2
　第二节 研究进展与理论综述 ·· 8
　第三节 研究设计 ·· 54
第二章 广州市商业业态空间形成的影响因素 ························ 71
　第一节 广州市商业的产业关联分析 ································· 72
　第二节 城市用地扩展对商业业态空间的影响 ····················· 85
　第三节 交通网络建设对商业业态空间的影响 ····················· 102
　第四节 行为因素对商业业态空间的影响 ··························· 112
　第五节 历史文化因素对商业业态空间的影响 ····················· 148
第三章 广州市商业业态空间的形成和效益评价 ···················· 160
　第一节 广州市商业业态空间的形成 ································· 160
　第二节 广州市商业业态空间的效益评价 ··························· 184
第四章 广州城市中心区商业业态空间的结构形式 ················· 193
　第一节 商业服务业设施的空间分布特征 ··························· 193
　第二节 商业区的职能类型和空间结构 ······························ 231

第五章　结语……………………………………………… 271
第一节　结论……………………………………………… 271
第二节　讨论……………………………………………… 278
第三节　建议……………………………………………… 280
第四节　理论探讨………………………………………… 285

参考文献……………………………………………………… 289
附表…………………………………………………………… 317
后记…………………………………………………………… 327

总　序

服务业(Service Industry)是目前经济学界最具有争议的一个经济学概念,至今还没有形成一个统一的概念。一般认为服务业是指生产服务产品或提供服务的经济部门或企业的集合。西方学者普遍将第三产业等同于服务业,我国经济学家和政府统计部门也常常将第三产业等同于服务业,虽然两个概念存在一些细微的差别,但所包含的内容基本一致。

近年来,全球服务业发展很快,发达国家绝大多数已进入服务社会,正如马克思·韦伯(Max Web)所言,后工业社会产生了特定的"服务经济时代";美国著名哲学家丹尼·贝尔(Deny Bell)也认为,随着知识经济时代的到来,服务业在整个经济活动中逐渐取得了主导地位。与此同时,服务经济的到来,如同工业革命对人类社会产生的影响一般,将对全人类的发展产生深远的影响,在经济全球化的今天,这种影响所覆盖的区域更加广阔,所产生的效果更加深远。对发展中国家而言,为了在全球经济格局中占有一席之地,并把握新的发展机遇,服务业是其经济发展的重要内容之一。

对于服务业的研究在经济学上已有相当长的历史。17世纪末的威廉·配第(William Petty)就提出了服务业发展的一些思想,但服务业成为主导经济部门却在第二次世界大战以后。20世纪60年代以来,西方国家的经济结构开始由工业经济向服务型经济转变,主要表现在两个方面,一是服务业发展迅速,增加值比重逐步超过了制造业部门;二是服务部门的就业比重上升很快。1968年,美国经济学家富克斯(V. Fuchs)在其经济学名著《服务经济》一书中"宣布"美国在西方国家中率先进入"服务经济"社会。20世纪80年代中期,由于服务业成为1973年石油危机后创造就业岗位的重要源泉和各国占领世界市场的重要手段,服务业的研究进一步受到区域学家、区域经济学及经济地理学者的重视。20世纪90年代以来,信息技术的发展加剧了经济全球化进程,服务业的发展更代表了整个经济发展的主导方向,也因此出现了大量服务业经济学方面的研究,有学者提出了一门新的学科——服务业经济学。然而,这些研究主要涉及服务业内部结构方面,对服务业的空间规律少有研究。作为以空间作为研究核心要素之一的地理学,尽管近年来也有些属于服务地理的分支发展很快,但它们都是局限在单一的服务行业内研究,从某种意义上来讲,割裂了这些服务行业内部的有机联系。因此,从地理的角度探讨服务业的空间发展规律,并剖析其与产业发展的内在联系,成为迫切需要的研究课题。

近年来,国外地理界开展了一系列与服务业相关的研究,主要是将服务业置于全球经济中,研究了以下几方面的问题:①后工业社会或服务业社会的特征;②从生产与就业的角度研究服务业在经济发展中的地位和作用;③生产性服务业发展对城市和区域发展的影响;④技术变化影响下服务业贸易与城市和区域功能的转变及其对全球化的影响;⑤社会极化与服务阶层的形成;等等。总体上看,国外相关研究已有不少,但比较零散,系统性不强;多为描述性研究,解释性欠缺;关于区位的研究多为区域尺度,大都市内部的研究较少;个案研究较多,规律总结不多,需要认真梳理和开展新研究。

在中国,近年来产业结构也在朝着服务业占主导地位的方向发展,服务业内部剧烈分化,服务业在国民经济的发展中扮演的角色日趋重要。一方面,我国的服务业发展还有较大的空间,及时归纳总结和评估具有重要的现实意义。从服务业(通常所指的第三产业)占GDP 的比重看,改革开放以来,我国服务业产值占 GDP 的比重有较大的增长,由 1980 年的 21.4% 上升到 2003 年的 33.2%。但这个比重不仅低于 65% 左右的发达国家平均水平和 60% 左右的世界平均水平。在拥有巨大的发展空间的同时也将面临相应的挑战,亟须在理论和相应的战略上有所储备。另一方面,服务业内部构成的多样化和复杂性使现有经济地理学和城市地理学的理论和方法难以解释和解决区域与城市发展中出现的新现象和新问题,难以对发展趋势作出预测,同样,迫切需要在实证的基础上,对服务业发展进行系统和深入的理论研究。中国地理工作者有关服务业的研究成果不多,且以实证分析为主,理论分析较欠缺。

基于上述背景,在对服务业地理学及其相关领域开展了一系列预研究的基础上,2001 年年底,经国家自然科学基金委员会批准立项,本丛书主编闫小培教授获得了"服务业地理学的理论与方法研究"项目的研究资助,该项目成为我国人文地理界获得的第二个国家自然科学基金杰出青年基金资助项目。2002 年 1 月,本项目正式启动,迄今在本基金项目资助下已经发表了学术论文 60 余篇,通过该项目完成博士学位论文 8 篇,待完成 1 篇;完成硕士学位论文 6 篇,待完成 1 篇。本丛书正是在上述研究的基础上,结合研究者长期以来在城市地理领域所做的研究工作,进一步整理提炼形成。

本丛书在服务业地理学方面作了研究尝试,旨在抛砖引玉,引起同行们对该学科领域的关注和重视。本丛书所探讨的服务业地理主要研究服务业结构及空间组合、过程和规律,并探讨服务型经济社会和新技术支撑背景下的人文地理学方法论变革。

本丛书及其相关研究成果涉及了服务业地理学的七个重要领域,包括服务业地理学的基本理论问题、服务业区位的理论与实证、中心城市生产性服务业对城市和区域发展的影响、大城市服务业的发展及其社会分化、服务业发展的区域差异和区域服务业合作发展模式、转型时期的城市空间规划和转型时期中国城市公共服务业管治等方面。在探讨了服务业地理学的基本理论问题的基础上,重点以广州市、珠江三角洲和广东省为例,分专题展开实证研究,并进行理论总结。

本丛书已经出版和即将出版的具体选题包括以下几个。①在服务业地理学的基本理论问题方面,出版《服务业地理学》,探讨服务业地理的理论发展、研究对象、内容和方法等。②在服务业区位的理论与实证方面,出版《服务业区位理论与实证》、《大城市商业业态空间研究》、《金融服务业与城市发展》、《港口服务业与城市发展》和《CBD发展与城市商务活动》等,探讨服务业分类方法、服务业区位等问题,总结和分析大都市服务业发展的特征与趋势和不同类型服务业的区位选择特征、因素、模式及区位类型,并以广州为案例,研究广州的服务业空间演变及区位类型以及重点行业的空间特性,包括广州商业的业态空间、CBD发展、金融服务业、港口服务业等与城市发展的关系。③在中心城市服务业对城市和区域发展的影响方面,出版《区域中心城市与生产性服务业发展》,着重研究中心城市生产性服务业对城市和区域发展的影响。④在转型时期的城市空间规划方面,出版《城市居住流动与城市社会空间》、《城市空间结构性增长》、《转型时期的城市空间规划》等,分别以社会经济转型为背景,研究探讨城市社会空间和实体空间的演化特性及其相关规划思路。⑤在转型时期中国城市公共服务业管治方面，出版《中国城市公共服务业管治》，研究公共服务业管治问题及其未来发展。

本丛书的主要写作和参加人员主要包括闫小培教授、吕拉昌教授、陈忠暖教授、王爱民副教授、薛德升副教授、曹小曙副教授、叶岱夫副教授、林耿副教授、周素红副教授、柳意云讲师、李志刚博士、方远平博士、钟韵博士、刘筱博士、林彰平博士、易峥博士、魏立华博士、吕传廷博士，以及王云璇、刘蓉、周锐波、胡敏、陈再齐、张润朋和刘逸等已经毕业或即将毕业的硕士生。他们都为本项目的开展和本系列丛书的写作付出了心血。本研究的开展得到中山大学城市与区域研究中心同行们的支持，得到国家自然科学基金委员会的帮助，得到国内外部分高校和科研机构同行知名专家的指导，在此一并致以深切的谢意！此外，本丛书的写作过程中得到了众多同行学者的帮助，也借鉴了相关的研究成果及经验，特此谨向他们致谢！

本丛书力图通过理论与实证案例研究相结合，探讨服务业地理学的理论与方法等问题，并希望具有系统、全面和创新等特点，为加强经济地理学和城市地理学的理论建设和揭示服务型经济社会城市和区域地域运动规律，以及指导服务业布局和经济建设等奉献绵薄之力。错漏与不足之处，敬请指正！

闫小培
2006年5月1日

前　言

　　商业地理学是研究商业活动地理现象和规律的学科。它是人文地理学中发展最早的分支学科之一。从学科发展过程来说，它还是经济地理学的前身。但是，在很长的一段时间里，我国在计划经济体制下，商品等物资的生产、流通和消费在国家的统一安排下进行，商业活动和空间结构没有表现出应有的市场经济规律。商业地理学的研究以描述区域的物资分布、产销区划和商品流通贸易等内容为主，大部分研究成果以描述性的专著形式出现，缺乏理论分析，也没有形成系统的研究成果。20 世纪 80 年代，我国城市地理学者引进克里斯塔勒中心地学说，对城市内部商业空间结构进行实证研究，拓展了商业地理学的研究视角，使传统的商业地理学开始进入现代地理学的范畴。近年来，商业地理学在借鉴行为地理学、时间地理学等相关学科的研究成果基础上，不断拓宽学科本身的研究方法和研究视角，提高了学科研究的科学性和理论水平。但是，我国地理学对商业空间的研究集中于区位布局、等级结构和空间形态等方面，与经营业态结合的深度明显不够。本研究把空间研究延伸至业态领域，是商业地理学及其相关学科发展和整合的一种尝试。

　　改革开放以来，我国城市出现了由生产型城市向消费型城市转变的发展趋势，商业服务业已成为城市内部经济活动的主体。同时，伴随着人们生活方式、交通出行方式和消费习惯的变化，城市正发生着一场以"消费空间"和"经营业态"为主要内容的商业革命。"消费社会"背景下商业出现了新的业态功能,影响着城市居民的消费行为,"型塑"着消费者的消费空间,从而对城市内部空间结构不断产生新的影响。商业服务业不再仅仅是地区建设的配套服务设施,它已经成为推动地方城市化的重要因素,也是引导城市空间重构和拓展的主要力量。这在旧城改造过程中的商业街更新、新区拓展过程中的大型商业设施建设表现尤为明显。因此,从业态空间的角度分析城市商业空间结构,将有助于丰富城市地理学的理论,也有利于扩展城市内部空间研究的视角。加强商业业态空间的研究,是复兴商业地理学和深化城市地理学理论的学术需要。

广州自古以来就以商业发达著称于国内外。改革开放以来,城市商业更是兴旺发达。以广州这个南方大都市为例,研究城市的商业业态空间具有非常典型的代表性和实践意义。广州自任嚣建城以来,已历经 2 200 多年。广州古称番禺(秦汉),番禺港作为我国最早的对外贸易港口,其商贸活动揭开了广州港城互动发展的历史篇章。从隋、唐、宋、元、明至清朝时期,除了南宋以后近一个世纪之外(泉州港位居第一),广州港一直是中国最大的贸易港,而且成为海上"丝绸之路"的始发点之一。广州市独特的商业形象,为其赢得了"南国商都"的美誉。走进现代,随着我国市场经济体制的不断完善和城市经济的迅速发展,商业服务业已经成为城市产业经济中的重要组成部分,成为城市中最活跃、与居民生活质量密切相关的产业类型。同时,中国的城市化进程不仅增加了城市数量、扩大了城市规模,使得城市规模不断扩大,商业服务业类型和空间结构也日趋复杂。广州商业业态空间研究的实证意义,就是在于通过反映城市商业综合的现象和规律,为商业网点规划和业态发展调控提供参考。在此背景下,解释广州市商业业态空间的形成机理,并对其中心区的结构形式进行深入分析,有助于我们进一步认识大城市商业发展的空间规律,这也是本书写作的初衷。

本书共分五章。第一章总论,对相关概念进行界定,并介绍研究背景及国内外研究进展,提出本书的研究目的和研究范围,以及所采用的研究框架与研究思路。第二章以广州老八区为例,对影响广州市商业业态空间的相关产业、城市用地、交通网络以及行为和文化等因素分别进行研究。第三章为综合研究,根据各影响因素总结、归纳广州市商业业态空间的形成机理,并对其形成的效益进行评价。第四章为微观领域的案例研究,选取了广州市天河中心城区作为案例,分析商业服务业设施在商业业态空间中的结构形式。第五章为结论,对本书进行理论总结和提升,并对广州市商业区的未来发展、零售业和批发市场的建设以及相关理论等问题进行了探讨。

本书是 2001 年度国家杰出青年科学基金资助项目(编号:40125003)"服务业地理学的理论与方法研究(2002~2005)"的研究成果。其中,第二、三章来自林耿的博士学位论文"广州市商业业态空间形成机理研究"(2002),第四章来自周锐波的硕士学位论文"广州天河城市中心区商业网点分布及其空间结构研究"(2005),第一、五章由两人学位论文综合而成。

在本书的写作过程中得到了众多同行学者和友人的帮助,也借鉴和参考了国内外同行的研究成果和有益经验。在此,谨向他们表示衷心的感谢!此外,本书在出版过程中得到了商务印书馆的鼎力支持,特此一并致谢!

由于作者水平有限、时间仓促,错漏不足之处在所难免,敬请读者批评指正!

第一章 总　论

　　商业中的地理,地理中的商业。在经济学中,商业指专门从事商品流通活动的独立经济部门。商业的研究以流通规律为核心,往往脱离地理要素,但在特定地域结构的流通网络中,空间的特性又相当鲜明。客观而言,商业离不开地理,但地理无法涵盖商业研究的范畴。地理学以人地关系为核心,地理研究包括商业的地域空间规律,但如果仅仅停留在空间的层面,地理难以真正触及商业的内核,地理学应该关注商业领域中的整体性及关联性。

　　地理学的综合性是基于对事物本质全面而深刻的认识,并非一个刚性的空间概念。研究试图将商业业态空间置于一个有机的城市系统中,综合探讨其形成机理及表现形式。

　　商业研究的依据。在统计标准中,传统的商业指零售业和批发业(《国际标准产业分类》,1988),在传统统计资料中,往往将其与餐饮业合并为一个行业。在城市规划的用地分类中,商业用地属于C21类,基本按照统计标准划分。本书研究概念的构建和数据的收集以此为依据。近年研究论文和著作中常见的"大商业"概念则内涵模糊,有的甚至等同于"第三产业",严格地讲,大商业仅仅是一种产业发展的战略理念。

第一节 概念界定

一、相关概念

《现代汉语词典》中的"商业"指"以买卖方式使商品流通的经济活动,按商品流通环节可分为批发商业和零售商业";"服务行业"指"为人服务、使人在生活中得到方便的行业,如旅馆业、理发业、修理生活用品的行业等"。可见,"商业"和"服务行业"都是对经济活动和现象的一般描述,并非是十分严谨的经济学定义。在现实生活中,我们往往将"商业"广义地理解为"商业+服务行业",有时甚至等同于"第三产业"概念;而把"服务业"狭义地等同于"居民服务业"。居民服务业与商业具有不同的特点,即居民服务业不是出售商品,而是租让劳务或提供服务;但居民服务业与商业也有共通之处,即同消费者直接联系,同广大群众的日常生活息息相关。居民服务业是城市商业网点的重要组成部分,它与零售商业共同构成了居民日常生活的服务网络体系。因此,研究城市的商业业态空间,必须综合考虑居民日常生活的服务网络体系,进行统一规划和合理配置。

商业服务业。为了更好地研究城市居民日常生活的服务网络,本研究所讲的"商业服务业"特指与居民日常生活息息相关的"零售商业和居民服务业",包括消费性服务业(Consumer Services),分配性服务业(Distributive Services)中的邮政、通信、电信等个人服务业,以及生产性服务业(Producer Services)中为居民提供服务的部分行业,如金融业、房地产业、计算机服务业、租赁和商务服务业、中介代理业等(表1—1)。商业服务业设施指进行商品销售、提供饮食和服务业务活动的各种企业、经营机构及空间场所。

表 1—1 服务业的"四分法"及其行业构成

分类	2002年分类中的服务业内部构成	应该包含的新兴服务业
生产性服务业	金融业,房地产业,信息传输、计算机服务和软件业,租赁与商务服务业,科学研究、技术服务和地质勘查业	广告业、会展业、项目策划、信息咨询与市场调查研究、中介代理业、会计服务业、法律服务业
分配性服务业	交通运输业、仓储业,邮政业、通信,批发	物流业、电信业、网络服务
消费性服务业	零售业*、住宿与餐饮业,居民服务业和其他服务业,娱乐业	旅游业、个人服务业
社会性服务业	水利、环境与公共设施管理业,教育,卫生、社会保障和社会福利业,文化体育业,公共管理与社会组织,国际组织	

*:国内外不少学者将零售业划入分配性服务业中。
资料来源:方远平,2004。

商业网点。商业网点是指一个区域中零售、批发、餐饮、生活服务、娱乐、物流、配送、仓储等企业的经营场所、设施的总和。因其点多面广,布局形成网状,故称商业网点。《简明商业经济辞典》的"商业网"指"直接进行商品购销和饮食、服务业务活动的各种企业经营机构分布状况的总称"。商业服务业设施是商业网点的实体基础,而商业网点则是商业服务业设施分布状况的总称。可见,商业网点不是一个十分严谨的概念,它既包括了实体对象——商业服务业设施,还包含了对象的属性特征——空间分布状况。一般来讲,商业网点研究包括以下两个层面的内容：商业服务业设施的空间分布特征和商业区的空间等级（组合）结构。

商业业态。商业业态是指商业企业为满足不同的消费需求而形成不同的经营形态[①]，包括百货店、购物中心、仓储式商场、超级市场、大型综合超市、便利店、专业店、专卖店、批发市场等批发零售业态。商业业态空间，是指批发零售业各种经营形态在地域上的组合形式。在业态方面，本书主要选取大型商店（百货店、购物中心、仓储式商场[②]）和批发市场进行研究；由于商业街多种业态的空间聚集特征明显，因此，也将其选入。

商业空间结构。城市商业活动空间结构就是指城市商业活动中供给与需求因素相互作用的动态平衡关系在商业业态及其等级、规模、组织等方面的空间体现。它包含两重含义：一是内在的研究客体是供给和需求因素相互作用的动态平衡关系；二是外在的表现形式，指各种商业业态功能、规模和等级空间网络结构。

二、类型划分

商业服务业设施包括零售商店和其他类型的服务设施，指从事商业经济活动的各种企业经营机构和空间场所。商业服务业设施的类型划分首先应该考虑设施本身的行业性质和特征。本文参考国家的第三产业分类方法，主要依据1994年国家统计局制定的《国民经济行业分类与代码(GB/T4754-94)》，由其中的第三产业类抽取零售

[①] 目前，学术界尚无针对业态的统一定义（如日本的安士敏，1992；中国的萧新永和刘汝驹，1994，1999），物流中心是否为批发业态的高级形式，同样没有定论。本书定义参考国家内贸局颁布的相关文件。

[②] 除了百佳之外，广州市缺乏大型综合超市，该业态不是研究的主要对象。

业、餐饮业、金融业、房地产业、居民服务业、旅馆业、租赁服务业、旅游业、娱乐服务业和卫生等主要类型确定出行业选择的大框架。其次,物质形态、规模质量、零售商品和服务类型等物理特征也是划分商业设施的现实标准。本研究结合广州市天河城市中心区商业服务业分布的实际情况作实地考察,同一性质的服务行业根据实际的规模和服务质量进行细化或重新分类,对国家第三产业分类的行业进行适当的调整和补充。再次,为了突出研究零售商业和城市居民日常生活服务网络体系之侧重点,对与之关系不大的行业尽可能地舍弃或弱化,对新型的商店类型进行了增加。这样上下结合,从商业设施服务性质和内容的角度确定出4大行业类型、16个具体行业和88种商业设施类型用以分析研究(表1—2)。

三、研究内容

本书研究广州市的商业业态空间,主要包括商业服务业设施空间分布的影响因素、形成机理和结构特征。首先,本书以广州市区为例,试图结合产业、用地、设施、文化、行为等多种因素,揭示城市商业业态空间的形成机理、特征及其效益。研究将城市商业业态研究落实到具体的地域空间上,以批发零售业态为核心,通过城市中产业、用地、行为等多种要素,探讨两者之间的相互作用形式、作用过程及空间组合形式等关系,从整体的角度反映城市商业业态空间的形成机理。其次,为了更好地理解城市内部的商业业态空间,本研究还选取了广州市天河城市中心区作为研究案例,主要分析城市的商业空间结构和商业区的内部结构。

总体而言,全书将从地理空间的角度分为四个层面对广州市的商业业态空间进行系统研究:① 大城市商业业态空间的影响因素及

表1—2 商业服务业设施的类型划分

行业分类	经营类别	商业服务业设施分类	说明
Ⅰ 零售商业	ⅰ 食杂店	01 肉菜市场;02 水果店;03 熟食店;04 面包糕点店;05 凉茶店;06 休闲饮品店;07 牛奶店;08 粮油副食店;09 补品店;10 特产店	以日常生活食品为主
	ⅱ 便利店	01 士多店;02 连锁便利店;03 报刊杂志店;04 书店;05 文具办公用品	以即时食品、日用小百货、报纸书刊为主
	ⅲ 穿戴用品店	01 一般服饰;02 高档服装;03 饰品店;04 皮具、皮袋;05 首饰钟表	以穿戴等保暖、装饰功能用品为主
	ⅳ 特色专业店	01 茶烟酒;02 鲜花礼品;03 体育用品;04 五金文化;05 家居装饰;06 古董藏品;07 婴幼儿商品;08 通讯器材;09 特色爱好商店(如摄影、钓鱼、越野等活动);10 音像制品店;11 保健化妆;12 药店;13 眼镜店;14 电脑及配件;15 仪器仪表;16 饮用水点;17 音乐器材;18 电器;19 宠物;20 茶籽店	以销售某类商品为主,体现专业性、深度性、品种丰富,选择余地大
	ⅴ 超级市场	01 小型超市;02 中型超市;03 大型超市	经营包装食品、生鲜食品和日用品商场
	ⅵ 大型专营商场	01 书城;02 家居建材;03 汽车市场;04 电脑城;05 电器城;06 服饰商场;07 手机数码商场	由销售同类商品为主的多家商店组成
	ⅶ 综合商场	01 购物中心;02 百货商场	由多个租赁店组成,包括商店、餐饮和娱乐等多种服务设施

续表

行业分类	经营类别	商业服务业设施分类	说明
Ⅱ 餐饮服务业	ⅰ 快餐	01 中式连锁快餐；02 中式非连锁快餐；03 西式连锁快餐；04 学生饭堂	包括各式快餐
	ⅱ 餐厅	01 低档中式餐厅；02 中档中式餐厅；03 高档中式餐厅；04 西式餐厅和饮吧	包括中式、西式正餐
Ⅲ 居民服务业	ⅰ 健康服务	01 小医院门诊；02 专科医院；03 大医院	为人体健康和保健服务
	ⅱ 美容服务	01 理发店；02 美发店；03 保健美容	提供美发、美容、化妆、摄影等服务活动
	ⅱ 修理业	01 汽车、摩托车修理；02 自行车修理；03 电脑电器修理；04 洗衣店、缝纫店	提供耐用消费品的修理和维护服务
	ⅲ 生活服务业	01 房屋租赁服务；02 彩票投注；03 家政服务；04 金融保险；05 电信服务；06 文印服务；07 旅行社；08 婚纱摄影冲印	
	ⅳ 休闲娱乐	01 影剧院；02 网吧、K厅、酒吧；03 俱乐部、棋牌室；04 游乐场；05 体育设施	为居民业余生活提供娱乐活动场所
	ⅴ 旅馆业	01 招待所；02 普通宾馆（1～2星）；03 星级宾馆（3～5星）	为旅客提供住宿和餐饮服务活动
Ⅳ 其他服务业		01 加油站；02 驾驶培训	

其形成机理;② 大城市商业业态空间的结构特征及其效益;③ 城市中心区商业服务业设施的区位特征及影响因素;④ 商业区的内部结构特征和商业服务业设施的空间组合结构。

第二节 研究进展与理论综述

一、国外研究综述

纵观国外对商业的研究历程,地理学起步较晚。20世纪30年代,兼具了两个学科知识背景的学者开始从地理视角对商业进行研究,而营销地理学和零售地理学是其中的主要领域。

西方地理学界对营销地理学的研究,基本囊括了国内商业地理学的许多领域。戴维斯(Davies,1976)的《零售营销地理学》(*Marketing Geography—with Special Reference to Retailing*)专著中,从理论基础、商业区域体系、商业用地、消费者购物行为、商店区位评估等方面进行了综合的论述,重点则是对零售活动空间特性的研究。加尼尔和德洛贝兹(Garnier & Delobez,1979)的《营销地理学》(*Geography of Marketing*),通过理论综述结合案例分析,从商业组织、商业区位、商业网络、CBD商业、乡村商业、城市边缘区新业态等方面进行研究,侧重对不同尺度商业空间的组织及表现形式的分析。

在零售地理学研究中,琼斯和西蒙斯(Jones & Simmons,1993)的经典论著《零售区位论》(*Location, Location, Location—Analyzing the Retail Environment*),从需求、消费者行为、零售结构、区位分析等角度,对零售环境进行了系统的探讨。道森和柯比(Dawson & Kirby,1980)的《零售地理学》(*Retailing Geography*),主要研究了城市消费行为、零售业区位、零售业组织、零售活动与公共政策。

很明显,西方商业地理研究框架宽泛且形式灵活,经典著作各具特色,内容又相互交叠,没有墨守成规的模式。但另一方面又为系统的综述增加了难度,为了更好地反映不同视角的研究特色,以下从商业活动、市场竞争、空间形式和消费行为等四个角度进行综述。

(一)商业活动的研究

商业指以买卖方式使商品流通的经济活动。由于买卖方式的不同,商业又大致可以分为零售业、批发业和大尺度商业活动(包括国际贸易)三种类型。

1. 零售业研究

零售业是商业地理学研究一个相对独立的专题,又与其他研究领域阡陌相连,例如市场区和消费者就是商业研究共同的对象。道森和柯比(Dawson & Kirby,1980)的《零售地理学》在综述前人研究的基础上,提出零售地理学实证与理论研究的可能性框架(图1—1)。

该框架从一侧面反映了零售业已有的研究状况和发展的方向,但零售地理的实际研究空间更加广阔。

(1)方法论、理论基础及其流变

零售地理学建模研究与其说是一种理论基础,不如说是一种方法论的探索,大致经历了以下几个发展阶段。① 20 世纪 30~40 年代,处于萌芽阶段。建模研究主要应用于城市功能和形态研究领域,将零售地理作为城市环境的一部分开始了研究。如北美的霍伊特(Hoyt,1939)和欧洲的克里斯塔勒(Christaller,1933)。② 20 世纪 50 年代,是数量革命阶段。中心地理论、空间模型的系列研究成为

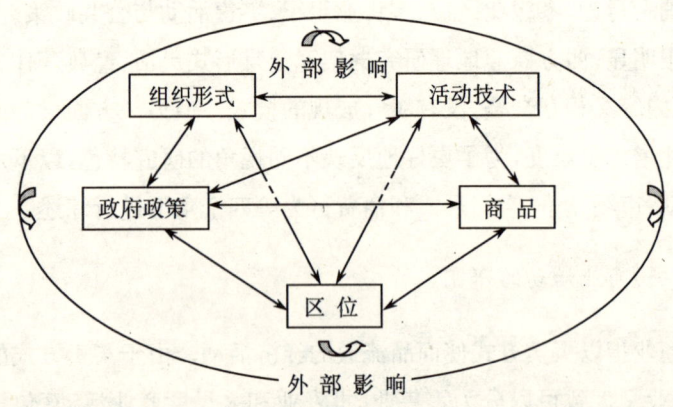

图 1—1　道森和柯比提出的零售地理学研究框架

(资料来源:Dawson, J. A. and Kirby, D. A. ,1980)

主流。尽管对中心地理论存在争议和批评,如斯科特(Scott,1970)的《地理学和零售业》(*Geography and Retailing*),但到了 20 世纪 60 年代初期,中心地理论仍然是许多研究的基石。③ 20 世纪 60 年代以来,零售地理学对"贸易区"的数量分析也形成流派,简单线性模型统计风行一时,有关"购物模型"的研究迅速发展;美国的拉什顿(Rushton,1965)、赫夫(Huff,1963)等人则开展了零售地理的行为研究。

更多表现为理论型态的是关于零售制度变化的理论,即环境理论、循环理论和制度内部竞争理论等。

关于环境理论。环境论的制度演化观点是:市场地的经济、人口统计、社会、文化技术条件变化在零售体系结构中得到体现,零售制度的发展、成熟、衰落直接受环境影响。如吉斯特(Gist,1971)、谢弗(Shaffer,1973)、麦克奈尔和梅(McNair & May,1976)的研究。梅菲尔特(Mayfield,1949)等针对百货店出现的交通环境、齐默尔曼(Zimmerman,1955)等针对电冰箱及轿车对超级市场增长的影响、理查兹(Richards,1983)等针对经济衰退与折扣商店的关系等进行了深入的探讨。从20世纪50～70年代,麦基弗和格里芬(McKeever & Griffin,1977)对影响折扣店、连锁店、购物中心等业态发展环境的因素已有广泛的论证。许多文献关注环境特定要素的综合影响,如道格拉斯(Douglas,1971)对经济发展与零售业演化关系的探讨。另一种研究引入生态学方法,如吉斯特(Gist,1971)的"调节理论",分析了社会生态环境与零售技术变化的关系;德雷斯曼(Dressman,1968)提出"零售种群"概念(如百货店或连锁店等业态);邓肯(Duncan,1965)强调了不同商业业态在共同环境中的共生性。关于对环境影响的解析,在各种城市零售体系演化模型中,以人口增长和消费者流动的研究为主,如万斯(Vance,1962)和波特(Potter,1982)的探讨。

关于循环理论:零售业手风琴理论、零售业轮回理论、零售业生命周期理论。

零售业手风琴理论,即"综合化－专门化－综合化"循环。霍兰特(Hollander,1966)、吉斯特(Gist,1968)等认为,在零售系统的演进过程中,占优势零售制度控制商品主要的宽度和深度,差异化和专门化形成明显的节律模式。道森(Dawson,1983)等认为,购物中心和超级市场的商品变化提供了"集中和分异"的例证。

零售业轮回理论。麦克奈尔(McNair,1958)提出了著名的零售业轮回理论。一种零售制度由低价低成本开始形成,随着广告费用、知名度、消费者服务等的增加,进入高价高成本的运作状态,质量和服务要素替代了价格要素的重要性,由此启动了新一轮的低价低成本的市场轮回。百货店、邮购商店、折扣店、超级市场、购物中心等多种业态的发展，都经历了从低价低成本－高价－新的低价的轮回过程。霍兰特(Hollander,1960)、奥克森菲尔特(Oxenfeldt,1960)、洛德(Lord,1984)等人的研究都成为该理论的验证。

零售业生命周期理论。以产品生命周期(PLC)概念为基础，戴维森(Davidson,1970)和麦卡蒙(McCammon,1975)提出零售业生命周期理论，将零售制度的演化归纳为形成、发育、成熟和衰落四个阶段。零售制度的循环理论很少用于地理空间研究，但各个理论散见于大量的论文分析中。

关于制度竞争理论。奈斯特龙(Nystrom,1930)、温斯坦利(Winstanley,1983)、吉斯特(Gist,1968)和邓肯(Duncan,1965)等认为，不同零售业态之间形成竞争，相互抑制，同时也推进了零售制度的变化和革新；零售业演化就是新制度不断淘汰旧制度的过程，全新的零售业形态诞生于制度的内部竞争中；从价格到非价格层面，零售制度的竞争广泛存在。芬克等(Fink et al.,1971)和斯特恩(Stern,1977)等人提出阶段论，将新制度的形成划分为"振荡、退让、承认、接纳"四个阶段。新制度形成的竞争危机促成原制度的演化，如斯特恩(Stern,1977)等应用危机反应模型，解析了美国零售百货店在连锁店冲击下形态改变的过程；道森(Dawson,1979)即将该模型用于英国百货店的研究。地理学对零售制度变化的理论贡献较少，柯比(Kirby,1976)的极化原则是其中重要的一个。大规模零售机构的发展，带动了小规模商店的发展（如便利店），后者承担一定的辅助功能。

布朗(Brown,1988)认为，由于各种理论互有长短，如循环理论强调革新者的角色及变化的规律性，对革新的条件、新业态对旧业态的挑战等研究涉及较少;制度竞争理论关注新旧制度的动态整合过程,缺乏对制度起源、商业形态和成功经验等方面的研究。因此,在以上理论的扩展研究中,开始出现两两联合的研究模式,如凯来克(Kaynak,1979)、托马斯等(Thomas et al.,1986)的研究成果,但除了阿格加德等(Agergaard et al.,1970)的螺旋上升理论之外,整合三个以上理论的尝试甚少。20世纪80年代以来,随着旧模式影响的衰减,尝试寻找复杂的新模式逐渐成为零售地理学理论研究的重点,如巴克林(Bucklin,1983)、萨维特(Savitt,1984)等。布朗(Brown,1988)认为,在城市零售系统嬗变中,中心地理论作为特定时代的产物,其影响日渐式微。

(2)零售业业态研究

零售业业态的变化研究。主要包括了零售组织的变化、全球尺度零售业的形成、城市零售业的离心化等。20世纪90年代,有关零售业变化的研究中,布诺姆雷和托马斯(Bromley & Thomas,1993)侧重探讨零售结构的空间转化;里格利(Wrigley,1993)则以英国零售杂货店为例,描述全球化所形成的竞争环境。

零售企业门槛的研究。马里根(Mulligan,1984)等人对零售企业的门槛因素进行了大量的实证分析,布雷斯纳汉和莱斯(Bresnahan & Reiss,1991)在关于孤立市场竞争行为的研究中指出,人口是决定企业门槛的主要因素。肖恩维勒和哈里斯(Shonkwile & Harris,1996)发展了对农村零售业的研究,通过对需求门槛的分析,提出人口稀少的农村市场零售业集聚的模型。

零售企业的空间研究。相对于霍特林(Hotelling,1929)的街道集聚模型,伊顿和利普斯(Eaton & Lipsey,1979)提出零售企业在空间链中的扩散模型,即企业不考虑竞争因素,只考虑运费最小化。克莱孔贝(Claycombe,1996)通过空间竞争模型评估价格、利润等因素对企业的影响,说明价格的敏感度与商店区位、数量、运费关系密切。结论认为:零售企业无论选择独立或联合,其构建空间链的目的是寻求一种均衡态势。但运费升高时,市场竞争程度降低,零售链开始形成规模经济。

(3)零售地理学的重构

克鲁(Crewe,2000)、迪卡泰尔和布诺姆雷(Ducatel & Blomley,1990)等学者认为,自20世纪90年代,零售地理学已进入重构时期,零售资本及其转化成为研究的主题,合作策略、市场结构及资本空间转移成为零售地理学重构的重点。兰斯顿等(Langston et al.,1998)的一些专题研究,如服装、事物,也随着经济发展的需求而产生。该时期学科交融更为广泛,如霍尔斯沃思(Hallsworth,1992)探讨了政治经济学视野中的新消费地理学,将零售业置于一个广阔社会背景中进行研究。

整体上看,零售地理学研究的新内容主要有四条。

第一,新零售地、空间和场所。包括了对百货店和mall、商业街、隐性消费空间、家庭与性别消费的研究。如鲁特(Loot,1999)和格雷汉(Graham,1998)的成果。

第二,概念式消费。威利斯(Willis,1990)认为概念式消费更关注仪式的商业价值,购物仅仅是消费的一个环节;克鲁(Crewe,2000)认为仪式性消费重视交流的文化及象征意义,而不是商品交易中物质价值的简单转移。

第三,商品链、商品循环和商品系统。包括食品、花卉、水果和时尚物品消费的专题研究:如法恩和利奥波德(Fine & Leopold,1993)、雷斯利和雷默(Leslie & Reimer,1999)等人通过对商品链及其供应系统的研究,剖析产销各环节的内部关系。目前,在全球化商品链的研究中,以食品系统最为主要。

第四,关注爱和价值的研究。克鲁(Crewe,2000)认为,当前零售业和消费最有意义的新发现是:研究方法从市场和绘图法转向人类学方法论,研究范围从大而重要的业态转向关于街道、家庭、杂货店等日常领域。研究的人本化倾向逐步明显。

2. 批发业研究

地理界对批发业关注较少,万斯(Vance,1970)在梳理批发业地理学研究的基础上,指出对批发业的功能研究不足。至 20 世纪 80 年代,惠勒和马勒(Wheeler & Muller,1981)、克里斯汀和哈珀(Christian & Harper,1982)等城市地理和经济地理学的相关著作中也仅是偶有提及。包括研究批零比地理多样性的雷夫赞(Revzan,1966)和研究批发业地域结构分异的巴克林(Bucklin,1972)在内,没有研究者真正在系统的地理框架下研究批发业。

例如,西德尔(Siddall,1961)通过批零比分析城市的中心性,江珀(Jumper,1974)研究了新鲜蔬菜的批发状况,拉贝加和拉穆鲁(Rabeiga & Lamoureux,1973)以佛罗里达为例研究批发业的等级结构。洛德(Lord,1984)以美国四十个最大的批发中心为样本,通过位序—规模的演化历程探讨大都市与批发业发展的关系,根据国家所占贸易份额评估各个 SMSA 中批发业的变化,并分析了人口变化、区域职能更替等因素与批发贸易变化的关系。在此基础上建立批发业相关的概念模型:国家主导型、区域主导型、大都市内生聚集型。

3. 大尺度商业活动研究

大尺度商业活动是一个相对宽泛的研究框架,主要将贸易空间置于全球尺度进行探讨,或是将产业置于第三产业的层面进行整体研究。

麦康奈尔(McConnell,1985)认为,地理学早期的国际贸易研究以计量经济学的先驱廷伯耿(Tinbergen,1962)和林内曼(Linnemann,1966)为代表,侧重于分析商贸流的模式,探讨实体商品的流动及多种影响参数的评估。20世纪70年代起,逐步转向全球贸易体系的空间结构研究,实体商品之外的服务领域研究开始得到重视。如弗里曼(Freeman,1973)、琼森(Johnson,1976)和兰代尔(Langdale,1985)的研究。在20世纪80年代,在布里顿(Britton,1981)、佩斯特(Peschel,1982)、埃金顿(Edgington,1984)和霍尔(Hoare,1985)的推动下,国际贸易的变化模式与空间经济结构演化之间的关系成为研究的焦点。罗博克和西蒙斯(Robock & Simmonds,1983)认为,国际商贸研究正逐步向多文化交流、技术转移、产业结构、就业、政府政策等更为广泛的背景展开,地理学和国际贸易构建的"地理商业模式",将理论探讨持续引向深入。

科菲和舍姆(Coffey & Shearmur,1997)以加拿大城市体系为例,从人口规模和空间集聚角度论证了商业在高级服务业非均衡发展中的先导性,并指出熟练劳动力、产业的前后向联系是影响产业空间聚集的根本因素。

(二)市场区和市场竞争的研究

市场区与市场竞争的研究一直是商业地理研究的主流,相关的理论与方法论、周期性市场、市场竞争及市场空间形态是文献最多的研究领域。

1. 理论基础与方法论

理论基础主要是中心地理论和普通相互作用理论（重力模型），而地租理论、行为理论、距离衰减函数也被广泛应用。自20世纪初以来，定性描述和数量计算方法广为应用，康弗斯（Converse，1949）、科恩和阿普尔鲍姆（Cohen & Applebaum，1960）、赫夫（Huff，1963）、阿普尔鲍姆（Applebaum，1966）、贝里（Berry，1967）、巴克林（Bucklin，1971）、罗森布卢姆（Rosenbloom，1976）等人相继提出了重力模型、断裂点模型、图解模型、矩阵模型、集聚需求曲线模型。如罗斯（Rose，1987）利用零售重力模型的赖利（Reilly，1931）法则，根据交易日记账对塔克尔的历史贸易区进行重构。

中心地理论。克里斯塔勒（Christaller，1933）首先提出了经典模型，经克氏本人和廖什（Lösch，1954）、贝里和加里森（Berry & Garrison，1958a/1958b）等人的进一步修正。其实证应用一般分为两类：一是倾向对理论假设的检验，一是倾向理论的实际运用。例如对"理论条件理想化和消费者经济行为理性化假设"的批判。通常认为该理论主要贡献是中心地的等级结构而非构建贸易区模式，不足之处则是理论模型停留在"刚性和静态"层面。

重力模型。赖利（Reilly，1931）提出的"零售引力法则"是对重力模型的首次应用，由此衍生了断裂点模型。在此基础上，赫夫（Huff，1963）提出修正模型，适用于多个竞争性中心地中消费者的多种可能性选择。斯图尔特和瓦恩茨（Stewart & Warntz，1958）的人口潜能模式也广泛用于市场潜能研究，哈里斯（Harris，1954）和邓恩(Dunn,1956)最早对其进行实证检验。

2.周期性市场研究

周期性市场和交易的研究基于中心地理论和区位论。自斯泰恩(Stine,1962)首创周期性市场理论,克里斯塔勒(Christaller,1933)和贝里(Berry,1967)对市场区及其等级范围的深入研究并形成经典范式。贝里对中心地理论在周期性贸易方面的研究进行拓展,通过对数据的标准化处理,首次对不同人口密度的服务中心采用了令人信服的计量论证,即服务中心体系随空间的转换而产生多种变化。

有关周期性贸易体系主导功能的界定。艾格曼(Eighmy,1972)将其分为三种:促进地方交流、加强区际贸易、为人口分散的区域提供城市商品和服务。

有关周期性贸易中市场地时空同步的研究。许多学者关注"空间接近意味着时间分离",如弗格兰和史密斯(Fagerland & Smith,1970)的命题假设。史密斯(Smith,1970)建议以交易时间分开的邻近市场为对象,从距离因素入手进行比较研究。古德(Good,1972)、希尔和史密斯(Hill & Smith,1972)、文曼利(Wanmali,1977)、索普(Thorpe,1978)等分别从区位、时空特征等角度进行研究,但较少研究涉及消费者行为与市场地时空模式的关系。延续艾格曼(Eighmy,1972)的研究思路,戈森(Ghosh,1981)认为,周期性市场时空模式的形成、交通设施和消费者行为变更对市场模式的影响,都离不开区域贸易体系的功能及其组织方式。

3.市场竞争及市场空间形态

两个市场形态的研究。在劳恩哈特(Launhardt,1885)等人技路线的影响下,费特尔(Fetter,1924)提出"市场区经济法则",主要探讨两个市场竞争下均衡区如何形成,希森和希森(Hyson & Hyson,1950)等人对法则进行检验和发展。不同的是,希森忽视空间结构的尺度,重点强调市场区边界的区域性;劳恩哈特等通过跨区域角度研究市场区边界,强调多层次的空间结构。帕尔(Parr,1995)整合了希森等人和劳恩哈特的成果,重点研究两个市场中心的形态、边界尺度和市场区属性。

单个市场形态的研究。米勒(Miller,1996)利用或然性模型对单个市场的价格和区位进行研究,验证了竞争者集聚形成时空价格的离散。

多市场均衡形态的研究。埃斯瓦兰和韦尔(Eswaran & Ware,1986)应用廖什空间模型,探讨企业均衡态势如何形成市场网格形态,认为企业进入市场空间后,最终将演化为网格形、方形或六边形的市场形态。

通过设施条件(如规模)对市场区位及竞争条件的研究。影响最大的是霍特林(Hotelling,1929)模型和赫夫(Huff,1964)模型,而赫夫模型以赖利(Reilly,1931)的重力模型为基础。前者认为消费者选择最近的设施;后者认为消费者选择设施与规模成正比,与距离成反比。在霍特林(Hotelling,1929)模型中,所有购买力集中于需求点的同一设施;赫夫模型中,需求点的购买力分属多个竞争性设施。前者显然不甚客观,在德雷兹内(Drezner,1994)的修正下,消费者选择模型结合了设施属性与距离因素,距离函数决定顾客对设施的选择。戈森和拉什顿(Ghosh & Rushton,1987)的区位配置方法也是建立在霍特林模型之上。戈森和麦克拉夫特(Ghosh & McLafferty,1987)、德雷兹内(Drezner,1994)等人也对赫夫模型进行了检验。

通过经济要素(如产品)对市场区位及竞争条件的研究。纳卡里斯和库珀(Nakanishi & Cooper,1974)用产品替代了规模要素,对赫夫模型进行扩展。安迪生和内文(Anderson & Neven,1990)、布雷德(Braid,1993)也将商品的价格作为决定消费者选择设施的主导因素。布兰德和基乌(Brandeau & Chiu,1994)、德雷兹内(Drezner,1995)等则将需求弹性和市场外化结合在各自的模型构建中,得出最令人信服的研究结果。

市场竞争和空间形态关系研究。索尔和乔治(Saul & George)1967年发表了"零售地理学中的形态和功能"一文,在对波士顿的研究后总结出商店的三种竞争关系和空间表现形态:互补性商店经常是不同类商店或互补商品在空间上围绕某一大型商业设施而集中在一起;积极竞争性商店往往是同类商店带状地出现在高速路、商业街中;垄断性竞争则是同类型的商店市场区竞争激烈,空间上均匀分布。李育(Lee)1979年从概率模型和最近邻统计方法入手,分析不同类零售店之间的区位影响,发现零售店之间存在集聚、独立以及回避三种类型。戈森和克拉伊格(Ghosh & Craig,1984)提出区位分配模型,试图解决竞争环境中的区位选择问题。麦克拉夫第和戈森(MaLaffety & Ghosh)1986年研究了多目的购物出行对零售企业之间空间竞争产生的影响,认为多目的购物导致零售企业的分散分布,而分散的程度依赖于多目的出行的个人倾向性,这是由相对成本、需求和不同商品的价格决定的;他们还认为某些小店聚集可以产生磁铁效应。一群小的专业店集合在一起可以相互补充,产生规模效应,形成"磁铁"的效果。布朗(Brown,1987/1989/1992)系列研究后得出:顾客的比较消费和顾客一次购物旅程往往具有多目的、多站停留的趋向;商店往往需要共享公共设施服务和减少个体商店的经营风险,所有这些都是许多商店集聚的重要原因。琼斯和西蒙斯(Jones & Simmons,1993)将地理信息系统作为一个方法应用到市场区的研究中,总结出三种类型:空间垄断型、可介入市场型和分散市场型。空间垄断型市场是指各商店有着明确的市场区,并且相互之间不干扰,不相融;可介入市场型是指商店的市场区存在部分融合、重复的现象,有一些居民同时是两个或两个以上商店的顾客;分散市场型则是指商店具有专门、特定的消费者,他们在空间上表现为分散分布。米勒(Miller,1996)利用或然性模型对单个市场的价格和区位进行研究,验证了竞争者集聚形成时空价格的离散。

市场竞争及市场形态研究中经典模型的发展。对线形市场的细分是最朴素的空间一维模型,霍特林(Hotelling,1929)首次将其应用于设施区位竞争的探讨中,该模型得到戈森和麦克拉夫特(Ghosh & McLafferty,1987)等人的发展,如奥卡贝、布特斯和苏吉拉(Okabe, Boots & Sugihara,1992)应用二维模型对市场区进行细分,每个区均用一个需求点来代表消费者通过设施的吸引力及交通费用进行市场选择。戈勒吉(Golledge,1988)等人结合决定性和或然性模型,对市场共享的重要模型——消费者空间选择行为进行研究。道斯(Downs,1970)、戈勒吉和蒂默曼(Golledge & Timmermans,1988)等人以效用函数衡量设施的吸引力和效用,构建消费者空间选择模型。德雷兹内和德雷兹内(Drezner & Drezner,1996)整合了霍特林和赫夫等经典模型提出决定性模型,研究线形市场最佳区位的配置,即通过期望值与距离因素确定份额最大化下的市场最佳区位,进一步通过费用函数发展了早期的空间模型,利用连续性均衡建模方法,确定竞争条件下的市场共享与分区。

4. 城市体系与市场空间的关系

主要是对不同尺度城市等级体系中的市场空间的研究。格雷诺和莫尼兹(Greenow & Muñiz,1988)等通过个案研究大城市离心扩展中的市场贸易,表明市场型城镇的形成是城市体系演化的组成部分,既有利于城镇调整产业结构、带动经济发展,又利于就地转化农业人口。埃斯帕扎和克尔梅内克(Esparza & Krmenec,1996)分析现代经济中大城市与市场空间的关系,提出城市体系中贸易链的配置模式,认为国际性的市场区明显超出了区域的城市等级体系,世界级城市已经由区域中心节点功能向更为广泛的整合功能转型,而相应的功能正逐步由中等规模城市所承担。

另外,在西方传统区位论研究中,关于市场与产业的关系,也是市场研究的内容之一,如韦伯(Weber,1965)等人。

(三)商业空间结构的研究

1. 商业中心空间结构研究

对中心地理论中的中心地等级规模分布和职能结构的继续研究,主要侧重于将中心地理论应用于实际中进行解释和检验说明。其中应首推美国学者贝里(Berry,1963),他对美国芝加哥市63个非计划中心地的10个属性变量进行研究后发现,中心地等级是由向特定市场地域供给特定类型的商品或服务的特定级别的诸中心构成。可见,中心地的等级系统的研究不能与职能系统研究相分离。加纳(Garner,1966)采用不同的方法进行了同样的研究,结论认为中心地等级层次存在着一定的差异(仵宗卿,2000)。1958年,贝里和加里森(Berry & Garrison,1958a/1958b)连续发表了两篇文章,对 Snohomish County 中的 52 种商业活动功能在不同等级商业中心地出现的情况进行归类分析,从中心地等级和商业设施功能之间的关系对中心地理论作出新的解释。他们提出规模人口和商业服务设施数量之间符合指数增长函数关系 $P = A(B^N)$,且不同功能商业设施数量的指数增长情况不同。1960 年,贝里(Berry)还针对美国都市区范围不断扩大的实际,对华盛顿西部 Snohomish County 的各级中心地的"人口/功能"比率进行研究后发现,交通的改善和市中心区通勤范围的延伸导致了人口在郊区的过度发展和专业化的商务中心的形成,从而引起中心地人口规模和职能体系存在偏差。加纳(Garner)在 1966 年进一步用克氏中地论的交通原则 $K=4$ 的系统对芝加哥的商业中心地模型进行说明,他研究后还发现,除中心商业地 CBD 外,其他中心地都在交通线路的交叉部有规律地布局。日本学者林上对其进行了修改,提出加纳的修改模型。帕尔(Parr,1980/1981)认为,由于交通手段、人口密度、消费水平等商业环境的变化及其引起的差异,等级中心地所提供的市场区的比例会发生一定的变化,引起城市商业中心的系统具有不同的 K 值。帕尔还设计了一般等级系统演示了商业中心地的升级和降级过程及几种可能的情况(仵宗卿,2000)。斯塔勃勒(Stabler,1987)利用聚类分析方法,对加拿大萨斯喀彻温省 598 个社区聚落中心地 1961 年和 1981 年的人口、商业功能进行比较研究,描述了该省贸易中心等级结构和空间分布的变化情况,认为随着居民交通方式的不断变革和中心城市的发展,中心地等级出现两极分化的现象,而且高等级中心地区域性商业服务功能相对增强。

尽管中心地理论在地理学界中具有崇高的地位,但它却是难以应用的。其原因众所周知,就是中心地理论中僵化、不切实际的前提假设。所以,关于中心地研究的一个重要趋势就是用更为现实的假设条件来进行修正处理,从而演绎出一个更实际、可操作性更强的理论模型。戈勒吉、拉什顿和克拉克(Golledge, Rushton & Clark, 1966)根据消费者购物出行模式的空间弹性对商业职能进行归类,总结出"空间弹性"(Spatially Flexible Good)和"空间非弹性"(Spatially Inflexible Good)两类商品,认为商业活动的职能等级并不一定与中心地等级吻合,还取决于消费者购物行为和空间距离承受能力。怀特(White,1977)则引入空间障碍(Interaction Parameter)、固定支出(Fixed Cost Parameter)和规模边际效益(Marginal Cost Parameter)等三个参数,根据中心地理论分别进行动态的重新演绎,得出更具实际说服力的结论:空间障碍大的商业活动设施,其分布趋于分散,如超市;反之则集中,如城市CBD。固定支出和规模边际效益的提高,则会影响到中心地数量的减少。高玖真由(Kohsaka, 1984)首次将多目的购物模型融入中心地研究框架,通过分析消费者对不同类型商品的消费特征后建立关于多目的购物出行的中心地系统优化模型,得出以下结论:多目的购物将导致高等级中心地更加繁荣,而使低等级中心地衰落。

2. 商业区位特征研究

西方学者对城市内部商业地域类型的总结和结构的研究,主要包括三个方面的内容:城市土地利用结构研究、商业用地地域类型和区位结构的研究、商业地域内部结构研究。这些研究虽各有侧重,又非截然分开,难免有所交叉。

商业用地是城市土地利用的主要类型之一。美国芝加哥生态学派最早将商业用地作为城市内部土地利用类型进行研究,提出著名的"城市土地利用三模式"。1925年,伯吉斯(Burgess)创立了同心圆模式(Concentric Ring Model),认为城市的中心是"商业会聚之地",分布着城市的主要商业;围绕着商业中心,城市地域空间分化为五个不同土地利用类型的同心圆地带。1939年,霍伊特(Hoyt)认为同心圆理论中"均质性平面"的假设不太现实,提出扇形(楔形)模式,但同样认为城市中心是商业区。1945年,哈里斯和厄尔曼(Harris & Ulman)提出更为精细的多核心模式,认为城市的主要经济胞体(Economic Cells)——中心商业区位于市区交通的焦点,而非城市的几何中心;在中心商业区附近有批发业存在,而在郊区,则有卫星商业区存在。之后,曼(Mann,1958)和麦基(McGee,1971)分别根据英国和东南亚国家殖民城市的实际进行了城市土地利用模式的修正。显然,这些研究过于简单和抽象,忽视了城市土地利用功能区的新发展和土地利用的垂直差异。

最早进行商业设施聚集区地域类型研究的学者是普拉德福特(Proudfoot,1937)。他根据商业活动的位置条件和特征,将美国城市的商业地域划分为五种类型:即中心商业区、外围商业区、主要商业街、近邻商业街和孤立商店群等。同年,他还总结了费城CBD以外商业地域的两种类型:带状和集核。贝里(Berry,1963)利用多变量分析法将美国芝加哥的商业区划分为三大类型,提出"商业区空间结构模型":①多层次的商业中心(Centers):以市中心商业区为首,包括居住区级商业中心、小区级商业中心、邻里性商业中心等;②带状商业网点(Ribbons):主要指沿道路或街道呈带状分布的商业地域,根据其位置和规模差异,可分为传统的购物街、沿主要干线分布的商业地域、在郊区形成新的带状商业地域和高速公路指向的商业活动集聚地域;③专业化的商业功能区(Specialized Functional Areas):指追求相似商业活动集聚利益和接触利益在某一地点集中而形成的专业化地域,例如汽车专门区、古董市场等。贝里最后指出,这三种商业地域类型之间存在一定的关联关系以及类型划分的相对性。贝里的类型划分法为研究城市商业空间模式提供了一个很好的研究框架,因此必芬(Beavon,1977)称其是第一位将商业空间形态建立起层次结构的人;但随着城市的郊区化和交通工具、生活方式的改变,城市的商业地域结构发生明显变化,他的分类方法也引起了争论。戴维斯(Davies, 1976)还对英国城市进行了实证研究:历史上形成的商业中心,随着汽车的普及和道路的发展而具有了带状特点;随着汽车的普及,中心性商业地域的等级数量有减少趋势;英国的专业化商业地域尽管存在,但不像美国那样明显。在前人研究的基础上,波特(Potter,1981)指出在城市内部研究中过于依赖传统的中心地理论,他利用多变量聚类分析方法,对不同商业地域类型的功能属性与区位、可达性、形态、规模等因素进行实证分析,结论证实了贝里的分类方法在英国城市零售商业体系中具有适用性。1985年,美国学者兰姆(Lamb,1985)填补了小城镇商业地域类型研究的空白。他对纽约北部40个小城镇的商业区形态和活力研究后,总结出它们的商业结构主要由以下六种要素组成:早期商务中心区、铁路引导区、早期汽车引导扩展区、混合用地商业、外围商业带和高速公路入口引导型商业。

在城市土地利用、商业区内部结构研究中,最重要、最受人关注、研究成果也最多的莫过于中央商务区。1954年,墨菲和万斯(Murphy & Vance)对九个城市CBD内商务活动布局的研究后发现:地价不同是造成CBD商务活动空间分化的主要原因。可划分为四个圈层,分别是:围绕PLVI分布的是零售业集中区,以大型百货商场和高档购物商店为主;第二圈是零售服务业,其底层为金融业、高层为办公机构的多层建筑集中区;第三圈以办公机构为主,旅馆也多见;第四圈以商业性较弱的活动为主,如家具店、汽车修理厂、超级商场等需要大面积低价土地的商务活动。他们还进一步指出,CBD内部的结构还可以更加细致地分析:百货店倾向于聚集一起;文具店及办公用品商店与办公事务机构集中区联系紧密;律师事务所和房地产公司毗邻法院;低档的活动,如低档剧院、当铺、廉价餐馆及旧服装店在CBD边缘相互竞争相对优越的区位,以此获益。1959年,斯科特(Scott)对澳大利亚的六个州府的CBD进行了研究后认为,CBD的内部结构可分为三大功能圈,即零售业内圈,以百货店和女装店集中为特征;零售业外圈,以杂货店、服务业等专业化较弱的多种零售业活动为主;办公事务圈。其中,零售业内圈总是环绕PLVI及城市的地理中心,而零售业外圈并不总是围绕第一圈,办公事务圈则总在CBD的一侧发展。1966年,加纳(Garner)研究了零售区位的等级职能与地价的关系,认为商业设施的空间区位由其支付地价的能力决定。这样就形成了从市场地域中心到边缘,按照地价高低依次分布着地区、社区和近邻等购物中心(张文忠,2000)。1970年,斯科特(Scott)还运用了"投标—地租"(Bid-Rent)曲线的概念来说明CBD内部结构中零售业的空间分布,证明了更广泛的商业设施分布与这条曲线的情况类似。

(四)商业地域空间的研究

1. 理论基础

中心地理论和经济地租理论是研究的基础。贝里(Berry,1963)

的经典研究案例是将芝加哥商业地域结构划分为中心、地带和专业区三个部分,并对其进行等级或类型细分。加纳(Garner,1966)通过"投标－地租"曲线对不同级别的商业中心土地利用状况进行分析。贝里和加纳总结了商业中心等级体系六个阶段的演化模式:通用理论模型、不同阶层区位关系的影响、不同阶层的表现、低收入阶层的分异、与中心区的竞争、经验性模型的形成。在土地利用的普遍性模式中,以霍伍德和伯伊斯(Horwood & Boyce,1959)的核心－边缘模型最为典型,该模型对 CBD 核心和边缘的土地利用状况进行分类和描述。

2. 商业郊区化研究

在商业郊区化方面,霍尔斯沃思(Hallsworth,1992)以英国零售业为例对三次郊区化浪潮进行研究。第一次浪潮始于 20 世纪 60 年代末与 20 世纪 70 年代初期,依托小汽车兴起了独立式的食品商店,主要的零售业态是高级百货商店和超级商店。博蒙特(Beaumont,1988)将重力模型开始应用于分析郊区化的影响研究,证明贸易转移过程不会改变原有的商业中心,并在此基础上进行市场区的精确划分。第二次浪潮从 20 世纪 70 年代延续至今,在规划许可的基础上,零售业以低成本的仓储式商场为主要业态在郊区呈带状或点状聚集(风格类似于北美的 mall)。商品种类从地毯、玩具、家具至汽车等无所不包。第三次浪潮的兴起和衰落十分迅速。戴维斯和本尼森(Davis & Bennison,1978)、盖伊和洛德(Guy & Lord,1993)的研究指出,以 mall 为代表的零售业态在城市中心得到发展,原因是该业态更容易得到规划许可证并与传统的商业街(High Srteets)互惠发展。

劳埃德(Lloyd,1991)以洛杉矶为例研究市郊零售空间模式的变化,认为市郊内部的零售业趋于聚集发展,而市郊外部倾向于减少零售业的集中度。

商业郊区化过程深刻反映在地域空间结构的变迁之中。

3. 城市外部商业空间研究

城市外部商业空间主要指广阔的小城镇或农村地区。

小城镇商业结构的研究相对滞后于大城市。1985年,拉姆(Lamb)以纽约乡村为例,划分了小城镇商业区的模型,并解析区位因素对商业结构演化中的影响,特别是中心城区的重要地位。通过对40个偏远乡村的研究,拉姆将小城镇商业地域结构的构成要素概括为:CBD、旧铁路区、早期公路指向区、商住混合区、偏远带状区、交通商业综合区。

对农村商业进行系统的研究是加尼尔和德洛贝兹(Garnier & Delobez,1979),他们在《营销地理学》一书中对乡村商业的含义、一般条件和特性进行了较为全面的论述。

(五)消费行为的研究

1. 消费行为理论与方法论

行为研究方法论的发展相当成熟,20世纪60年代中期集聚模型占据主流(重力—熵最大值模型等处于从属位置),后期购物行为随机模型得到重视;20世纪70年代,行为模式研究趋于多元化,大多关注个人的选择行为,但也不乏有将模型扩展至构建出行链模式的尝试;20世纪80年代,动态选择模型和限制性模型研究长足发展,如里格利(Wrigley,1982)的研究。伯内特和汉森(Burnett & Hanson,1982)将经济、制度、时间和性别等限制模型广泛用于研究消费者出行方式和目的地的选择。

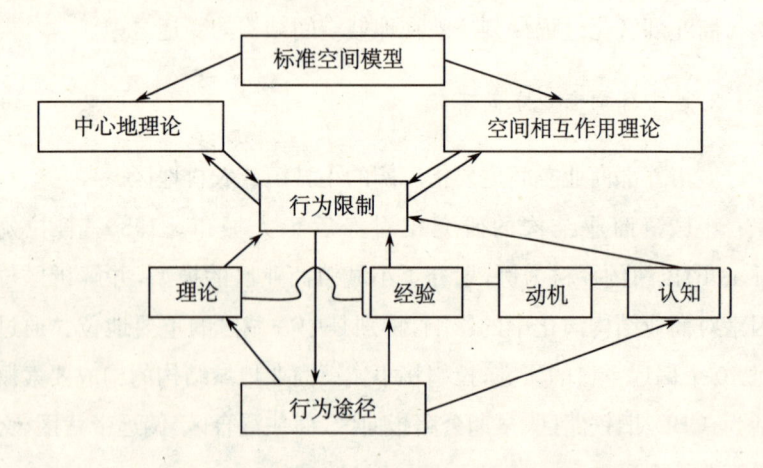

图1—2 托马斯和休厄尔关于消费研究的综合模型

(资料来源:Thomas, J. S. and Sewall, M. A. ,1976)

在各种消费研究的方法中,托马斯和休厄尔(Thomas & Sewall,1976)将模型研究和行为途径的关系进行总结,提出的综合模型包括:经典的中心地理论、空间相互作用理论中赖利的零售吸引力法则、理论行为途径中赫夫的消费者决策概念模式、认知行为途径中的卡托纳(Katona)循环模型和霍华特(Howard)循环模型等经典研究成果(图1—2)。

2. 消费者购物行为及取向

(1)消费者购物行为的研究

这方面的研究包括出行结构研究(出行频率、出行方式等)、行为差异和变化研究、感知和认知研究等。如道斯(Downs,1970)总结出关于购物中心认知的"商店特性的四原则"(服务质量、价格、购物时间、商店范围)和"中心结构功能的四原则"(外观设计、内部步行环线、视觉吸引力、交通条件)。贝里(Berry,1976/1977/1979)对消费者行为特性进行了系统的理论和实证研究。

(2)购物的空间和心理取向

在日常出行空间方面,米勒和凯利(Miller & O'Kelly,1983)以汉密尔顿和安大略消费者两周的出行数据为依据,分析消费惯性对购物出行行为的影响,并构建了购物目的地的选择模型。

在消费者选择购物中心的建模方面,蒂默曼(Timmermans,1983)论证了"非补偿性法则"的预测能力。一般的地理学补偿性法则认为效用价值反映在各种选择倾向中,高效用可以弥补其他的不足;非补偿性法则认为选择与效用是分开的,并认为"距离"因子是一个关键的变量。该论证对已有理论的不足进行完善,如伯内特(Burnett,1973)关于"空间选择过程的尺度选择",卡德瓦拉德(Cadwallader,1975)的"消费者空间决策的行为模式",多门奇赫和麦菲登(Domencich & McFadden,1976)的"多项分对数模型"。在模型实证对比研究中,蒂默曼、博格斯和沃尔顿(Timmermans,Borgers & Waerden,1992)在新的服装店开业之前,先对商业中心中消费者的空间选择行为进行调查,利用数据建立模型的参数,根据参数预测新店介入后市场份额的分配状况,最后将预测结果与新店开业后消费者实际行为选择进行对比,结果表明反映消费者购物空间行为的"多项式分对数模型"和"分解选择模型"预测效果均良好。

在购物心理取向方面,哈梅德和伊莎(Hamed & Easa,1998)将"孩童信任模型"、"购物方式选择模型"、"购物延续模型"和"购物频率模型"进行整合,构建购物活动的综合模型。研究认为,信任概率源于家庭的社会经济地位,购物方式选择取决于以往购物习惯和期望出行时间等。马布尔和鲍比(Marble & Bowlby,1968)、罗赫尔斯(Rogers,1970)通过实证分析消费者购物活动中的重复行为。多站重复性选择模型代替了传统的贸易区模型,如汉森和赫夫(Hanson & Huff,1988)对个人出行模式中重复性和可变性的研究。

关于消费者行为研究,已从早期的集聚重力模型转向关注个人偏好、态度、信息等更敏感的领域。帕克等(Park et al.,1981)认为信息先行与目的地的选择、出行时间、停车条件等信息往往决定了消费者的多倾向性选择。霍尔珀林(Halperin,1985)将认知图和主观距离引入离散选择模型,预测消费者对商业中心的选择。

(3)多目的购物行为及其空间影响研究

传统需求研究大多将价格最低作为消费者购物的出发点。培根(Bacon,1984)构建了研究多目的购物的基本模型。20世纪70年代中期至20世纪80年代中期,以蒂尔(Thill,1986)、戈森和麦克拉夫特(Ghosh & McLafferty,1984)等人为代表,对多目的多店式购物行为的研究逐渐增多。汉森(Hanson,1980)更强调在空间选择模型中综合多目的购物行为的必要性。

多目的购物行为研究与中心地理论的修正。中心地研究的一个重要方面是同功能企业的空间集聚。帕尔和德尼克(Parr & Denike,1970)认为,根据中心地理论原则,企业布局应尽量远离竞争者,但集聚也能使企业受益。他们集中研究消费者的购物行为,发现每次购物的交通费会由于多目的购物行为而下降。伊顿和利普斯(Eaton & Lipsey,1982)将中心地理论推进一步,指出消费者多目的购物活动费用影响企业的集聚,最终形成均衡布局。戈森和麦克拉夫特(Ghosh & McLafferty,1984)、马里根(Mulligan,1983/1984)提出检验消费者多目的购物倾向的模型,认为集聚是一个企业和消费者双赢的局面;他们重点研究多目的购物行为对不同类型企业集聚的意义,并以数量模拟模型进行零售企业均衡区位的判定。蒂尔(Thill,1986)以一次性出行过程中消费者进行多目的多店式购物为假设条件,探讨了企业集聚的需求状况。

多目的购物行为的研究还涉及市场区空间竞争与重构的问题。马里根和菲克(Mulligan & Fik,1989)在消费者多目的购物行为和空间竞争模型的研究中,将经典的空间竞争模型进行扩展,适用于检验零售链的动态竞争行为。戴维斯认为,消费者在购物选择中,不单是光顾最近的食品店,也不一定光顾某种商品或服务最典型的中心。多目的功能的引入和顾客机动性的增强,导致了贸易区的重叠和低级中心的蜂巢状秩序的重构。

(4)购物出行距离研究

在消费个体方面,洛(Lo,1990)基于以下两个背景:第一,经济效用最大化理论认为消费者行为源于倾向性偏好;第二,重力模型是空间分析的重要手段。建立了分析消费者空间行为的超越对数空间需求模型。该模型分析了各种空间规模和形态对出行距离和方式的影响,确定其中的决定性影响因素。而克里斯藤森和特科兹(Kristensen & Tkocz,1994)综合了城市最佳规模理论、CBD理论和费用效益理论,通过扩展法(Expansion Method)将各个理论进一步发展,构建一个揭示影响家庭购物距离之因素的最终模型。

在消费阶层方面,范德伯克(Vanderbeck,2000)利用定性方法分析了 mall 在城市年轻人生活中的角色。波特(Potte,1976/1979)的研究表明,高收入群体比低收入群体掌握更多信息,在更远距离和更多功能的消费中优势明显。

(5)购物行为与商店形体关系研究

布里格斯(Briggs,1969)以俄亥俄州哥伦布市(Clumbus,Ohio)为例,应用选择行为的多尺度模型论证商业中心的实用尺度。道斯(Downs,1970)从消费者和经营者角度分析购物中心形象,认为购物中心限定的认知尺度可以吸引潜在的顾客。

赫夫(Huff,1962)在决策和对购物中心选择行为方面,强调了消费者对商店外形主观判断的重要性。汤普森(Thompson,1963)率先引入主观距离作为变量对消费者行为模型进行研究。

(六)研究评价

1. 专题研究日趋完善

研究领域的细化反映一门学科发展的成熟程度。国外商业地理学各研究领域虽然相互交叉,但整体上专题研究日益分明。特别是零售地理学,从理论基础、方法论到实证研究(如结构类型、组织方式、行为主体)等形成层次丰富的研究体系。市场区的形态和范围、商业中心的等级体系及竞争、消费者行为与商业空间的关系、城市内部商业空间等,成为不同领域关注的内容。

2. 坚实的理论和方法论基石

国外研究拥有坚实的理论基石,重视总结和提升实证研究成果,构建计量模型的范式。虽然在各个发展阶段难免有质疑和争辩,但基础理论的积累逐步推动了学科研究的深入和发展。在商业地理领域,中心地理论、普通相互作用理论(重力模型)、地租理论、行为理论、零售制度变化的理论、熵最大值模型、购物行为随机模型、动态选择模型、赫夫的消费者决策概念模式、卡托纳循环模型和霍华特循环模型等经典成果,为许多实证研究提供了理论和方法前提。

西方学术界批判性继承的态度,有利于理论的积累和突破。中心地理论作为研究范式之一,并没有形成刚性的定式。布朗(Brown,1992)认为,在城市零售系统嬗变中,中心地理论作为特定时代的产物,其影响日渐式微。但在存疑和批评的同时,中心地理论仍然是许多研究的基石。

3. 数量革命影响深远

20世纪50年代是数量革命的发展阶段。地理学研究商业的方法深受影响。从个案的研究结果到概念和模型的形成,基本沿袭计量方法的路线。虽然许多模型的普适性值得商榷,但在方法论上比定性的描述更具有说服力,在理论上也存在继承和修正的可能性。这种背景下,中心地理论、空间模型的系列研究成为主流。时至今日,数量革命的影响仍余波未平,从另一侧面反映了其生命力和科学性。

4. 尚未完成从分化到更高层次的综合

从"简单综合→细化深入→高级综合"是学科由初始到成熟的发展模式。分化研究有利于各个领域的深入探讨,但分支的日益多元化不可避免地造成统一性的弱化,缺失把握事物整体规律的方法论。国外研究涉及市场区与市场、贸易(商业)中心、零售批发业、大尺度商业活动、消费行为和商业地域空间等领域,但对商业的研究缺乏更高层面的整合,难以全面把握一个地域商业系统(如城市商业)的发展规律。

5. 对商业业态空间的综合研究有待开拓

在商业地理研究的各个阶段和领域中,国外学术界取得了丰硕的成果。由于研究方法和资料获取的原因,没有专门针对商业业态空间的研究。类似的综合性研究集中于零售业领域,批发业与零售业的研究处于分离状态,如琼斯和西蒙斯(Jones & Simmons, 1993)有关"零售环境"(Retail Environment)的探讨。他们选取了人口、零售商店面积等指标,通过消费需求、功能混合和零售业态群落(Retail Clusters)三个子系统分析零售环境的变化,实质是研究社会经济环境对零售业的影响。商业业态空间甚少被视为一个独立的整体进行研究,不管是否存在方法论的局限,均不利于认识地域商业系统的发展规律。

二、国内研究综述

(一)国内现代商业地理学研究产生的相关研究基础

我国现代商业地理学研究起源于传统的商业地理学。改革开放后,传统商业地理学深受中心地理论的影响,逐步演化为城镇商业等级系统和城市内部商业活动空间的研究。同时,许多学者积极引介西方商业地理学的相关理论,为我国的研究提供了宝贵的理论基础,并不断开创新的研究领域。

1. 传统商业地理学侧重于经济活动的产销区划研究

在很长的一段时间里,我国在计划经济体制下,受极"左"思潮影响,商品等物资的生产、流通和消费在国家的统一安排下进行,商业活动和空间结构没有表现出应有的市场经济规律。商业地理学的研究以描述区域的物资分布、产销区划和商品流通贸易等内容为主,大部分研究成果以描述性的专著形式出现,没有形成系统的理论成果。

王希来和崔家立(1985)以中国商品生产地域的分布规律、商品空间位移的网络分布规律、商品销售地理位置的区域组合规律为主要研究对象,分析了影响商品生产地域分布的因素和商品流通空间形态的布局模式,对商品的产销区域和流向进行了规律性的探讨。陈福义和范保宁(1986)对湖南省内商品流通及产品的地区分布进行了研究。隋锡山和汤湧(1988)则强调了商业经济活动与地理环境之间的关系与矛盾。杨吾扬等(1987)从学科理论基础的角度出发进行了系统的阐述,但在主要商品的生产与销售方面,它又重复了产销区划的地域描述,与前面的理论基础部分没能很好地衔接。陆大壮(1991)在内容上突出了中国商业中心城市及其辐射的经济区域。可见,我国传统的商业地理学专著在内容虽各有侧重,但描述国家、区域等宏观地域的产销区划是这些研究的共同特征。

2. 中心地理论开创了我国集镇体系和商业中心区的空间等级结构研究

当1964年严重敏把克里斯塔勒(Christaller)的"中心地理论"介绍到中国之后,很快就被中国学者引入到城镇商业空间结构的实证研究中去。20世纪80年代和20世纪90年代初,以杨吾扬教授为核心的学者,在我国的商业地理学界开始以中心地理论为基础,对乡镇地区周期性集市、中心城镇以及城市商业中心区的空间等级结构进行实证研究,丰富了我国商业地理学和城镇体系研究的理论内容。但许多研究有意识地将中心地的空间分布与中心地理论的六边形模式结合起来,存在将其作为中心地空间布局合理性检验标准的误区。

20世纪80年代,杨吾扬(1987)就曾对北京、华北地区若干城镇的商业中心地进行开拓性研究,提出北京主要商业中心呈六边形分布,大致符合 K=3 的网络系统。徐放(1984)、宁越敏(1984)、吴郁文等(1988)、李振泉等(1989)、安成谋(1990)、刘胤汉等(1995)受杨吾扬的启发,分别对北京、上海、广州、长春、兰州、西安等大城市的主要商业区进行了实地的调查研究,根据商业区内商店的数目、种类,运用不同的分类方法对商业中心区进行等级类型的划分(一般划分为"三个级别五种类型"),参照中心地理论构建商业中心区的等级体系和空间结构,并对空间结构出现的分异进行了解释。高松凡(1988)、牛亚菲(1989)根据中地论的六边形网络,分别构造了嘉兴市城镇体系、江苏省赣榆县和灌云县集镇网体系的空间分布结构图。刘盛和(1991)以山东聊城市域集镇为研究案例,巧妙地应用了中心地理论的许多核心概念(如中心地职能、中心性、等级结构等),对我国周期性集市、集镇等级体系及其时空协同现象进行了分析研究。

3. 西方商业地理学理论的引介奠定了我国现代商业地理学的学科基础

20世纪80年代末到90年代,我国在经济体制转型过程中逐步培育的市场环境使得城市的商业活动日趋活跃,新型的商业业态不断涌现,城市的商业空间结构更加复杂。商业地理学对这些现象有着不可推卸的研究责任和广阔的研究前景。由于研究上的严重滞后和理论上的近乎空白,我国商业地理学研究经历了一段以翻译、介绍、应用国外相关理论为主的时期。

我国对西方商业地理学相关理论的介绍，主要有以下三种方式。① 直接翻译西方学者的代表性文章、经典著作。潘建纲(1989)、蒋云红(1993)、蔡宗夏(1993)、陈光庭(1993)、赵荣(1992)等人分别引介了英国、美国、法国、日本等国著名学者关于商业地理学发展进程和商业活动新现象的研究成果。常正文等(1998)翻译、出版了廖什(Losch)、克利斯泰勒(Christaller)的经典著作。② 在专著中教材式地介绍西方商业地理学的基础理论。杨吾扬(1989)介绍了克氏和廖什的中心地理论，并对其进行了实证研究。周一星(1995)从城市体系空间网络结构的角度介绍了克氏的中心地理论和廖什的经济景观，对国外中心地理论的后续研究作了较为系统的追踪介绍。许学强等(1997)从城市体系的角度介绍了克氏的中心地理论和廖什的经济景观理论，结合西方的理论进展，从城市内部空间结构的角度介绍了贝里(Berry, 1963)的都市商业类型区划分和赫夫(Huff, 1964)的商业零售引力模式。张文忠(2000)从城市区位论的角度介绍了中心地理论及其发展，从商业区位论的角度分别介绍了零售业、批发业、集市等业态的区位理论及其进展。③ 对西方商业地理学的理论和研究进行综述。侯锋(1988)概括了西方商业地理学的产生、发展和演化的过程，并对其研究的核心内容和基础理论进行了归纳总结。杨瑛(2000)将西方的商业地理划分为新古典主义、空间分析、消费行为研究等三大理论流派。管驰明和崔功豪(2003a/b)总结了20世纪90年代以来国外商业地理学研究的九个主要研究方向。仵宗卿、戴学珍和戴兴华(2003)从供需、空间表现和研究制度框架等角度综述国外城市商业活动空间结构研究的进展和特点。显然，侯锋侧重于理论的归纳总结，杨瑛强调理论流派和研究方法的评价，管驰明突出了研究趋势和新近发展,仵宗卿则更关注学科研究的制度框架。

4. 相关学科的引入丰富了我国商业地理学的研究内容

我国商业地理学研究十分注重相关学科理论的引入、运用和发展。行为地理学、时间地理学已经成为商业地理学研究的基本理论方法,消费地理、微区位论也丰富了商业地理学的研究视角。早在1982年,陈传康就探讨过人类与地理环境的感应和行为的交流过程。王兴中(1988)翻译、出版了《行为地理学导论》一书,并于1991年归纳了六大类的"人—地"行为模式,其中包括了消费行为模式。向清成和李昕(1990)提出了消费地理研究的七个主要方向。张文奎(1990)介绍了行为地理学研究的基本理论问题,概括了相关方面的主要研究成果。保继刚(1991)探讨了旅游者空间行为规律在宾馆选址中的意义。海山(1997)阐述了行为地理学的概念、学科产生和发展历史,提出我国发展行为地理学研究的重要意义。有关时间地理学的全面介绍与应用研究,则始于20世纪90年代中后期以柴彦威为首的北京大学时间地理学研究小组(柴彦威,2000)。柴彦威等(1997)首先介绍了国外时间地理学的基本概念、表示方法,进而总结和分析国外时间地理学的主要应用领域和研究进展,展望时间地理学在我国的应用研究,并分别对大连(1995)、天津(1997)和深圳(1998)进行了实证研究,创造性地运用时间地理学方法研究中国居民日常活动行为,其中大量是关于居民消费行为规律和空间结构的研究成果。孙鹏和王兴中(2002a/b)对国外社会区域中的零售业微区位论的研究进行了一些归纳,从"人本"因素的角度对商业设施的微观区位要求进行了介绍。白光润(2003)探讨了微区位的研究内容、方法论和研究意义,提出在结构分析中商业设施的微区位和区位研究的人本主义倾向。曹嵘、白光润(2003)对零售业营业面积与交通条件的关系进行实证研究，探析了交通影响下的零售商业微区位特点。这些相关学科的理论介绍，弥补了我国商业地理学人地关系研究中忽视"人"的缺陷，开创了消费者行为规律和空间结构等新的研究领域。

(二)我国商业地理学研究的主要领域和内容评述

1. 城市内部商业空间结构研究

城市内部空间结构包括地域运动的两个基本特征——结节性和均质性。商业作为城市职能的重要因素也不例外，其空间结构研究主要包括商业中心区等级体系和商业地域空间结构两个方面的研究。

我国对商业服务业地理学的研究，可以说是从"借用中心地理论，对城市内部商业中心进行类型划分和等级体系研究"开始的，但许多研究存在将中心地理论的理想模式作为评判商业区布局合理性标准的误区。1984年，徐放对北京市商业服务地理的研究颇为引人关注。他把商业服务业分为四级：Ⅰ，生活必需品；Ⅱ，饮食服务业；Ⅲ，修理业；Ⅳ，专门项目的商业服务。根据商业区内商店的种类和数目，结合个人的经验判断，将商业区划分为市、区、生活小区三个等级和五种细分类型。结果验证了实际存在中心地理论提及的"商业区根据居民不同需求形成的职能分级现象"，提出了商业区功能等级与商店种类、数目和消费需求之间存在一定的相关性。宁越敏(1984)对上海市作了类似的研究，但在类型划分中，他选取了商业中心商店数、职能数、职能单位数、高级职能单位数比重和低级职能的商店数比重等五个变量,采用聚类分析方法进行分类,同样得出三个级别五种类型的商业中心等级体系,并构建"以南京路为顶点的多元金字塔形"的商业空间结构。吴郁文、谢彬和骆慈广等(1988)基本沿袭了宁越敏对类型划分的聚类分析方法,增加了"大型综合商场、大饭店、宾馆职能单位数的比重"这个变量,提出广州市同样存在"三个级别五种类型"的商业中心等级体系,并认为广州市的商业区职能等级结构与中心地理论的等级体系概念基本相符,但空间形态结构却与之存在较大的分异。后来,李振泉、李诚固和周建武(1989),刘胤汉和刘彦随(1995),安成谋(1990)分别对长春、西安、兰州等城市的商业中心区空间等级结构作了类似研究。高松凡(1989)从历史地理学的角度分析了历代北京城市场空间分布的中心地结构、形成演变及主要影响因素。仵宗卿和戴学珍(2001)采取 GIS 技术,划分商业地域单元格,利用商业活动的从业人数、类型数量、低级商品服务从业人数和高级商品服务从业人数、百货店从业人数等五项指标对单元格进行层次聚类分析,并基于地域单元总结出北京市商业区的等级类型和职能特征。

另一方面,许多学者也寻求从地域结构的角度探讨城市内部的商业空间。杨吾扬(1994)在分析了北京市商服网点的现状空间结构、等级系列的基础上,按照商业活动的区域分异,将北京市区划分为城市核心(CBD)、中心城、新市区和大城市周边带等四个向心环带。闫小培和姚一民(1997)对广州市第三产业各部门的空间布局形态和多样化的地域类型特征进行了研究,发现零售商业、商业楼宇具有典型条状分布的地域结构特征。陈忠暖(1997)在云南教委科学基金资助项目资助下,对昆明市主城区的商业地域结构进行了详细的研究。他根据不同类型商业的空间分布特征,运用特化系数和因子生态分析方法,将商业设施归纳为"四大分布特征"(分散分布、向心分布、离心分布和局部集聚),将商业地域类型划分为"六种地域类型"(城心密集商业地域、城市与近城心干线商业地域、中环干线型商业地域、外缘干线及过渡性商业地域、离心分散型商业地域和广布型商业地域)。蔡国田、陈忠暖和林先扬(2002)利用同样的方法对广州市老城区也进行过相似研究。仵宗卿在其博士学位论文(2000)中利用 SPSS 社会学统计软件,采用主因子分析方法,对影响商业地域结构的主因子进行分类并分析北京市的商业地域空间结构。张素丽和张得志(2001)以区、县作为地域单元,利用集中化程度指数、聚类分析和回归分析等手段,分析食品、衣着和用品等三大类消费品在北京市各区、县中的集中化程度和市场的地域差异,认为"吃穿等一般消费品市场在地域上趋于分散,用品市场趋于集中,而整体上的市场地域结构趋于均衡和广泛"。林耿和阎小培(2003)提出商业功能区的概念,认为广州市具有"从城市核心区到边缘区,形成'零售－批发－综合性批零'的商业功能圈层结构"的特征。在商业郊区化研究方面,史向前(1997)明确提出北京市中心零售商业区存在"中心空洞化"现象;易铮和况光贤(2002)认为重庆市的城市郊区化促使商业空间出现"离心化"迹象;罗彦和周春山(2004)对中国城市的商业郊区化发展迟缓的原因进行了探讨,提出商业郊区化形成机制模型。

上述文章在对城市商业空间结构的理论研究基础上,都会根据实际情况提出规划布局的建议。同时,我国也存在专门探讨商业网点规划布局的文章。安成谋(1988)介绍了城市零售商业网点的类型及布局原则,指出现状问题并提出改造原则。吴宇华(1991)从城市规划的角度探讨了北京新市区商业中心地等级体系的规划布局。王希来(1991)以北京市崇文门外花市二级商业区为例,分析存在问题并提出改造建议,总结规律性的布局理论。张丙振(1994)论述了哈尔滨零售商业企业布局上存在的问题,试图提出有效的规划思路和布局对策。王琳、白光润、曹嵘(2004)以上海市徐汇区为例,针对我国商业郊区化滞后于人口郊区化的情况,从商业业态、商业开发时序和商业地域结构调整等角度提出了应对城市商业郊区化发展的对策。但是,这些研究深受计划经济的影响,强调规划的指引性而忽视了商业的市场竞争规律,理论基础薄弱,主观判断、描述性的研究成果相对较多。

2. 商业区位理论研究

随着我国市场经济体制的基本建立和经济的全球化趋势,越来越多的外商投资零售企业进入我国,市场竞争日益激烈,商业设施空间结构、区位特征和投资选址等方面的研究逐步成为消费性服务业地理学的研究重点。

商业设施的空间结构模式研究,主要是针对传统业态的商业设施所进行的研究。史建平(1991)、曹荣林(1992)、陈文娟(1998)、官莹(2003)等人分别对石家庄、南京、广州、北京集贸市场的空间结构和分布特征进行了研究,并提出规划布局的政策建议。郭柏林(1993)对上海市发奶站网络空间结构模式的特点及形成机制进行了探讨。他利用中心地理论的思路,从发奶站的经济效益和社会效益统一的角度提出了发奶站合理的市场门槛和经营规模,认为这两者的矛盾斗争导致了网络体系产生演替的动力并出现了不同的演替模式,最终形成发奶站网络等级体系。郭柏林的研究是商业设施竞争环境下的动态演化结果,绝不是几何图形静态的抽象排列组合,从而丰富了我国对中心地理论的应用研究。同样的思路,郭柏林(1997)

还对连锁超市的空间结构模式进行了理论总结。张素丽、佘幼宇和官莹等(2001)对北京市商品交易市场的分布和发展进行了实证研究,对不同分类市场的空间分布特点进行了较为全面的剖析和市场预测,提出对市场选址的相关建议。

商店布局侧重于交通、人口等因素与商业发展的互动关系研究,而零售商店选址研究则主要集中在新型的商业业态和外资零售企业。谢东晓(1993)从理论上探讨了商业功能和交通功能之间的竞争合作关系。王宝铭(1995)对天津城市人口分布与商业网点布局的相关性进行了探讨,认为两者之间存在明显的相互吸引效应。杨瑛、亢庆和邓毛颖(1999)论述了城市规划与建设、经济发展、政策、消费者、历史等五个方面因素对广州大型百货商店空间布局的影响。林耿、闫小培和周素红(2002)从广州市的整体消费结构和消费空间差异着手,分析它们对广州市大型百货商店空间布局的影响。许学强、周素红和林耿(2002)应用 GIS 技术,选取了现状服务便捷性、交通状况和人口分布三个影响因素,研究它们对广州市大型零售商店空间布局的影响,并划分发展类型区。时臻和白光润(2003)则认为市场、空间的接近性和同行业的竞争是上海市大卖场(大型超市、仓储式商场)空间布局的主要区位因子。周尚意、李新和董蓬勃(2003)利用沃尔克重心测算方法、基尼系数和罗伦兹曲线等分析方法,研究表明北京人口郊区化对大中型商场分布郊区化有正向带动作用。郭崇义和戴学珍(2002)将北京城区划分为三个基本圈层和两个过渡圈层,分析了北京市外商投资零售企业的业态类型、区位特征及其在各圈层中的分布特征,总结外商投资零售企业的区位和商业中心的关系,以及零售企业之间的区位竞争关系。2003 年,郭崇义对上海市也作了类似的研究,还利用商圈理论对零售企业的空间布局进行了分析研究。杨韬和黄立中(2004)对成都不同业态的外资零售企业选址偏好、区位特征和布局规律也进行了研究。

市场区和商圈地理研究主要是侧重于理论的分析探讨。蒋云红(1991)对零售空间组织的决策过程——市场分析过程进行了研究,认为该过程应包括区域社会经济分析、贸易区分析和消费者研究三个方面的内容。张素丽(1999)从区域地理与环境分析、商圈地理分析两个角度,理论上探讨了零售商店的选址要素,提出不同零售业态的商店选址原则和特点,如集中布店、独立布店等。同年,张素丽(1999)还探讨了零售企业战略选址中的市场细分、市场定位、地理环境分析和商圈分析等环节的研究内容,总结市场定位和地理定位之间的关系。梁健玲(2002)从区位、客源、商业环境、服务质量等角度,分析它们对区位上邻近的两家超市在客源竞争中的影响和结果。王德和周宇(2002)则侧重于消费者选择行为的角度进行了类似的研究。周春山和罗彦(2004)运用生态学中动物的种群斗争、生境和领域等知识,对商业的市场空间竞争进行试探性的解释。

3. 零售业态及其对商业空间结构的影响研究

零售业态(Retailing Type of Operation),指零售企业为满足不同的消费需求而形成的不同经营形式。长期以来,我国的此类研究主要集中在管理学科,侧重于经营形式的研究。由于缺乏业态类型的分类规范,地理学界很少讨论商业业态的空间表现形式和影响效果。20世纪末,我国试行、颁布实施"零售业态分类"标准,将零售商业分为超级市场、便利店、大型综合超市、仓储商店、专业店、专卖店、百货店、购物中心、家居中心等九种类型。这为地理学研究提供了基本的规范,也敦促了地理学对商业业态的空间研究。

曹连群(1999)是我国较早提出零售业态的区位布局和规划思路的学者。他归纳总结出不同类型零售业态的经营特征、区位布局和选址的特点,认为城市商业网点规划需要合理配置零售业态。张水清(2002)认为不同业态的商业企业具有不同的市场定位与地理定位,其区位选择的结果形成了特定的商业空间结构。林耿、许学强(2004)结合产业、用地、设施、文化、行为等多种因素,解释广州市的城市商业业态空间的形成机理和特征,并对业态空间的效益进行评价。管驰明和崔功豪(2003)探讨了以大型超市、仓储商场、购物中心等新业态为主体的商业空间的内涵和形成机制,区位特征及其对城市发展的影响。他们认为,生活居住和消费方式、交通条件和出行方式的改变,以及零售业态的演化是新型商业空间形成的主要影响因素。香港学者王缉宪等(2002)对深圳市华强北商业区进行了实证研究,认为它是一个由多个主题商业综合体(TSC: Theme Shopping Complexs)组成的商业聚集区,是深圳城市快速发展、转型期间出现的过渡阶段的特殊商业形态。这些主体商业综合体的特点是:具有相对广泛的主题,由大量小型零售商承包经营;建筑单体由工业用途转变而来、非政府规划;没有一个是规模庞大、可以称 mall 的大型购物中心。

4. 消费行为及其空间特征研究

早在 1994 年,经济学界就有人探讨过地理因素,特别是地理活动空间对消费者行为的影响(欧阳孔仁等,1994)。但直到 20 世纪末,我国地理学界对消费者购物出行特征和空间结构的研究才较为系统地展开。这些研究主要集中在两个团队,一个是以柴彦威为首的北京大学时间地理学研究小组,另一个则是以王德为首的同济大学上海市商业步行街空间结构及消费者行为研究课题。

以柴彦威为首的北京大学时间地理学研究小组对大连(1995)、天津(1997)和深圳(1998)等三个城市的时空间结构进行了实证研究,从居民对不同商品等级类型商品购物活动的出行特征和空间结构进行了重点研究,取得了丰硕的研究成果。仵宗卿、柴彦威和张志斌(2000)通过问卷调查对天津市民的购物行为特征进行了研究,总结出天津市民对不同等级商品的购物出行距离和购物活动空间的圈层结构。2001年,仵宗卿、柴彦威和戴学珍等借用中地论中的市场、交通和行政管理等三原则,建立数学模型演绎了不同商品谱购物出行距离的空间等级结构,总结了不同收入阶层居民的购物出行特征和空间等级结构。龚华(2003)对深圳市居民消费行为的空间特征和决策机制作了系统的研究,基于行为发生的角度划分出居民整体购物活动的三圈层结构,总结了影响居民购物活动空间的客观因素。王德等的研究则侧重于消费者购物行为的空间特征。王德和张晋庆(2001)利用上海市第二次交通调查的相关数据,从消费者购物出行的角度对上海市商业区的空间等级结构进行了分析研究,认为消费者购物行为的"具象放大"后在空间上的投影,便是商业空间分布。王德等(2003、2004)对上海市南京东路近千名消费者进行了问卷调查,对消费者的基本特征和活动情况进行了总结;并以地块为分析单位,从空间角度探讨消费活动(消费额、人数和人均消费额)的空间分布特征,从地块中商业设施的商店营业面积、是否位于步行街、是否设有百货商店三个因素分析商业地块对消费者人数、人均消费额的影响程度。

5. 中央商务区(CBD)的内部结构研究

CBD(中央商务区),即 Central Business District 的缩写,最早由美国学者伯吉斯于 1923 年在其创立的"同心环模式"中提出的。他认为,城市的中心是"商业会聚之处",主要以零售业和服务业为主。随着世界经济的发展,现代意义上的中央商务区是指集中大量金融、商业、贸易、信息及中介服务机构,拥有大量商务办公、酒店、公寓等配套设施,具备完善的市政交通与通讯条件,便于现代商务活动的场所。在中国,大城市的中心区仍然是商业服务业活动最为集中的区域,商业服务业是城市 CBD 的最主要功能之一。

国内有关 CBD 的研究,主要包括以下三个方面:① 在介绍西方国家有关 CBD 研究的理论成果基础上,探讨 CBD 的概念、空间特征和范围;② 研究我国北京、上海、广州等具体城市 CBD 的发展与演化,功能特征及其空间结构;③ 在研究 CBD 与城市发展的关系之后,侧重于制定具体城市 CBD 功能、结构调整的目标、思路和方案,对 CBD 发展作出规划。在这些研究中,学者们不断强调 CBD 应着重于国际化的商务功能,反复澄清"CBD 不只是零售商业繁华的街区,更不仅是高楼林立的建筑群落";但却忽视了"它们其实也是城市中心区"的中国实际,很少有人将这些所谓的 CBD 进行空间结构的剖析,也没有人专门对其核心职能——零售商业进行空间探讨。闫小培等(1992/1995/2000)、刘彦随(1995)等分别对广州、西安的城市中心区进行了案例研究,利用实地调查数据,采取量化指标 CBHI(Central Business Height Index 的简写,指中心商业高度指数)和 CBII(Central Business Intensity Index 的简写,指中心商业强度指数)划分城市 CBD 典型区域的硬核和核缘,分析其平面、垂直和综合利用的空间特点,提出改造规划的建议。

(三)研究进展和研究评价

1. 阶段划分和研究特点评价

自 20 世纪 80 年代以来,我国商业地理学研究整体上经历了"由热转冷,又逐渐升温的发展历程"(仵宗卿,2000),主要包括以下两个阶段(表 1—3)。

表 1—3 20 世纪 80 年代以来我国商业地理学研究的阶段划分

阶段划分	第一阶段:商业地理学研究转型期	第二阶段:商业地理学迅速发展期
时间划分	20 世纪 80 年代到 90 年代中	20 世纪 90 年代末到 21 世纪初
主要研究内容	1. 传统的商业地理学研究; 2. 国外商业地理学理论的介绍; 3. 中心地理论的探讨和实证研究; 4. 城市商业中心空间结构(商业网点规划)研究。	1. 探索商业地理学的学科体系; 2. 消费者购物行为研究; 3. 零售业态和商圈理论在商店选址、空间区位中的研究; 4. 城市商业地域空间结构研究。
学科特征	1. 从描述性的学科特征转向寻求学科的科学解释; 2. 西学为体,缺乏本土原创理论; 3. 深受中心地理论的影响; 4. 描述性的研究成果偏多。	1. 学科交叉发展迅速,新的学科理论和技术方法不断被应用; 2. 解释性的研究成果多,理论提升不足; 3. 研究内容庞杂,缺乏经典范式。

第一阶段是 20 世纪 80 年代中期到 90 年代中期,商业地理学研究从宏观的区域物资区划和商贸流通研究,转向了中、微观的城市商业空间结构研究。中心地理论的引入奠定了我国现代商业地理学研究的理论基础,但许多学者的研究深受中心地学说提出的"层次"和"中心"等概念的影响,试图确定具体城市商业中心区的空间层次结构(或称商业网点结构)。这些导向性的商业空间结构理论完全从理

性经济人的观点出发,许多国内学者忽视了这是一种理想模式,导致研究具有一定的局限性,难以深入。

第二阶段是20世纪90年代末到21世纪初,商业地理学研究开始突破商业中心区研究的束缚,着重于商业地域、商店、投资商和消费者等商业活动载体的对象研究。这一阶段,多学科交叉和新技术方法的应用是最大的特点,研究内容和研究方向出现了分化。但是,许多研究浅尝辄止,学科交叉也只是机械的重叠,未能形成崭新的研究视野和思维方式。总体而言,这一阶段研究成果众多,但缺乏梳理;有百花齐放之态,却无百家争鸣之势。

2. 我国商业地理学研究的整体趋势

表1—4 我国商业地理学研究进展一览表

时间	主要研究内容	时代背景	主要的服务对象
20世纪80年代	传统商业地理学	在计划经济时代,全国物资生产、流通和消费的统一调配	国家计划经济条件下的生产力布局
20世纪80年代中期至90年代初期	城镇市场体系研究	开始市场流通,带有计划经济色彩;农贸市场、集镇市场是主体	城镇体系(城乡)规划
20世纪80年代中后期至今	城市商业空间结构研究、商业网点规划	开始市场出现"供不应求"现象,城市服务业经济迅速发展	城市规划与管理
20世纪90年代中期至今	商业区位、商圈选址研究	经济全球化,我国加入WTO,外商零售投资商进入	商业企业的投资选址
20世纪90年代后期至今	消费者购物出行、商业环境研究	市场竞争激烈,"供过于求",人本主义,人文关怀	规划管理、商业企业和消费者

52 大城市商业业态空间研究

我国商业地理学研究是随着时代发展和服务对象变化而不断演进的(表1—4)。改革开放前后,我国商业地理学研究主要是为国家计划经济条件下的生产力布局服务,开展区域的物资分布、产销区划和商品流通贸易等内容的研究。改革开放后,随着我国市场经济环境的逐渐完善、城市经济的迅速发展以及经济的全球化进程,商业地理学研究逐渐适应市场经济的要求,研究的空间尺度和研究对象从宏观到中、微观,逐步趋于具体化(图1—3):国家、区域(物资产销区划)—城乡地区(市镇服务中心体系)—城市内部(商业空间结构)—商业区位(商业地域、商店选址、商业环境等)—消费空间(消费者购物出行、消费空间结构等)。

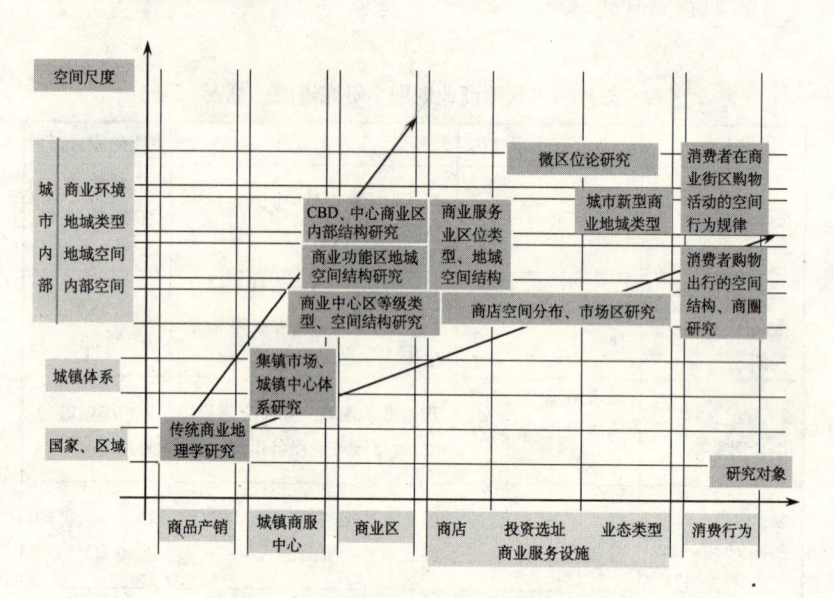

图1—3 我国商业地理学研究发展分析

3. 商业地理学研究存在的问题

商业地理学是研究商业(包括居民服务业)活动地理现象和规律的科学。商业活动作为商业地理学的研究对象,包含了商品(劳务)的生产、流通、销售和消费等四个环节。传统的商业地理学侧重于研究商品的生产区划和地区流通过程,成为经济地理学的前驱。现代的商业地理学则侧重研究供应商的销售、消费者的消费等环节,以及它们的相互作用和空间表现形式。因此,商业地理学也是人文地理学的一个重要研究分支。但由于商业活动的复杂性和多样性,缺乏统一的定义和类型划分,我国商业地理学研究一直面临着"研究什么"及"怎么研究"的问题。

在现代商业地理学研究中,研究对象含糊不清,商业的定义不明确。近年来,许多研究论文和著作没有界定研究对象,将商业、服务业与第三产业混为一谈,出现了"商业"、"商业服务业"、"零售商业"、"零售商业服务业"、"商业活动"、"市场"等五花八门的概念。在研究城市商业空间结构时,商业中心、商业网点等概念也是十分模糊的。大多数学者没有明确地说明划分商业中心范围的依据,但是他们却无一例外地以城市街道、客运站场、公园等线状设施两旁、点状设施周围一定地域划为商业中心。缺乏对商业中心内涵、商店类型组合特征的分析。总体而言,这种划分也是经验的、定性的,其主观色彩较浓。

任何研究都需要基本的素材和有效的技术方法,但商业地理学在这两个方面上却是十分薄弱的。在我国,商业地理学的研究资料十分匮乏,一方面由于统计工作方面缺乏必要的技术指标,另一方面由于我国的商业普查工作力度还不够,没有引起足够的重视。商业地理学的研究大都是采用政府公布的统计数据,通过自行调研取得第一手资料进行研究的很少。在技术方法上,缺乏类似于数量革命的冲击,也缺乏本土理论模型的创建,难以催生本土的原创理论。

第三节 研究设计

一、研究意义

西方商业地理学或相关的研究已经相当成熟,国内研究都是基于已有理论进行实证。从现有成果看,基础理论研究与应用研究珠玉在前,学术的积淀是无法一时超越的。"分化→综合→分化→综合"是认识事物的必然过程,本书探讨方法论层面的革新,其理论意义在于形成一种综合的视角和整合的尝试。

已有关于城市商业系统的研究,地域结构、商业中心等级、市场区规模、消费者行为等研究专题难以有效地进行整合,理论研究与实际建设相互脱节。商业业态空间研究的实证意义在于,通过反映城市商业综合的现象与规律,为商业网点规划和业态发展调控提供实践参考。

二、研究基础

(一)研究范围

在研究地域尺度上,宏观上以城市建成区为主要研究范围(即原八区),反映城市商业环境的结构及其影响;同时选取零售商业活动最活跃的区域(如天河城市中心区、北京路和天河路等)进行微观研究。

其中,广州市天河城市中心区①包括"广州大道—黄埔大道西—华南快速干线—广深铁路(广园东快速干线)—禺东西路"等五条城市交通干线围合而成的闭合区域,面积约 10 平方公里(图 1—4)。该研究区域由城市交通干线围合而成,主要是考虑了研究范围的相对完整性和独立性(表 1—5)。广深铁路(广园东快速干线)、华南快

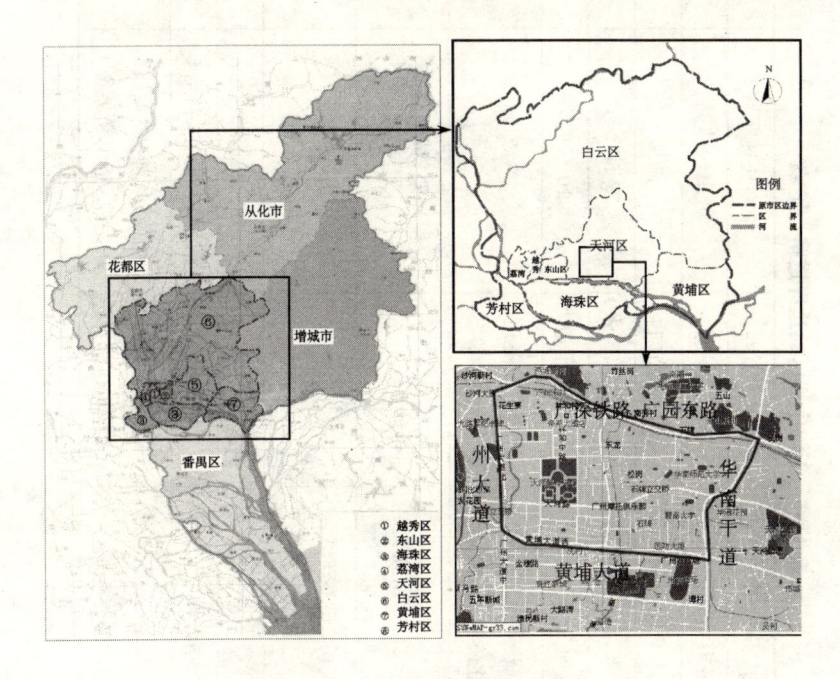

图 1—4　研究范围示意图

---

①　城市中心区作为城市结构的一个特定概念,……从城市整体功能结构演变过程来看,城市中心区是一个综合的概念,是城市结构的核心地区和城市功能的重要组成部分,是城市公共建筑和第三产业的集中地,为城市及城市所在区域集中提供经济、政治、文化等活动设施和服务空间,并在空间特征上有别于城市其他地区。它可能包括城市的主要零售中心、商务中心、服务中心、文化中心、行政中心、信息中心等,集中体现城市的社会经济发展水平和发展形态,承担经济运作和管理功能(吴伟民等,《城市中心区规划》,东南大学出版社,1999 年)。

表1—5 天河中心区的边界道路一览表

	道路名称	广州大道	黄埔大道西	华南快速干线	广园东快速干线
道路等级	等级	城市主干道	城市主干道	城市快速路	城市快速路
	形式	隧道+立交+路面	隧道+路面	高架	立交+高架+路面
	道路宽度	宽55米,100米控制	60米(隧道28米)	宽60米	60米
	车道数	双向10车道	双向12车道	10车道	双向8车道
道路通行和穿越难度	隧道	珠江新城隧道(550米)、天河北隧道(550米)	黄埔大道隧道(1100米)	—	—
	高架、立交	天河立交、中山立交	—	全程高架、黄埔立交、中山立交	—
	人行穿越	人行天桥(五羊新城、天河北)、斑马线(广体)	隧道2,斑马线	—	人行天桥
	沿线铁路	—	—	支线铁路	广深铁路
	穿越难度	不方便	不方便	除路口外,不可穿越	除路口外,不可穿越
	道路两侧用地情况	围墙(广体、白云区医院、东风公园)、河涌	未开发用地(珠江新城)	围墙(华师、暨大、翠湖山庄、华景新城等)	铁路防护铁栏(广深铁路)

速干线、黄埔大道西和广州大道是城市内部或对外的主要交通干线，道路宽度都在50米、双向8车道以上。其中，华南快速干线、广园东快速干线是城市的快速路，华南快速干线还采取全线高架。这些道路由于等级较高、路面较宽、穿越难度较大，使得研究区域形成相对封闭的商业服务业系统。因此，本研究范围界定在这五条城市交通干线之内，具有相对完整、独立的区域特征。

(二) 研究资料说明和评估

1. 资料来源

资料来源主要途径包括官方统计文献检索、网站检索、商业委员会下属单位统计资料、统计局相关报表、重点街区规划资料、大型百货商店和批发市场问卷调查、政府官员访谈记录、广州市基本单位普查资料和实际调查资料等。需要说明是城市用地、商业效益分析采用的资料，以及天河中心区实地调查的资料。

关于城市用地研究的资料。1993～2001年，广州市市八区分别批租地块1 850宗、1 205宗、859宗、362宗、800宗、1 040宗、805宗、571宗和463宗[①]。本书以此为初始数据进行二次整理，将与商业关联度较高的用地进行合并和分区统计，建立用地分析的基础数据库。

参照《城市用地分类与规划建设用地标准》和广州市规划局实际统计的分类，经过合并形成以下的各种土地类型（表1—6）。

在各种性质的城市用地中，将工业划归一类，与商业联系密切的第三产业划分细类，单列出交通运输业中城市服务功能明显的道路

---

① 广州市规划局用地处访谈数据。

广场用地,其他种类的用地不再细分。在实际统计上,广州市将1995~1996年和1998~2001年的金融保险业用地并入商业用地,无法进行剥离。但由于该产业与商业关联性高,研究在进行各细类用地的统计分析后,根据客观状况将两者用地一起合并,进行另一层面的分析。

表1—6 城市用地分类

类别名称		范围
居住用地	商品住宅	用于建设商品住宅及其配套设施用地,包括别墅区的用地
	其他居住	单位住宅、安居工程、拆迁安置房、居住小区等用地
行政办公用地		行政、党派和团体等机构用地
商业用地	批零商店	综合百货商店、商场和各类专业店等用地
	综合市场	农贸市场、工业品市场、综合市场等用地
金融保险用地		银行、保险机构等用地
消费服务用地		贸易咨询用地、服务业用地
文体娱乐用地		新闻出版、文化艺术团体、影剧院、图书展览、游乐等用地
教育科研用地		高等学校、中等专业学校、科研设计等用地
工业用地		各类工业用地
道路广场用地		主次干道等道路用地、广场用地和社会停车场库用地
其他用地		医疗卫生等其他各类用地

关于商业效益研究的资料。选取广州市"批发、零售企业综合统计年报表"(1997~1999年)进行分析。由于其中的商业企业为商业

委员会辖下单位,1999年之前基本未改制,资料的获取具有较高的可信度。2000年后,企业实现市场化运作,官方渠道获取商业资料同样困难,而且可信度较低,因此研究选取较近的三个年份。

在指标选取上,由于大中小型商店地域共存,但销售额差异甚大,为了更真实地从空间上反映客观状况,统一采用年度地均销售额指标,即商店每平方米的商品销售额。将商店分为两类:百货商店和其他商店(餐饮、药品、五金等)。根据统计数据,通过比较分析不同等级划分的结果[1],将每类的指标分为六个等级:0.5万元/平方米以下,0.5~1万元/平方米,1.01~3万元/平方米,3.01~5万元/平方米,5.01~10万元/平方米,大于10万元/平方米。最后将各个等级的数据统一以图示方式反映。

关于天河中心区实地调查资料。鉴于统计普查资料在深度信息资料上的缺失,为了解广州市天河城市中心区的商业业态空间结构,笔者对整个研究区域的所有商业服务业设施进行了实地调查研究,获取第一手资料。

2. 资料评估

我国商业地理学发展缓慢的一个主要原因就是研究资料难以获取,缺乏相应的统计口径。许多资料都在一定程度上涉及商业秘密,不属于信息公开范围。学术研究在调查过程面临同样的难题:一是资料的可信度,一是资料的系统性。由于笔者参加由商委和规划界组织的"广州市商业网点十年发展规划"项目,来源于政府的资料,可

---

[1] 本书最先根据平均分级的方法,将每类的指标分为五个等级:1万元/平方米以下,1~4.9万元/平方米,5~9.9万元/平方米,10~15万元/平方米,>15万元/平方米,发现绝大多数的数据集中在最低两个等级中,最后作出上述调整。

信度较高,但系统性较差。通过大量实地问卷调查获取的资料,其中涉及消费者的真实性较高,涉及经营者的可信度较低,但资料整体系统性良好,研究尽量通过大样本调查减少人为的偏差。

为深入了解商业空间布局规律,笔者对重点研究区域——天河中心区范围内的所有商业设施进行了地毯式的清查,建立相对完善的资料数据库。但是,研究调查过程中同样面临着许多难题。一是资料的可获取性。考虑到个人能力和财力的限制,又要保证调查的可操作性和数据的准确性,笔者采用一些易获取、不涉及商业机密、具有确定性但又能基本刻画商业空间特征的指标——即定位在GIS图上的商店地点和商店类型。二是资料的可信度。营业面积、营业收入和从业人员等属性是商业设施的重要信息。但由于第一次的全国经济普查数据至今无法获取,实地调研的工作量过大、所获得的第一手资料也可能失真等原因,因而只能遗憾地放弃,从而缺少了规模和效益这两个关键的因子。可见,本研究在资料收集上采用商业普查的办法获取了宝贵的第一手资料,但在资料的可信度和系统性上存在一定的缺陷,影响了城市商业研究的深入。

北京市和天津市都曾进行过商业普查,建立了完整的资料库,成为北京大学近些年来有关商业研究博士论文增加的直接原因。广州市商业资料收集的障碍,影响了城市的商业研究的深入,也成为本书系统探讨的制约因素。但从另一角度看,不完整的资料信息同样宝贵,可以为学术积累提供一定基础。

(三)研究方法和技术手段

在理论与实证方法上。本书基于系统的认识观,透过商业核心系统与关联系统的关系,分析研究城市商业业态的空间表现形式。

由于商业是一门综合性很强的学科,地理学的空间特性未能全面揭示其内部活动规律。研究借鉴了产业经济学、社会行为学、文化地理学等学科的知识和研究方法,以地理学为主体,结合多学科进行实证研究。

关于商业产业关联分析方法。对于产业关联的研究,一般有多元回归分析、灰色关联分析、投入产出分析等方法。以实物型和价值型的投入产出表为依据,通过投入和产出研究经济系统各个行业之间相互依存的经济数量关系。由于信息量充分,可以精确表达各产业间的关联程度,但一般用于某个特定时间断面的分析。在分析产业间长期连续的变化时,灰色关联与多元回归分析更为常用。

灰色系统理论由黑箱理论拓广而来,即由经典控制论→现代控制论→模糊控制论→灰色系统理论。灰色关联分析是定量地比较或描述系统之间或系统中各因素之间在发展过程中,随时间而相对变化的情况。用于度量这种关联性大小的指标称为关联度。多元逐步回归分析是解决多元线性回归分析中多重共线性的一种有效方法。它主要通过逐步回归的算法来挑选最佳的变量子集合,构造最优的回归模型。在针对广州实例的应用中,笔者通过对两种模型计算结果的比较,发现多元回归分析与现实的拟合度最佳,因此选取为本书的研究方法。

以广州市第一产业、第二产业和第三产业各行业(批发零售贸易业餐饮业、交通运输仓储及邮电通讯业、金融保险业、房地产和社会服务业、文教卫生体育科研综合技术服务业、国家机关政党机关和社会团体)为变量,将 1949～2000 年各产业的增加值(当年价)建立数据矩阵进行计算,依次筛选出对商业发展作用显著的变量。

关于行为研究调查方法。研究选取的行为主体包括四个层面:

政府官员、经营者、消费者、居民(非现场消费者)。通过现场分发问卷的方式进行调查,其中,政府官员的问卷是由广州市商业委员会协助派发,经营者和消费者的问卷在商业街、批发市场、大型商店访谈获取,居民的问卷则通过向机关单位派发获取。问卷的主体部分是有关批发市场和大型商店的调查,其他问卷仅用于辅助性分析。调查时间为1999年11月14日至12月8日。

商业街的调查:参考商业主管部门和专家的意见,选取全市已有的商业街,每条街调查10个经营者和20个消费者,后者分周末和非周末两个时段进行。

批发市场的调查:选取1998~2000年平均销售额居于全市前三十四位的批发市场,每个市场调查10个经营者和20个消费者。

大型商店的调查:选取营业面积5 000平方米以上的商店,基本以百货店为主,包括个别的购物中心和仓储式商场。每个商店调查其经营者和20个消费者,分周末和非周末两个时段进行。

批发市场和大型商店的地域聚集形成业态空间,承担不同的商业市场功能,而商业街则是一种商业的空间组织形式,一般兼具批零功能。零售主导型商业街,可视之为一个线状的大型商店,如北京路、农林下路、上下九路等;批发主导型商业街则是线状的批发市场,如天成路、濠畔路、一德路、源胜街等。调查时根据商业街的功能特点进行归类[①]。

原始问卷数:分发问卷2 936份(已剔除倒闭商店)。其中消费者1 880份(有效1 822份),经营者940份,居民100份,政府官员

---

① 确定商业街批发或零售主导功能的方法:一是根据对商业街商店经营者的抽样调查,超过营业总额50%的经营属于批发性质;二是在调查年份中,被《广州统计年鉴》列为大型消费品市场的商业街。

16份。分析中,如果不加说明,引用百分数均指各问题中,消费者对不同选项的选择比例。

GIS技术方法及因子生态分析、聚类分析方法:基于GIS技术建立数字化地图和数据库,将重点研究区域——天河中心区范围内的所有商业服务业设施落实到对应的数字化地图上,并对商业服务业设施的属性建立数据库。① 分析消费性零售业的空间区位特征;② 对信息图的均质性进行因子生态分析,探讨商业地域空间结构;③ 建立数学模型,利用聚类分析方法,探讨商业地域类型以及地域内部商业设施的空间组合规律。

三、研究框架

(一)研究案例

1. 广州市区概况

广州自任嚣建城以来,已历经2 200多年。广州古称番禺(秦汉),番禺港作为我国最早的对外贸易港口,其商贸活动揭开了广州港城互动发展的历史篇章。从隋、唐、宋、元、明至清朝时期,除了南宋以后近一个世纪之外(泉州港位居第一),广州港一直是中国最大的贸易港,而且成为海上丝绸之路的始发点之一。2000年在全国十六大港口中,广州港是三个吞吐量超亿吨的港口之一(11 128亿吨),仅次于上海港和宁波港。广州港长盛不衰的商贸活动不仅带动了城市的发展,也使商业在城市经济文化中居于重要的位置。广州市独特的商业形象,为其赢得了"南国商都"的美誉。2000年,对比全国其他大城市,广州市人均社会消费品零售总额和批零贸易业商品销售总额均居于首位,超过了北京市、上海市和深圳市(表1—7)。不论在华南地区或者全国范围内,广州都不失为一个典型的商业研究案例。

表1—7　2000年全国各大城市人均商品销售额比较　单位:元/人

城市	社会消费品零售总额	批发零售贸易业商品销售总额
北京	10 443.6	7 420.4
上海	10 288.5	8 173.2
广州	11 277.3	29 757.3
深圳	7 678.9	12 088.9
重庆	2 082.2	1 240.1

资料来源:广州市统计局,2001。

改革开放以后,广州商业经济获得了很大的发展。1979～1984年,广州逐步放开农副产品市场,进行以"三放"带动"六活"(包括商品流通)的经济体制改革。1985～2000年,对计划、财政、税收、物价、信贷、物资管理体制等进行一系列改革,扩大市场的调节范围,成熟的市场运行机制为广州商业发展创造了良好的流通环境,直接带动了各行各业的发展。

随着经济结构的调整,第三产业成为国民经济的重要组成部分,其在GDP中所占的比重已从1978年的29.74%上升到2000年的52.59%。2000年商业增加值占GDP中的10.25%,占第三产业增加值的19.49%;商贸旅游业成为广州市六大支柱产业之一,利税总额居于第二位(104.74亿元),产业结构的优化有力地促进了商业的发展。图1—5表明,广州社会消费品零售总额逐年递增,其中1980年、1990年和2000年分别是前10年的2.7倍、5.1倍和7.6倍,20

世纪90年代是商业经济增长的最主要时期。从商业网点数看,全市1990年共有批零网点117 037个,2000年增至204 563个;平均每一网点的零售额则由103 620元增至447 073元。全市商品市场交易活跃。2000年商品交易市场成交额443.1亿元,其中,消费品市场占86.4%,水产、服装、水果、农副产品、电子种类的市场份额最大。2002年4月,广州市已举行了91届的广州交易会,显示了整个城市巨大的商业活力。

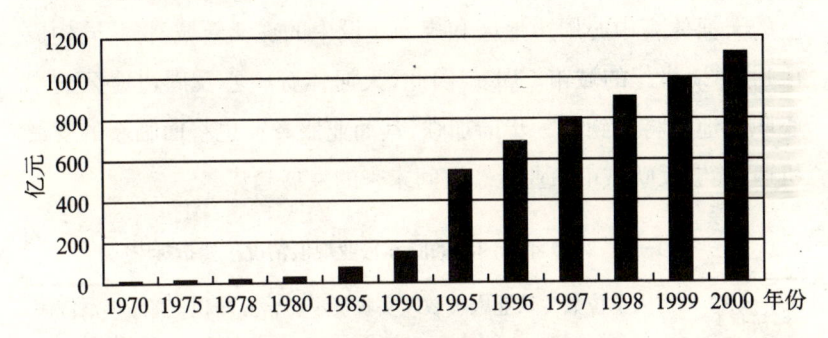

图1—5　广州市历年社会消费品零售总额
(资料来源:广州市统计局,2001)

从纵向和横向看,广州市都是一个很有学术价值的研究案例,但目前对广州市商业业态空间的全面研究甚少[①],因此本书选取其作为研究对象。

另一方面,笔者自2000年7月起参加"广州市商业网点十年发展规划"课题,对广州市商业网点进行深入的了解和调查,历时一年有余,大量的实践工作也成为研究案例选择的原因。

---

① 吴郁文和杨瑛等人的研究主要针对广州市具体的商业中心或百货店,具体的商贸旅游规划(如越秀区)则针对广州市主要商业区进行重点项目和业态的规划。

2. 天河中心区概况

城市发展具有代表性。研究区域在广州市城市发展中的战略地位显赫,也是城市快速发展的地区之一。广州市天河体育周边地区经过最近 20 多年的快速发展,已经成为广州市新的城市中心区,拥有较为发达的产业结构,商业服务业设施发展相对较为成熟,代表了城市商业发展的较高水平。另一方面,位于广州市新城市发展轴线上的天河体育中心周边地区和规划建设中的珠江新城,将共同构成广州市 21 世纪的城市 CBD。因此,天河体育中心及周边地区的中心职能地位将得到进一步的加强,其商业服务业也将面临新的发展机遇,能够反映城市商业业态空间未来的发展趋势。

表 1—8　2003 年天河城商圈零售业规模情况主要指标[①]

经济区域	法人单位数（个）	从业人员数（人）	实收资本（万元）	营业面积（平方米）	商品年销售额（万元）
天河区	1 649	18 001	218 555	401 034	783 370
研究区域	892	9 957	144 079	164 424	477 805
占天河区比例(%)	54.09	55.31	65.92	41.00	60.99

产业特征具有代表性。研究区域是广州市的城市中心区,商品流通和服务业[②]发达。该区域作为广州市的城市中心区,是广州市的商业服务业中心,以第三产业职能为主,商务办公和商贸服务业发

[①] 许小明:"天河城商圈批发业与零售业发展的分析",2003 年,未刊稿。
[②] 商品流通和服务业是第三产业中批发零售贸易餐饮业和社会服务业的合称,这是第三产业的重要组成部分,对解决就业、改善人民生活、促进商品流通起了重要的作用。

达(表1—8)。根据第二次基本单位普查的资料显示,天河城商圈[①]的批发业与零售业法人企业,年销售额占全区批发业与零售业法人企业年销售额的比重高达73.59%,企业单位数占全区批发业与零售业法人企业单位数50.33%,从业人员数占全区批发业与零售业法人企业单位从业人员数的56.00%。因此,研究其商贸服务业的现状分布和发展规划具有十分典型的代表意义[②]。

用地类型具有代表性。研究区域是广州城市发展的新城区,拥有相对完善和功能配套的用地类型。该区域原来作为广州市的东部郊区,在20世纪80年代中期全国六运会之后获得了迅速而全面的发展,如今已经成为广州市重要的集高等教育、商务办公、居住等多种职能于一体的城市地域。天河新城市中心虽然只有10平方公里左右的土地,但却包括了历史上遗留下来的农村聚落——石牌村等、20世纪初创建的广州市高等教育区——五山南部地区、改革开放后六运会的主要场所——天河体育中心、20世纪末兴起的城市CBD——天河体育中心周边商务办公区、新近发展的高尚住宅区——天河北住宅区、不断发展成熟的商业游憩功能区——天河城和正佳广场等(表1—9)。集多种职能于一体的城市综合功能区,其商业空间结构研究将更具代表意义。

---

① 天河城商圈指以天河城为中心的天河南街、林和街、石牌街等三个行政街道所构成的商贸业繁华地域。该地域的批发业和零售业对天河全区经济发展和就业问题的解决起到了举足轻重的作用。天河城商圈按行政范围划分,本次研究范围则以交通路网为界,但两者的地域范围基本一致。

② 天河区发展计划、统计、物价等部门公布数据。

表1—9 研究区域的用地类型及其主要构成

用地类型		代表性的用地单位
R 居住用地	城中村	花生寮、天河村、石牌村、林和村
	1980S建设的居住区	六运小区（天河南街区）
	1990S建设的居住区	名雅苑、紫荆小区、太阳广场、穗园小区
	新近开发的楼盘	天誉花园、金田花苑（天河北高尚住宅区）
C 公共设施用地	行政办公用地	珠江水利委员会、中信广场、财富广场、世纪广场
	商业金融用地	天河城广场、正佳广场、宏城广场、太平洋电脑城、南方电脑城、天河电脑城、广州电脑城、科贸大厦、广州购物中心、天河购物中心
	文化娱乐用地	天河娱乐城
	体育用地	天河体育中心
	医疗卫生用地	中山大学附属第三医院、广州市第十二医院
	教育科研用地	华南师范大学、暨南大学、中国人民解放军体育学院、广州体育学院
M 工业用地		—
W 仓储用地		
T 对外交通用地		广园东路、华南快速干线、广州火车东站
S 道路广场用地		东站广场、地铁一号线、天河北路、天河路、中山大道西、林和西横路、天润路、体育西路、体育东路、天寿路、天河东路、龙口西路、龙口东路、石牌西路、石牌东路、五山路
U 市政公用设施用地		广州东站、锦汉车站、天河公交场
G 绿地		东站广场、天河体育中心
D 特殊用地		—

(二)研究架构

本书共分五章。第一章总论,对相关概念进行界定,并介绍研究背景及国内外研究进展,提出本书的研究目的和研究范围,以及所采用的研究框架与研究思路。第二章以广州老八区为例,对影响广州市商业业态空间的相关产业、城市用地、交通网络以及行为和文化等因素分析进行研究。第三章为综合研究,根据各影响因素总结、归纳广州市商业业态空间的形成机理,并对其形成的效益进行评价。第四章为微观领域的案例研究,选取了广州市天河中心城区作为案例,分析商业服务业设施在商业业态空间中的结构形式。第五章为结论,对本书进行理论总结和提升,并对广州市商业区的未来发展、零售业和批发市场的建设以及相关理论等问题进行了探讨(图1—6)。

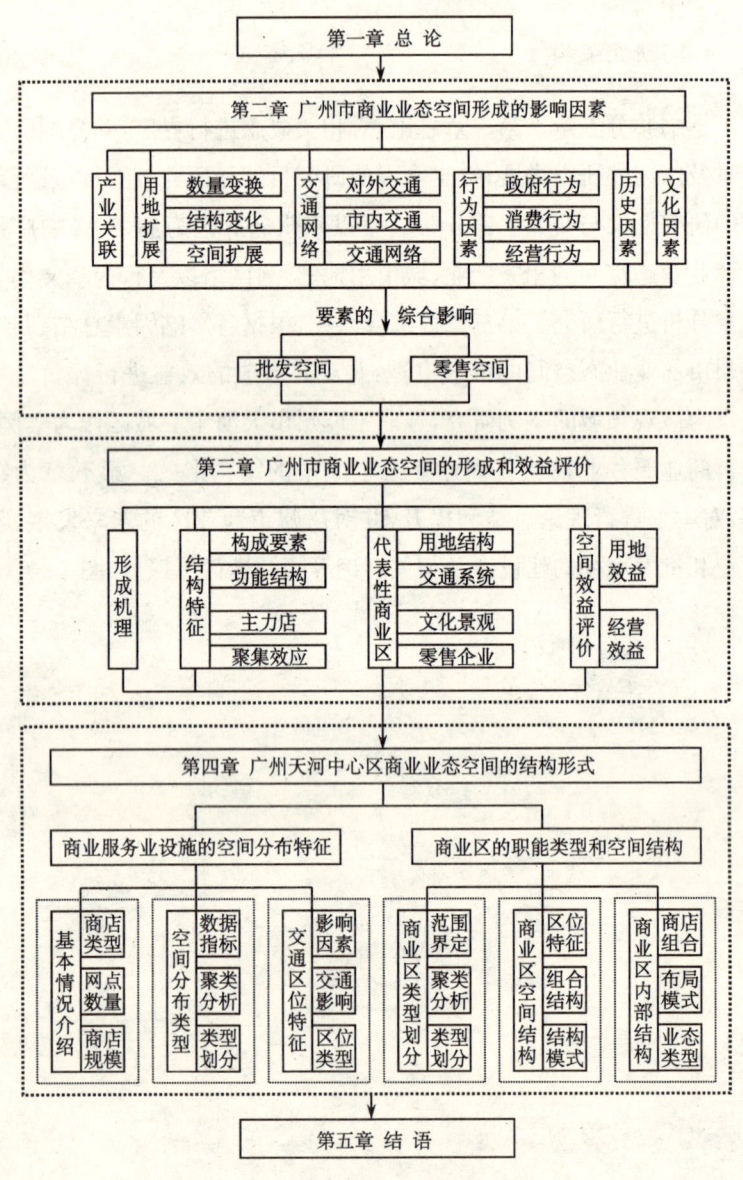

```
                        ┌─────────────────┐
                        │  第一章  总 论   │
                        └────────┬────────┘
┌────────────────────────────────┼────────────────────────────────┐
│       第二章 广州市商业业态空间形成的影响因素                      │
│  ┌────┬──────────┬────┬────────┬────┬────────┬────┬────┐        │
│  │产业│数量变换  │交通│对外交通│行为│政府行为│历史│文化│        │
│  │关联│结构变化  │网络│市内交通│因素│消费行为│因素│因素│        │
│  │用地│空间扩展  │    │交通网络│    │经营行为│    │    │        │
│  │扩展│          │    │        │    │        │    │    │        │
│  └────┴──────────┴────┴────────┴────┴────────┴────┴────┘        │
│                要素的  ↓  综合影响                                │
│                 ┌──────────┬──────────┐                          │
│                 │ 批发空间 │ 零售空间 │                          │
│                 └──────────┴──────────┘                          │
└────────────────────────────────┬────────────────────────────────┘
                                 │
┌────────────────────────────────┼────────────────────────────────┐
│       第三章 广州市商业业态空间的形成和效益评价                    │
│  ┌────┬──────────┬──────┬──────────┬──────┬──────────┐          │
│  │形成│构成要素  │代表性│用地结构  │空间效│用地效益  │          │
│  │机理│功能结构  │商业区│交通系统  │益评价│经营效益  │          │
│  │结构│主力店    │      │文化景观  │      │          │          │
│  │特征│聚集效应  │      │零售企业  │      │          │          │
│  └────┴──────────┴──────┴──────────┴──────┴──────────┘          │
└────────────────────────────────┬────────────────────────────────┘
                                 │
┌────────────────────────────────┼────────────────────────────────┐
│      第四章 广州天河中心区商业业态空间的结构形式                   │
│  ┌─────────────────────────────┬────────────────────────────┐   │
│  │  商业服务业设施的空间分布特征 │  商业区的职能类型和空间结构 │   │
│  └─────────────────────────────┴────────────────────────────┘   │
│  ┌─────┬───────┬───────┬───────┬───────┬───────┐               │
│  │基本 │数据   │影响   │范围   │区位   │商店   │               │
│  │情况 │指标   │因素   │界定   │特征   │组合   │               │
│  │介绍 │空间   │交通   │商业区 │商业区 │布局   │               │
│  │商店 │分布   │交通   │类型   │空间   │模式   │               │
│  │类型 │类型   │区位   │聚类   │结构   │商业区 │               │
│  │网点 │聚类   │特征   │分析   │组合   │内部   │               │
│  │数量 │分析   │区位   │类型   │结构   │结构   │               │
│  │商店 │类型   │类型   │划分   │模式   │业态   │               │
│  │规模 │划分   │       │       │       │类型   │               │
│  └─────┴───────┴───────┴───────┴───────┴───────┘               │
└────────────────────────────────┬────────────────────────────────┘
                        ┌────────┴────────┐
                        │  第五章  结 语   │
                        └─────────────────┘
```

图 1—6 研究框架

第二章 广州市商业业态空间形成的影响因素

商业业态空间是城市系统的一个有机组成部分,其形成是多种影响因素综合作用的结果。研究假设产业关联是商业业态空间形成的背景因素。商业属于国民经济体系的一个子系统,各个产业系统均与之形成关联,并产生不同程度和不同方式的影响,业态空间是商业经济的一种表现形式。城市用地是业态空间发育的基本条件,在空间上反映了产业之间的联系。在业态空间不同发展阶段,商业与其他产业的空间关系存在一定的差异。交通网络则更为直接地引导业态空间的延伸。这两个因素从可视的角度影响商业业态空间的形成。行为因素则反映了人对业态空间的作用,不同的行为主体,通过不同行为方式,对业态空间的形态或者功能产生不同的影响。历史文化因素是商业业态空间发育的基础,能够强化或弱化其他因素的

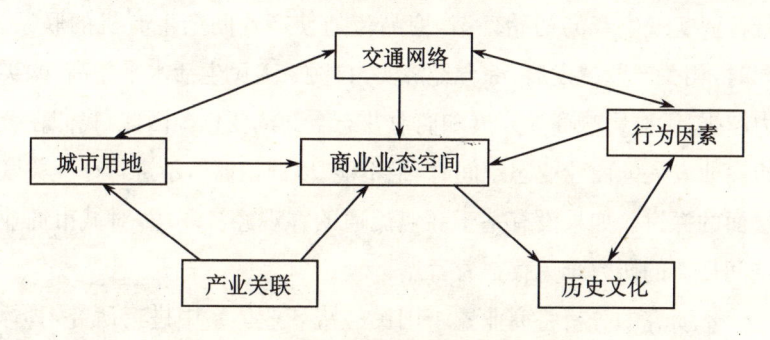

图 2—1 商业业态空间的影响因素分析

影响力。整体上,影响因素可分为可视因素和非可视因素,也可分为经济因素和人文因素等,彼此间既存在不同的作用方式,又共同产生影响。例如,政府决策影响交通网络建设,后者又影响消费者和经营者行为(图2—1)。

第一节 广州市商业的产业关联分析

一、商业产业关联的构成

"蝴蝶效应"形象地表达了一个综合系统的关联性。认识事物,切忌割裂了系统间的联系。不管按照哪一种产业划分方法,城市各产业间都存在或直接或间接的关系,这种关联表现为产业链的延续,有时也反映为地域的共生。

随着现代经济分工的深化,商业的发育置身于一个联系日益紧密的产业环境之中。许多产业的关联可以分为水平与垂直两种结构。在流通网络中,商业通过交易直接实现了商品的价值,从这个角度看商业是许多产业前向联系的终端环节;在另一方面,商业又是各行各业实现生产的初始环节,商品流通使产业间产生有机的联系。同时,相关产业越发展,综合经济实力越强,人民生活水平越高,购买力越强,无疑影响商业发展和商业业态空间的变化。因此,我们在分析商业发展的商业业态空间时,绝不能"以商论商",不进行产业关联层面的探讨。如果没有基于商业流通的客观经济环境,对城市商业空间规律的研究难免存在着盲点。

本研究的分析将商业置于国民经济产业体系中进行研究,具体的关联构成如下图2—2。

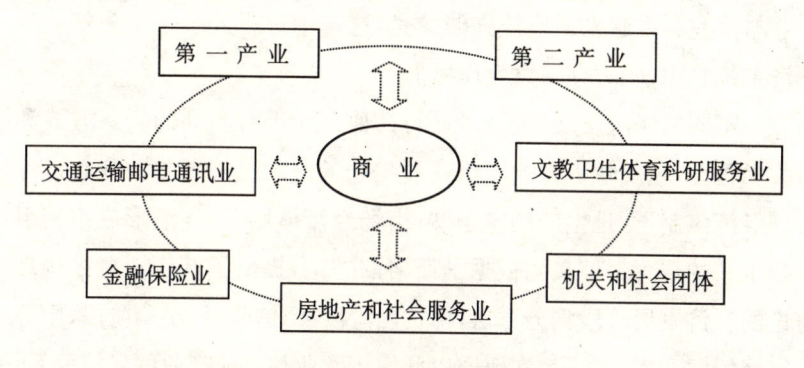

```
            第一产业          第二产业

交通运输邮电通讯业    商业    文教卫生体育科研服务业

   金融保险业                 机关和社会团体
            房地产和社会服务业
```

图 2—2 商业的关联产业

在关于不同产业部门联系的研究中,钱纳里(Chenery)提出了关联效应思想,并根据前向关联度和后向关联度的大小,将全部产业分为四类:中间产品型基础产业、中间产品型产业、最终需求型产业、最终需求型基础产业。商业属于第四类产业,前向和后向关联度分别为 0.17 和 0.16。钱纳里的研究指出,在整个国民经济产业体系中,商业与其他产业相互的影响力不强。它同样也反映了一个事实:商业是产业链的一个"最终"节点,与各产业间存在关联。在马克思社会再生产原理中,商业是生产、分配、交换、消费四个环节中重要的一环。通过商品流通,将生产者、各级中间商和消费者联系为一体,完成了 G—W—G' 的过程。从商品流通和价值实现的角度看,任何产业部门间的前后向关联都离不开社会再生产的循环过程,商业使这种循环得以完成。可以说,商业在价值实现过程中的地位,决定了它对其他产业的重要性,从钱纳里的产业链中尚无法得到反映。

各个产业与商业的相互作用,主要有三个过程。第一,产业通过自身发展影响社会经济规模,进而影响商业;第二,产业自身通过流通领域与商业相互发生联系;第三,通过人的消费方式直接将各个产业与商业联系起来。应该强调的是,这三个过程处于一个完整的经济系统之中,同时存在发生作用。

不同的经济发展阶段,商业与其他产业具有不同的联系方式和关联程度,它反映了影响城市商业生长的宏观经济背景的变化。计划经济体制下,是生产决定消费;市场经济体制下,逐渐形成消费引导生产的观念。郁义鸿根据马斯洛的理论,提出了基于消费结构理论的经济发展阶段划分方法,即贫困阶段、温饱阶段、小康阶段、中等富裕阶段和发达阶段,本研究以此解析商业与其他产业的经济关系。

贫困阶段是一种农业经济,农业的三次产业结构中比例最高,农产品是主要的消费产品,消费中的生存特征明显。从技术进步的角度看,该阶段属于农业技术停滞阶段和低资本技术动态发展阶段(约翰·梅勒),农业的经济规模直接影响商业的发展水平,消费结构尚未能促使多元化产业结构的形成。小康阶段中,工业通过自身的发展增加整个社会的经济规模,工业产品大量进入流通领域,随消费需求增长最快的是轻工产品(如日用工业品)。在多元产业经济中,商业与其他产业的联系增强。

在小康阶段和中等富裕阶段中,商业与工业、第三产业传统领域的联系最为突出。消费者需求走向多样化,享乐和保健型的高档商品、非商品性消费需求增加,并从物质消费层面向精神消费层面发展。消费领域对耐用消费品和电脑、电话等电子产品的大量需求,直接引起了传统工业生产技术的革新和生产链条的延长,并刺激科技咨询、信息处理、广播电视等行业的发展,开拓了第三产业新的服务领域。商业不仅获得了现代化的运作平台(如 Internet),而且与其他产业的联系更趋多样化。随着保健品需求的增加,食品工业也进入新一轮的发展,生物和海洋领域相继深化开发。作为提供食品原材料的农业部门,也逐渐因应消费结构的变化,从传统的粮食生产向都市型农业转变,成为城市产业链中一个有机环节。在第三产业方面,餐饮、旅馆、公共交通等的消费,要求更高的质量、更多的数量、更多样化的项目等,同样也有更多的外出旅游和文体活动,商业的服务功能和范围随之增加。在恩格尔系数逐渐下降的过程中,住房消费需求增加,房地产业的发展要求配套更多的商业设施,商业业态空间随之扩展。在这两个发展阶段中,虽然生产性服务业的新领域得到开拓,但仍以传统的服务行业为主。

在经济发达阶段,消费需求向更高层次发展,消费重心向第三产业转移。信贷消费成为金融业普遍的服务内容;消费者对更高层次的文化服务、高等教育、科学技术服务的需求占据主要地位,刺激了文教、卫生、体育、科研服务业等第三产业的发展。在农业方面,已经脱离了传统农业的发展轨道,进入高资本技术动态发展阶段(约翰·梅勒),高附加值的现代农产品成为大城市的主要消费品之一。商业在流通领域中具有更全面的整合功能,通过复杂而有机的产业链,成为实现消费者高层次物质和精神消费的关键环节。

消费者的需求是一个复杂的现象,低发展阶段同样可以出现高级阶段的消费需求。一般而言,不同产业对商业的影响,随着经济的发展逐渐变化,但也不排除具有超前特征的产业关系的出现。目前广州市已经达到小康的发展水平(国家统计局《全国城镇小康生活水平的基本标准》测算结果显示,1997年我国城镇居民小康实现程度为90%),在消费领域,商业与第三产业的联系日益紧密。第二产业与商业的关系,主要通过增加城市经济规模的方式产生影响,但广州甚至整个珠江三角洲发达的制造业(如珠江东岸的IT产业带和西岸的家电产业带),仍然深刻影响着现有的消费结构。

二、改革开放前后的产业关联对比

以 1979 年实行改革开放为界,划分前后两个阶段。计算商业与相关产业的相关系数(表 2—1)。前一阶段各产业与商业的相关系数普遍较低,其中最高值是第二产业(0.890),最低值是金融保险业;后一阶段相关系数普遍较高,金融保险略低(0.919)。

表 2—1　不同时期各产业与商业的相关系数

产业 时期	第一产业	第二产业	交通运输仓储及邮电通讯业	金融保险	社会服务	文卫体科研综合技术服务业	国家党政机关和社会团体
1949~1979 年	0.856	0.890	0.783	0.548	0.860	0.867	0.700
1980~2000 年	0.980	0.997	0.969	0.919	0.982	0.973	0.966

资料来源:广州市统计局,1999。

主要原因是前一发展阶段广州市受计划经济体制的影响深刻,产业间的关系和比例刚性大,行政指令性的计划和配给干预了产业间正常的联系,供需链不能在市场环境下发挥有效的调节作用。后一阶段广州市开始步入市场经济轨道,特别是 1984 年被国务院列为全国经济体制综合改革试点城市之一,市场调控力度逐渐加强,在商业的市场化的推动下形成更为深入的产业渗透。基于商品的价值规律,商业与其他产业间的关联性普遍增加。为了明确不同产业在商业发展中的地位,以下通过回归模型进一步分析。

在商业与其他产业的相互关系中,存在多重共线性的现象。为了消除其造成的误差,先采用多元逐步回归分析,依次剔除贡献率低的变量,最终建立回归方程,并检验各被选变量间的偏相关系数,确定不同变量对商业的影响程度。多元逐步回归分析考虑了多个变量间的相互作用,在对广州市的经济解析中,它以一个长波周期(约50年)的两个阶段为对象,反映的是在整个历史时期中的产业关联性。

利用 1949~1979 年商业和其他产业的增加值进行多元逐步回归分析,运算结果是:复相关系数为 0.943,自变量的显著性概率水平 Sig 分别为 0.000、0.000 和 0.049;利用 1980~2000 年数据,运算结果复相关系数为 0.999,自变量的显著性概率水平 Sig 分别为 0.000、0.000、0.000、0.002 和 0.014(Sig 为进行 F 检验的 P 值, $P \leqslant 0.05$ 则表示自变量对因变量在 0.05 的水平上有显著差异,可以选入回归方程)。两个回归方程分别为:

$$Y_1 = 4770.399 + 0.118X_1 + 4.228X_2 - 0.1343X_3$$
$$(1.736) \quad (7.599) \quad (4.892) \quad (-2.061)$$
$$Y_2 = -37260.52 + 0.250X_1 - 0.308X_2 - 0.316X_3 + 0.442X_4 + 0.559X_5$$
$$(-2.094) \quad (7.308) \quad (-6.796) \quad (-4.596) \quad (3.781) \quad (2.782)$$

注:括号内为 T 检验值。

式中,Y_1、Y_2 分别表示 1980 年以前和以后的商业增加值,X_1 表示第二产业增加值,X_2 表示金融保险业增加值,X_3 表示交通运输仓储及邮电通讯业。在回归方程中,没有通过 F 检验的自变量($P>0.05$)被剔除,可以认为其对商业的影响不显著。1979 年以前,对商业作用最显著的变量是第二产业,其次是金融保险业和交通运输仓储及邮电通讯业;1980 年以后,对商业作用最显著的变量是第二产业,其次是金融保险业、交通运输仓储及邮电通讯业、社会服务业和第一产业(表 2—2)。

第二产业是国民经济的支柱产业,是第三产业发展的基础,在 GDP 中,工业增加值贡献率较高(2000 年占 37.5%),与商业的相关性最高。但在建国初期,特别是 1949~1959 年,贯彻先生产、后生活

表 2—2　对商业作用显著的产业及其偏相关系数

时期	对商业作用显著的产业及其偏相关系数				
1949～1979年	第二产业	金融保险业	交通运输仓储及邮电通讯业		
	0.82	0.68	−0.36		
1980～2000年	第二产业	金融保险业	交通运输仓储及邮电通讯业	社会服务业	第一产业
	0.88	−0.86	−0.76	0.69	0.58

资料来源：广州市统计局，1999。

的指导思想,工业的发展存在压制第一产业和第三产业的现象,产业的联系缺乏弹性。工业通过制成品收购和生产原材料供应形成与商业的联系,两者是一种统购包销的关系。改革开放 20 多年来,广州工业总产值和增加值一直高于全国平均水平发展,轻工业优势继续维持。至 1997 年,广州已成为全国四大轻纺工业生产基地之一,家用电器系列产品、新型食品、电池、啤酒、药品、日用化工制品、钢琴、服装皮件、饮料等,形成了新的"广货"特色。随着经济体制的完善,企业的组织结构、生产经营方式、分配方式建立起以市场为目标,以销售为龙头的企业运营机制,指令性计划逐年减少至全部取消。工业的市场潜力逐渐释放,以轻工产品为主的工业充分市场化,1983年开始,广州市打破生产与经营的界限,发展商办工业,走亦商亦工亦农的道路,并于 1985 年起设立"工业品贸易中心",为广货提供经营窗口。工业和商业的关联在很大程度还体现在批发贸易业中。截至 1998 年 8 月,广州原市区共有的 144 个大中型批发市场中,工业消费品批发市场为 99 个,占总数的 68.8%,总面积 148 万平方米,占总数的 72.9%，商品分别包括家具、电器电子、布料服装、五金鞋业、日用品等多个门类。

在金融保险业方面，1979 年以前是"大一统"的体制模式，由中国人民银行统一发送指令进行资金调配，保险业尚未发展。广州市以百货店为主的零售业、以各级批发站为主的批发业和各种餐饮服务业都属于国营性质，资金来源单一，在金融业重点支持国营企业的背景下，产业间呈正相关关系。1980 年以后，广州市金融体制打破了原有模式，各种专业银行纷纷成立。1986 年成为全国首批五大金融体制试点城市之一，非银行机构和外资金融机构纷纷成立，金融业自由竞争的局面开始出现。金融业信贷在第三产业领域不断拓宽，保险业蓬勃发展，批发零售餐饮业传统的资金计划性配给不复存在。从产业间投入的相对比例看，金融保险业对商业的投入低于计划经济时代。随着外资的进入，商业自身融资渠道日趋多元化，不再固定于特定的银行。在市场经济体制下，商业与金融业的联系更具弹性，但由于产业结构的全面升级和融资方式的变化，在数量关系上出现了负相关的系数，这只能解析为金融业服务对象多样化产生的一种相对关系，而不是商业与金融业的联系程度在下降。另一方面，由于商业运营机制发生变化，20 世纪 90 年代以后，传统三级批发站的商品供应链瓦解，许多生产商自己承担了配送服务，而社会对第三方物流的需求日益强烈。批发零售餐饮业中批发功能的重要性下降，导致许多批发业倒闭或转型，商业的批发环节对金融业的需求相应减少。

在城市空间的拓展中，交通干线往往直接带动了沿线商业设施的发展，但由于统计原因，无法将城市交通对商业的影响从交通运输仓储及邮电通讯业中剥离出来，难以对其进行单独的解析。从生产力角度看,改革开放之后,随着电子技术水平的提高和信息产业的发展,邮电通讯行业拓宽了经营和服务的范围,商品交易方式和运输方式迅速变化,订购和配送环节在经营中的地位更为突出,传统的交通运输方式对商业的贡献率相对下降。但在广州市,商业的运作模式传统痕迹仍然明显,其他产业的带动尚未能显现。从城市内部各产业的相互作用看,由于20世纪90年代以来,城市郊区的工业用地迅速增加(如白云区),各产业迅速发展,而原有的许多仓储业用地被主要其他功能所置换,而城区的商业用地增长绝对量远低于其他性质用地,例如,在广州市1992～1995年、1996～1999年两个时期的土地供应结构中,仓储用地仅占0.58%和0.93%,而工业用地则占11.1%和10.8%。多元逐步回归分析中,由于考虑了各因素的相互影响,因此,交通运输仓储及邮电通讯业反而表现为负相关。如果进行一元回归分析,商业与交通运输仓储及邮电通讯业仍然应该呈正相关特征,但与其他行业比较,相关系数不高(表2—1)。

　　1980年以后,对商业的影响较大的另一个行业是社会服务业。社会服务业由公共服务业、居民服务业、旅游业和娱乐服务业等组成。20世纪90年代是广州城市空间拓展和房地产开发的主要时期,1990～2000年,建成区面积从187.4平方公里增至297.5平方公里,市区人口从356.1万人增至561.4万人(新口径),人均居住面积从7.99平方米增至13.13平方米。随着城市化水平的增加,与居民日常生活息息相关的商业相应得到发展,也增加了对各种相关服务的需求。旅游业的真正发展时期是改革开放以后,1986年广州市被国务院定为全国七个重点旅游城市之一,已成为广州第三产业中的六大支柱产业之一。"吃、购"作为旅游业六大要素的构成部分,在统计中直接归入商业范围。旅游业的兴起对商业的促进是显而易见的。

改革开放以后,通过统购、派购、议购、合同收购等方式形成的农商关系开始改变,农业的发展主要经历了家庭联产承包责任制(1979～1984年),全面放开农产品价格(1985～1991年)和建立农产品市场体系,实施农业"三高"、"三化"(1992年起)三个阶段,特别是农产品的商业化,以市场为导向的"三高"农业生产基地和都市型农业开始发挥作用,渗透到商业批发和零售的各个领域,农业与商业的关联度迅速增加。至1993年,广州市城乡集市共有449个,比1979年增加308个,成交额87.5亿元,14年间平均每年递增35.3%;城市居民在集市购买副食品的比重,已从1979年的3.05%上升到90%以上。1998年全市大中型批发市场中农副产品批发市场的数量和面积分别占总数的16.7%和25.4%,对广州市批发贸易贡献率很大。

三、20世纪90年代商业的产业关联

20世纪90年代期间,广州市产业结构得到很大调整和提升,经济总量实力大大增强,GDP由1990年的319.6亿元增加到2000年的2 375.9亿元,三大产业的比例从1990年的8.05∶42.65∶49.30至2000年的3.97∶43.44∶52.59,农业增加值所占的比例明显下降,第三产业增加值逐渐上升,而工业增加值则变化不大,第三产业增加值的增加主要来自于第一产业增加值的减少。反映到散点图上,表现为工业与商业的对应散点位于拟合线附近;农业与商业的对应散点,20世纪90年代初期分布在拟合线附近,中后期除了1999～2000年之外,多数年份处于拟合线下方;第三产业各行业与商业的对应散点则围绕拟合线波动幅度较大,下文以第三产业为主进行分析(图2—3)。

图 2—3 20世纪90年代以来广州市商业与其他产业关系

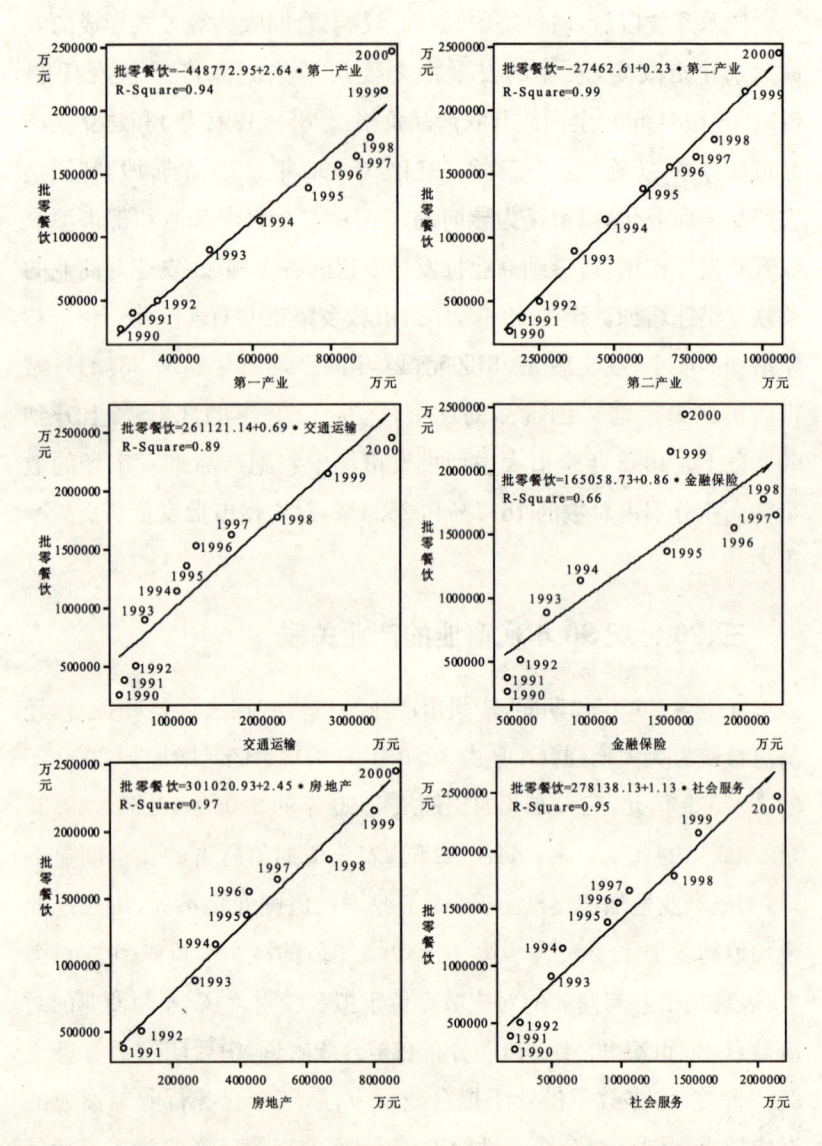

自1980年以来,广州市消费品市场一共经历了四个发展的高峰期(1980年、1985年、1988年和1993年),1994年是第四个高峰期的延续,零售额仍保持较快速度的增长,比1993年增长29.8%,但没有出现新的消费热点。广州市各种商品交易会、产品订购会的召开,刺激了各种消费市场的活跃,旅游部门开始修缮和改造景点,推出"广州游"项目以及房地产业发展迅速(竣工面积是1993年的1.2倍),都带动了商业发展。但是,旧城区大规模改造直接减少和影响了部分商业设施;工业产销率下降(比1993年低0.16个百分点),新的消费领域开拓缓慢,房地产带动效应缓慢,地铁一号线尚未建成运营,各产业对商业的综合影响力不算太大,散点偏离拟合线,位于上方但不远。

1995年,日用消费品市场和餐饮业市场相对活跃,商业发展状况较好,消费品零售额在1994年大幅度增长的基础上,又增长10.9%。当年旅游业营业收入增加,"广州世界大观"正式开放,大力发展入境游、国内游和出境游,刺激了居民非商品性消费,同时带动了交通运输业的发展。地铁建设带动了16个地铁站上盖物业的开发。内销市场也平稳增长,增加对商业配套设施的需求。因此,虽然当时金融技改和基建资金筹备较难,但产业对商业的综合影响力较大,在图上表现为大部分散点位于拟合线上方。

1996年,商业平稳发展,但许多正面的影响已经逐渐明朗化。地铁一期接近完工,沿线物业加快投入,安居工作也逐步推广,虽然房地产投资回落(增幅比1995年回落13.2个百分点),但市场需求良好,商业配套的需求也迅速加大。社会服务业方面以旅游业影响较为突出,长洲岛、东方乐园、珠江夜游等项目的建设强化了旅游资源的特色,香港准备回归,也使广州成为一个主要的途经城市,明显带动了零售餐饮业发展。金融业的散点位于拟合线下方,主要是由于商品销售总规模下降,导致资金回笼能力下降,而经营家电和汽车配件的经营者大量携带现金到省外购物,直接造成现金外流。

1997年,在工业和金融业方面,国家降低关税、家电和纺织等轻工产品供过于求的状况,增加了企业发展的难度,广州企业亏损面增多,停产企业和下岗职工增多(超过4万人),银行贷款总量增加不多,投资和居民收入的减少直接影响了消费品市场的需求。但交通运输业、社会服务业和房地产业的发展,带动了商业发展。在公路客货运输方面,广花公路和324国道广州段已经竣工,公路网络建设取得经济成效,商业流通量相应增加。旅游业全面开展"创建优秀中国旅游城市"的活动,房地产市场在政治环境刺激下逐步好转,都增加了对消费品市场的需求。

1998年,大部分散点位于拟合线下方,反映了许多产业的增速减慢,对商业的作用减弱,主要原因是受"软着陆"、企业体制改革、金融风波等综合影响。表现在大中型企业生产增长减慢,重工业的增速高于轻工业,与消费品市场结合度降低。房地产业多年增加的投资,出现房地产高空置率的现象(30%),造成了资金的积压。而旅游业受金融风波影响,入境游客减少而出境往东南亚的游客增多,不能直接刺激本市的零售餐饮业。

1999年,金融业和农业对商业的正面影响最大。"降低存贷款利率、征收储蓄存款利息税"等政策的效应明显,加上耐用消费品贷款等业务的开展,增加了居民的消费需求。值得注意的是,1998年底和1999年广州市开通了蔬菜信息网络和农业主干信息网,产业信息化使第一产业与商业更全面地结合起来。在GDP中,农业增加值虽然比重不高,但该年份对商业的作用仍然很大。

2000年,大部分散点位于拟合线上方。第一产业的发展进入一个新阶段,蔬菜、花卉和观光休闲农业已经成为都市型农业,成为城市产业链中有机的一环,与各种服务业共同促进批发零售餐饮业的发展。而金融业信贷消费也进一步扩大规模(前9个月增加53.8亿元),带动了商业的发展。

四、小结

在广州市商业发展的过程中,商业与其他产业具有紧密的联系。改革开放前,第二产业对其影响最大,其次是金融保险业和交通运输邮电通讯业;改革开放后,社会服务业和第一产业也增加了与商业的联系。特别是在20世纪90年代,旅游业的发展、房地产的开发、城市交通线建设等,对商业都产生了深刻的影响。

在土地利用效益方面,第一产业、第二产业和商业差异较大,用地空间的联系随着城市的拓展而逐步弱化,对商业的影响,更多的是反映在商品流通的领域。在第三产业内部,与商业关联程度较高的服务行业,往往彼此具有地域联系,对商业的影响直接反映在其业态空间的形成上。

第二节 城市用地扩展对商业业态空间的影响

由于统计的原因,广州市缺失用地开发的现状资料,本研究利用历年土地批租(已发放用地许可证)的状况分析城市用地的发展。土地批租最大的问题是用地需求与实际开发不一致,往往存在"虚供"

现象;但产业发展自然带动相应用地的增长,批租状况从侧面反映了产业的一种空间需求,可以解析各种用地的演化趋势。

一、各种用地的需求趋势基本一致

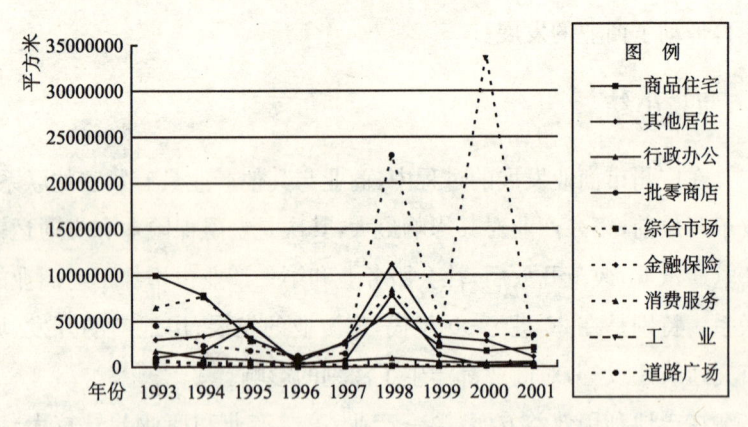

图 2—4 1993～2001 年广州市土地供应状况

图 2—4 表明,1993～2001 年间,虽然不同产业用地需求多寡不一,但发展趋势基本一致。这些年间,广州市城市用地数量波动很大,经历了 1993 年的投资高峰期、1996 年的低谷期、1998 年的新一轮建设和 1999 年后的批地控制期。在用地需求变化中,第三产业表现出一致的发展趋势,基本同步涨落。特别是 1997 年以后,城市经济加速发展,市政建设全面推进,"三年一中变"系列工程,如旧城改造、高速公路和内环路建设、科学城开发等重大项目成为直接刺激城市经济的动力,广州市用地消费量剧增。商业用地与各产业同步发展。如 1998 年,商业、道路广场和商品住宅的用地需求量均为十年来的最高值。

1993 年全市房地产开发一枝独秀,工业增长相对缓慢,对商业的波及尚未完全显现；1995年经济调整期，这种产业的影响已经传递到商业领域，房地产和工业开发下降而商业用地剧增；1998年商品住宅和其他居住投资增加，拉动了商业用地的需求，其他各种第三产业用地也同步增长，商业的产业环境趋向成熟。第三章产业关联分析时指出，工业与商业的关联度很高，但从两者用地的关系可以判断，工业与商业用地的关联性不高，前者更主要的是在国民经济的需求和供给关系中产生作用。由于城市财政收入和建设基金总量限制，各种产业用地的发展必然存在配置性的制约，如1998年道路广场投资带动商业的同时减少工业用地比例，2000年工业大项目启动直接瓜分其他产业的发展空间。20世纪90年代以来广州工业用地大增长的一年，并不一定在当年同时又是商业用地的大增长。

二、居住和工业用地需求量最大，商业用地份额较少

在土地供应结构中，除了1995年以外，商业用地的比例普遍较低，而房地产业和工业发展对土地的需求量最大（表2—3）。

表2—3 1993~2001年广州市土地供应结构　　　单位：%

	1993	1994	1995	1996	1997	1998	1999	2000	2001
居住	21.7	35.7	25.8	20.8	23.4	16.9	11.2	8.7	16.5
办公	2.9	3.2	2.7	3.7	3.0	0.9	1.1	0.8	2.6
商业	2.6	7.1	17.0	4.9	3.3	7.8	2.9	0.4	1.7
服务	1.5	0.6	0.4	6.6	0.5	0.1	0.3	0.1	0.3
文娱	1.0	6.3	3.6	4.7	4.8	2.8	1.6	0.9	1.1
科教	1.9	1.1	7.4	9.3	12.4	4.7	3.1	3.4	16.4
工业	10.9	24.5	9.6	9.8	11.7	8.3	5.9	64.9	9.4
道路	7.6	7.4	6.0	16.5	6.3	22.6	10.5	6.5	17.9

注：由于与研究分析关系不大，其他用地项目没有列出。

从供地变化过程可见,商业用地发展的速度低于其他产业,在近十年中,商业用地需求比例基本低于批租总量的 10%,特别是 2000 年以后相对份额更低,从用地供应结构的发展趋势看,商业空间变化缓慢,整体的用地需求不存在剧变式的现象。而房地产业与工业的发展始终占主导位置,由于房地产业与商业存在高相关性,前者在引导购买力聚集的同时,商住一体的建设方式也直接刺激了商业的发展。广州商业的发展不是通过开发大量的商业用地,而更多的是依托产业间的关联和带动。

三、商业用地发展方向与城市空间发展方向基本一致

广州市土地历年的供应状况可以反映城市空间的发展方向,选取 1992～1995 年、1996～1999 年、2000～2001 年三个时间段进行分析(表 2—4):1992～1999 年北向拓展趋势明显,2000 年起天河区成为开发的重点。十年来,白云区、天河区和海珠区是土地需求最旺盛的区域(分别占总供地面积的 36.51%、29.21% 和 13.98%),其次是黄埔区(9.29%),广州城市用地空间以北向和东向为主要发展方向,南向也有较大程度的开发。

表 2—4 1992～2001 年广州市土地供应空间分布　　单位:公顷

	天河	东山	黄埔	海珠	芳村	越秀	荔湾	白云	八区合计
1992～1995	27.35%	5.04%	11.62%	13.28%	3.34%	1.07%	3.05%	35.25%	10 668.6
1996～1999	18.81%	3.10%	4.41%	17.87%	8.09%	0.22%	0.62%	46.88%	11 335.3
2000～2001	52.96%	0.92%	14.54%	7.66%	3.78%	0.85%	0.75%	18.55%	5 805.2
1992～2001	29.21%	3.39%	9.29%	13.98%	5.37%	0.68%	1.58%	36.51%	27 809.1
各区合计	8 123.5	941.9	2 583.8	3 887.1	1 492.5	188.7	439.5	10 152.1	27 809.1

城市拓展是各种产业发展在空间上的综合反映,商业用地的需求应该符合城市用地主要的增长趋向。

在商业用地内部,大型百货商店较多聚集于中心城区,其他零售业态则散布在建成区的各个区域;大中型批发市场多布局于城市近郊。批零商店的城市服务功能突出,大中型批发市场则具有区域服务功能。从历年批地的数量看(图2—5、表2—4),批发市场的发展速度远低于批零商店。说明广州商业发展关注城市内部功能,而忽视城市区域地位。

在这近十年的用地需求中,广州市批零商店用地表现出向南、北、东扩展的特点,初期以白云区为主,中后期海珠区的比例迅速增加,而天河区在各个时期均有一定数量的需求;综合市场用地在各阶段的需求中,分别表现出以天河区、荔湾区和海珠区为主导的发展格局。

在批零商店发展方面(表2—5):1993~1994年的开发重心聚集在三个区,分别是白云(新市、竹料、太和、三元里、石井、江高、同和、罗岗)、海珠(新港路、新滘、工业大道、泰沙路、沿江中、同福东、前进路等)和天河区(五山、东圃、濂泉路、天河北、石牌、长涨),其中新市、石井、新滘、东圃用地量最大。1995年的开发仍然聚集于白云区的新市等镇,主要沿南北向交通线分布。

1996~1997年旧城区加快了商业建设,越秀区(解放路、大德路、惠福路、长堤大马路、越秀南)、荔湾区(荔湾路、西湾路、南岸路)和东山区(东湖路、署前路、文德路、东川路)的开发空间,大多集中于上下九和署前路一带。白云区(黄石路、新市)和天河区(珠江新城、东圃、林和、长涨),则重点建设机场路西部和珠江新城。

1998~1999年,城市商业南移的趋势十分明显,同期天河区形

表 2-5 1993~2001 年各区商店用地和市场用地的变化

单位:万平方米

年份	海珠区 商店	海珠区 市场	东山区 商店	东山区 市场	越秀区 商店	越秀区 市场	天河区 商店	天河区 市场	荔湾区 商店	荔湾区 市场	芳村区 商店	芳村区 市场	黄埔区 商店	黄埔区 市场	白云区 商店	白云区 市场
1993	25.5	0.34	2.7	0.21	6.2	0.35	27.9	14.9	3.9	0	5.1	1.0	11.3	8.7	19.9	16.7
1994	46.2	1.4	7.1	0	4.6	1.4	23.3	14.8	5.7	2.5	4.9	0	10.2	0	68.8	26.8
1995	0	0	3.7	0	7.8	0	13.1	27.5	13.8	1.1	1.3	0	12.7	0	410.6	3.0
1996	0.98	0.59	1.6	0	2.6	0	1.6	0	12.0	0	0.46	0.64	0	0	15.2	0
1997	19.4	0	7.5	0	2.9	0.27	18.4	0	7.5	3.1	1.2	0	0.35	0	12.3	1.8
1998	761.4	1.7	1.7	0.45	1.9	0	10.6	0	3.2	5.5	0	0	0	0.36	2.1	0
1999	101.1	9.4	0.48	0	1.9	0	24.2	0	1.1	0	0	0	0	0	2.0	0
2000	0	3.7	7.7	0	0	0	3.1	0	0.19	0	0	0	1.2	0	0	5.2
2001	0.29	2.1	1.6	0	0.86	0	0.67	1.4	8.9	0	4.4	0	0	0	13.1	0

成另一个开发中心。海珠区中部新滘和新港路一带,西部前进路和工业大道一带,南部广州大道南一带迅速崛起;天河区则形成以珠江新城为核心,天河北与东圃、五山并起的态势。

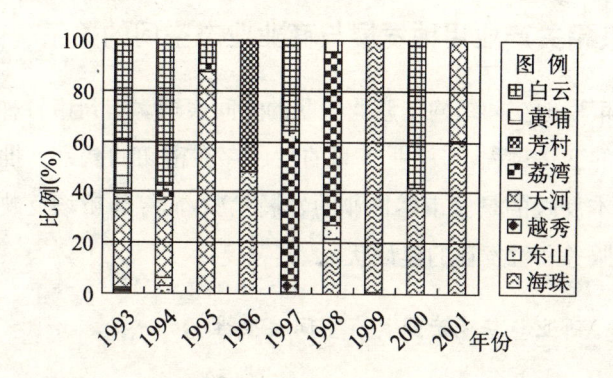

图 2—5　1993~2001 年广州市各区批零商店和综合市场供地状况

2000~2001 年旧城区开始新一轮的发展,六二三路至上下九路、沿江海珠广场、北京路至东川路一带商业设施日渐完善(北京路、仓边路、较场西路、建设四马路、建设大马路、环市东路),天河区在继续珠江新城、东圃和体育西路一带的建设。白云区则配套人和镇新机场一地的商业设施。

在综合市场的发展方面(图 2—5):1993~1994 年是用地需求较多的时期,主要分布于天河区(东圃、棠下、长湴、广汕公路沿线)、白云区(钟落潭、石井、新市、同和、太和、江高等)和海珠区的昌岗路一带。

自 1995 年起,除了海珠区以外,大多开发地块散布各区。如天河区的东圃、棠下(1995 年)和沙河濂泉路(2001 年),荔湾区的清平路、黄沙和环市西路(1997~1998 年),芳村区的广中公路(1996 年),

白云区的石井(1997年)、江高(2000年),黄埔区的大沙地(1998年)。海珠区则形成以新滘镇中西部各村为中心,侧重开发新港路、昌岗路、洪德路的空间格局。

四、相关产业用地发展与商业业态空间的关系

城市用地空间结构是产业关联的空间表现。广州市各种产业用地需求的变化过程,与商业空间的发展存在密切的联系。批零商店用地基本反映的是城市零售业的发展状况,而综合市场反映的是基本日常服务和批发业的建设状况。

(一)商业与房地产业具有空间共生性

房地产业和零售业的空间关联,通过人口载体得以实现。人口密度在一定程度上反映了购买力的空间分布,市区近十年的房地产开发并没有改变旧城区人口密集的态势(表2—6)。选取1978~2000年市区人口密度和批零网点密度作为分析指标,将数据经过无量纲化后,求得相关系数为0.962(显著性的概率水平为0.01),证明两者存在较高的关联性。

表2—6 广州市属八区人口密度的变化　　单位:人/平方公里

年份	越秀	东山	海珠	荔湾	天河	白云	黄埔	芳村
1990	53 829	31 816	7 576	46 227	2 982	672	1 293	3 330
1995	51 492	33 522	8 174	45 028	3 934	751	1 497	3 745
2000	48 576	34 802	8 900	43 645	5 056	823	1 669	4 212

资料来源:广州市统计局,1991、1996、2001。

在空间结构上,广州市人口密度的圈层结构明显,中心区以高于

边缘区数倍乃至数百倍的比例居高不下,人口密度从中心区向边缘区依次递减。购买力的空间结构在很大程度上影响商业业态空间的发展。荔湾区、越秀区、东山区几乎集中了全广州所有的大型商业网点,同时也是人口密度最高的地区(2000 年,越秀区为 48 576 人/平方公里,荔湾区为 43 645 人/平方公里,东山区为 34 802 人/平方公里)。

在城市用地扩展过程中,房地产开发往往逐渐改变人口的分布形态,进而影响商业业态空间的格局。从土地供应状况看,在 1995 年、2000 年和 2001 年,旧城区居住用地占批租总量的 36.23%、6.93% 和 6.94%,而天河区和海珠区共占总量的 26.93%、55.87% 和 45.46%。房地产需求量自旧城区向东向南转移。

从土地开发面积看(表 2—7),1995 年旧城区占绝对比重,以东山区和越秀区尤为突出,而天河区同样发展迅速;至 2000 年,除了东

表 2—7　广州市属八区房地产开发状况　　单位:万平方米

八　区	开发土地面积		商品房施工面积	
	2000 年	1995 年	2000 年	1995 年
东山区	559 547	1 160 000	12 220 146	8 538 760
荔湾区	29 429	70 000	1 131 799	983 696
越秀区	136 898	900 000	3 687 151	3 065 967
海珠区	115 919	110 000	2 815 504	655 349
天河区	667 520	850 000	8 927 350	3 783 811
芳村区	14 740	170 000	290 339	507 435
白云区	831 797	340 000	1 120 565	702 052
黄埔区	120 000	180 000	697 287	890 717

资料来源:广州市房地产统计年鉴编委会,2000。

山区外，旧城区的开发幅度已低于东向和北向的拓展。在商品房建设方面，旧城区和天河区的优势最明显。房地产开发虽然未能完全改变旧城区的原有人口分布状况，但东向疏解的趋势已经逐渐明朗化。1990～2000年，海珠区、天河区、白云区、芳村区等区的人口密度正趋向于上升，人口密度上升较快的区域，如天河区和海珠区（分别增加2 074人/平方公里和1 324人/平方公里），商业发展尤为迅速；而越秀区和荔湾区人口密度持续下降（分别减少5 253人/平方公里和2 582人/平方公里）。

一方面，市中心商业区流失部分购买力，从中心商业区外迁分离，商业网点也有由市中心向边缘区迁移的趋势。20世纪90年代中后期，天河路一带天河城广场、宏城广场、电脑城等网点的兴起，反映了商业的一种空间因应关系。另一方面，东山区人口密度上升幅度位居全市之首（增加2 986人/平方公里），新型的大型商店和商业街迅速兴起，如中华广场、东山商业城、流行前线、陵园西路等，旧城区进入新的商业结构调整时期。从市区房地产开发结构看，海珠区建设面积的绝对量不大，仅处于起步期，但明显加快了商品房的开发（2000年商品房施工面积是1995年的4.3倍），与芳村区共同引导房地产的南向发展，直接促成了万国商业广场、好又多等大型商场的进驻。

产业地域共生特性，主要指房地产业与商业（以零售业为主）相互依托进行开发，两者在空间上高度相关的现象。

第一，依托旧城区商业区（以上下九、沿江路、北京路、农林下路和环市东路为中心）开发的房地产。1993～1995年全市房地产开发高峰期，商品住宅重点开发的各个组团基本是市区的商业繁华区地段。旧城区以商品住宅为主的房地产开发大致聚集于：以"大德路→

上下九路→第十甫路→恩宁路→龙津路→惠福西路→解放南路"为中心的西南部开发组团,以"环市西路→南岸路→西湾路"为中心的西部开发组团,以"惠福东路→文明路→东华路→署前路→中山路"为中心的中部开发带,北部则以"东风路→先烈南路"为中心进行开发。1996~1997年,旧城区的房地产开发集中于环市路、沙面至海印桥的沿江路段、上下九和农林路一带。1998~2000年,旧城区的开发延续了20世纪90年代初期的地域格局,西南部的解放路→惠福路、龙津路→黄沙大道→六二三路,西部的环市西路→西湾路,中部的北京路和梅花路→东华路,用地需求量仍然较大。东风中路和环市东路沿线的发展也日趋活跃(图2—6)。

第二,依托天河区和海珠区商业区开发的房地产。1998~2000年,天河区的珠江新城、天河北、五山、东圃、棠下一带房地产开发形

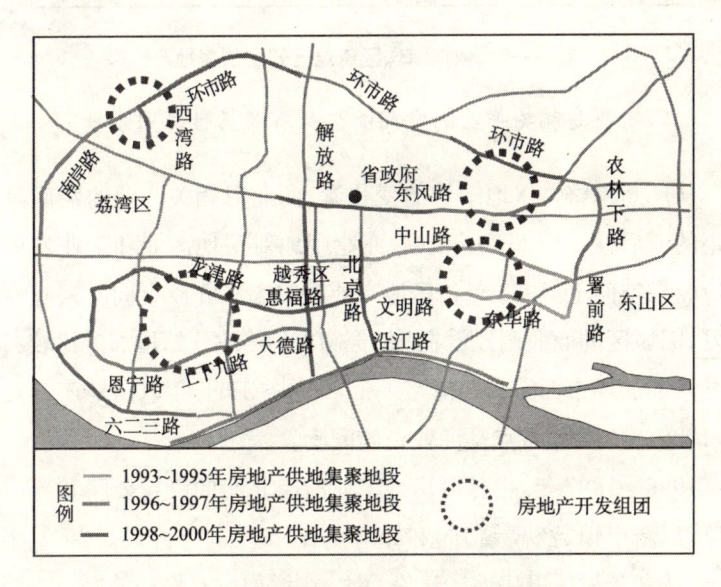

图 2—6　依托旧城区商业区开发的房地产

成了开发热点,大量商品住宅用地聚集。海珠区江南大道各交通干线和新滘的房地产加大开发强度,中西部相应地段的商业迅速崛起。城市商业东进和南移的趋势也十分明显(图2—7)。

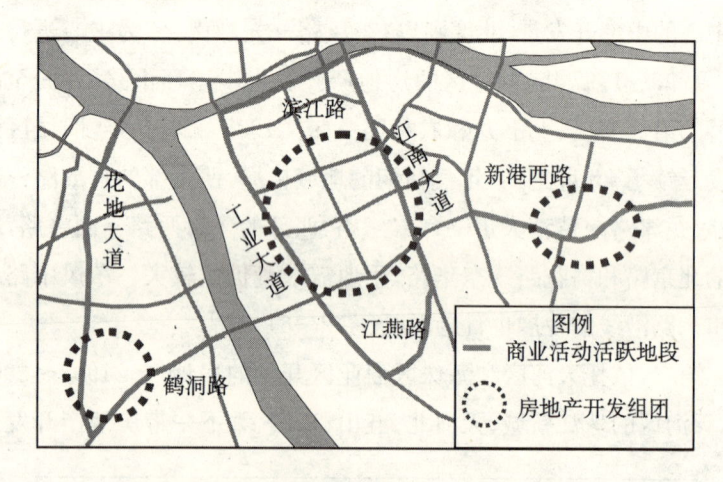

图2—7 依托海珠区商业区开发的房地产

(二)商业与相关产业的空间响应具有滞后性与同步性

从广州市整体供地结构的变化看,商业对相关产业的响应具有一定的滞后性。如1995年以后商业用地对房地产业和工业发展的响应。在空间上,1993年各房地产开发中心区并没有同时兴起商业开发,旧城区的商业用地量在1996～1997年才开始增加。比较典型的是西部的环市西路与西湾路一带,1993～1995年以房地产开发为主,1996～1997年重点是商业设施配套。

1996～1997年,白云区房地产业沿南北向的广花公路和新广从公路,以新市镇、江高镇、同和镇等为结节区进行开发。2001年开始,海珠和芳村区以房地产建设为主,在增加原有格局的房地产开发密度的基础上,向东部石榴岗和琶洲岛推进,但相应的商业配套建设尚未显现。

另一方面,在某些新开发的地段,产业间的同步性也很突出。1993~1995年,海珠区的房地产业主要沿各交通干道线进行开发,西向以"滨江路→江南大道→江燕路→工业大道"为重心形成西部组团,中间沿新港路点状开发,南向依托拥有交通优势的各村进行零散开发。芳村区则沿"花地大道→鹤洞路"构建基本发展框架,同期批零商店用地集中于新港路、新滘、工业大道、泰沙路、沿江中、同福东、前进路等地段,两者存在典型的发展同步性。1998~2000年,海珠区中部新滘和鹭江同时增加房地产业和商业的开发强度。

(三)相关产业的整合程度影响零售空间的发展水平

在对广州市各区历年用地结构的分析中发现,尽管北部白云区和南部海珠区的房地产开发、道路广场建设数量最大,但除了旧城区以外,尚未在北部和南部兴起高级别的商业区。白云区的新市、三元里、石井、江高、同和等镇,海珠区的江南大道、工业大道等地,都仅具备地区级商业服务功能。

旧城区已有的第三产业基础设施齐备,在发展过程中逐步配套,商业、行政办公、文体娱乐、消费服务等产业强大的整合效应,形成零售业强大的生命力。天河区作为市区新兴的商业区,也开始整合教育科研、商业、商务办公、交通等功能,而北部白云区零售业发展缺乏产业的互动优势。各种用地的空间分布如下。

科教文体娱乐用地集中于人民南路、大新路(1993~1995年)、五山、天河北、沙河、中山大道和赛马场一带(1996~1997年)。行政办公用地则集中在越秀区的小北路→东风中路→北京路→起义路路段和天河区的珠江新城(1998～2000年)。道路广场用地在很大程度上反映了城市干道与休憩广场的建设状况,该项用地与商业建设同样关系密切。1998～2000年,主要土地供应位于天河路至中山大道、旧城区的西南部、芳村区的花地大道一带,具体的重点建设地段是天河北、五山、高新技术开发区、东圃、海珠北路、六二三路、内环路和南岸路段和环市西路段、坑口、广中公路。以上各种用地,均分布于商业活动活跃的地段,产业整合成为促进零售空间发展的动力。

根据全市零售空间发展的水平,大致可以将旧城区(东山、越秀、荔湾)、天河区和其他各区(黄埔、白云、海珠)分为三种发展类型,前者是成熟区,天河区是发展区,后者是发育区。

区域中交通道路和房地产等先锋产业的介入,往往伴随着商业的配套发展,但通达性的提高和人口的聚集并不意味着零售空间的必然成熟,商业的内部服务功能将延续较长的发展时期。所有的发育区都处于这一阶段。随着多种关联产业的配套完善,发展区开始形成,在这一时期商业具有一定的对外服务功能,天河北至珠江新城用地性质的变更反映了这种演化过程。只有形成良好的产业配套空间和人文环境,零售空间才称为成熟区,这一阶段商业和其他产业的发展主要是填充完善、替换升级等形式,用地空间形成稳定的凝聚力。功能结构合理的商业成熟区能够提升城市对区域的外向服务能力。

写字楼和商业营业用房的开发是对商业区成熟程度的一种检验。写字楼以商务办公用途为主,金融业、商业、社会服务业等区域第三产业环境完善的楼盘,在销售竞争中更具优势;商业营业用房服务于零售批发活动,其销售状况直接反映区域商业的环境水平。以1995年和2000年为例(表2—8),在写字楼、商业营业用房的建设和销售方面,东山区一枝独秀;越秀区 1995 年各项面积均居于第二位,但 2000 年已经被天河区超过。可见,天河区呈现一种居住、商务办公和商业结合的良性发展态势;而旧城区完善的服务业配套环境,仍然对商业具有强大的吸引力。

表 2—8 写字楼、商业营业用房施工面积和销售状况前三位的区域

单位:万平方米

	写字楼施工面积		商业营业用房施工面积		写字楼销售状况		商业营业用房销售状况	
	2000 年	1995 年	2000 年	1995 年	2000 年	1995 年	2000 年	1995 年
东山区	1 215 024	1 840 396	1 601 244	1 313 279	75 005	206 190	104 231	54 459
越秀区	619 336	587 175	642 827	570 028	34 905	69 758	26 889	23 567
天河区	809 647	578 476	880 574	362 473	40 528	22 222	31 902	5 806

资料来源:广州市房地产统计年鉴编委会,2000。

注:2000 年数据为"现楼+期楼",1995 年数据为"期楼"。

五、关于城市用地影响商业业态空间的解析

城市用地的开发,可以从地租规律得到反映。地租杠杆通过影响城市用地空间的调整,逐步推动商业业态空间的形成。1993～2001 年,广州市第三产业开始向优化方向演变,形成商业、交通运输邮电业、金融保险业三足鼎立的格局。产业结构调整反映在城市空间上,表现为城区工业外迁,内城区工业用地减少,商业用地等服务业用地比重增加。荔湾区、越秀区、东山区在地租规律的支配下,商业用地需求增大,而黄埔、白云区外围区主要增加工业用地需求。

我们可以根据地租规律解析城市用地对商业业态空间的影响。从性质上看,"地租是因使用土地而支付的使用费,它是土地所有权

在经济上的实现形式,由土地级别差异而形成数量不等的地租,则是级差地租"。在同一地块上安置不同的产业,会导致不同的产出率,形成不同的经济效益。因此,"在城市空间上由于各产业支付高低悬殊的级差地租的能力有差别,最终自动形成一种产业的布局方式,从而促进城市土地资源的最优配置,使土地潜在的效益得到最大的发挥"。商业用地在第三产业中属于高产出的行业,土地租金往往表现出高数额。选择1999年全市具有代表性的西南—东北向、东西向、南北向三个剖面进行分析(图2—8、图2—9、图2—10)。

第一,所有曲线均反映出商业用地租金从市中心区向边缘郊区递减的规律,地价杠杆对城市产业的布局起到自发配置的作用。从商业网点的性质看,市级零售业网点的地价普遍高出批发业一定的价位,形成了高级零售网点布局于核心区,批发业布局于边缘区的格局。

剖面一:上下九、北京路(批零)>农林下(零售)>黄沙(批发)

剖面二:区庄(商务)>天河(零售)>火车站(批发)

剖面三:北京路(零售)>江南大道北(批零)>火车站(批发)>三元里(批发)

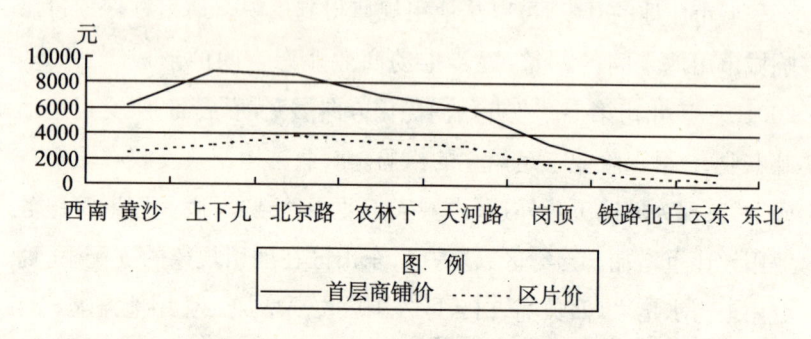

图2—8 市区西南—东北向剖面的地价状况(剖面一)

(资料来源:广东省地价评估事务所等,1998)

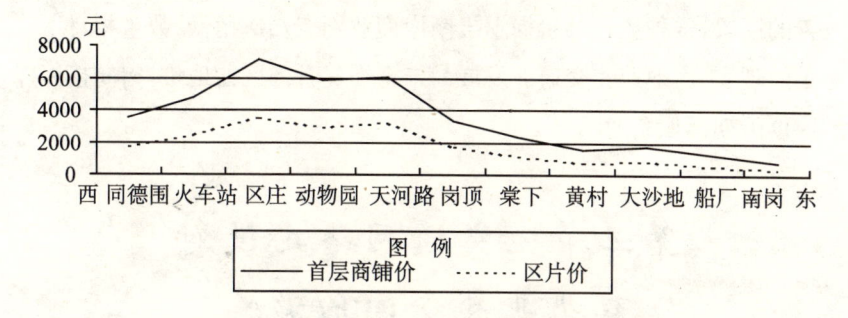

图 2—9 市区东西向剖面的地价状况（剖面二）

（资料来源：广东省地价评估事务所等，1998）

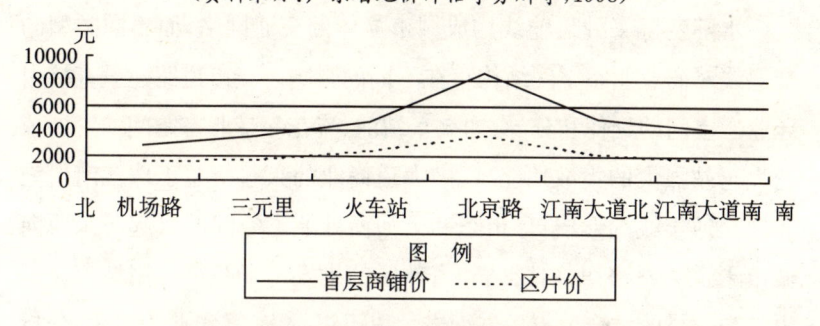

图 2—10 市区北南向剖面的地价状况（剖面三）

（资料来源：广东省地价评估事务所等，1998）

第二，剖面一曲线完整显示出广州市商业用地地价空间变化的趋势，旧城区传统的零售网点租金最高，天河路业态空间的崛起尚未能根本上改变全市的网点格局，天河路以东用地更呈强烈衰减走势。剖面二主要是沿环市路、天河路、中山大道东西向进行考察。环市东商业区和天河路商业区在整个剖面上处于峰值位置。商业业态空间传统区位优势突出，但东向发展趋势开始出现。

第三，剖面三曲线是较完整的波形图，以珠江北岸北京路为中心，商业租金向北向南递减。江南大道是目前海珠区商业环境最完善的区段,这种比较结果揭示出南岸商业网点档次稍低、数量相对不足的现实,房地产和交通业发展尚未全面提升郊区的地价,南向拓展速度近期不如东向明显。

第三节 交通网络建设对商业业态空间的影响

水陆空等多种运输线构成城市立体的交通网络,而不同类型的交通线对商业业态空间结构存在不同的影响。城市道路建设直接引导业态空间的延伸和分异:如火车站前、流花一带业态空间的发展依托火车站强大的集散功能,江南大道商业的兴起得益于珠江南岸南北向交通干线的形成,环市东和天河两处业态空间的兴起与东西向城市干道关系密切,白云区和海珠区的批发市场往往利用城市交通出口与农村的结合节点发展而成。以下以批发、零售业为对象,分析交通干线对批零业态空间形成的作用。

一、城市对外交通干线对批发空间的影响

(一)交通干线分布对批发空间形成的影响

从商品贸易的区际联系看,广州城市腹地以南北向为主。20世纪80年代以来,轻工产品、家电和果菜等产品的省外市场主要分布于华东、华北和东北各地,通过铁路方式进行运输;煤炭、石油、粮食、非金属矿、钢铁、水泥等大宗货物,主要通过水运,广州港的陆向直接腹地覆盖两广、湘赣、云贵等地区(徐永健,2000)。广州市批发市场

以经营百货、服装、食品、农产品、电子产品、医药为主,许多产品主要依托公路运输(个别具有全国影响的大型批发市场,如白马大厦、天河电脑城、清平药材,其运输方式兼具铁路和水运)。一般而言,公路交通属于短途运输,经济距离一般不超过 300 公里(孙明贵,1997),其腹地范围远低于水路和铁路运输。一方面,广州市南北向为主的经济腹地对批发市场区位仍存在影响;另一方面,公路运输的特点决定了它在广州与珠江三角洲各城市的经济交流中所承担的主要角色。因此,南北向公路、与珠三角城市联系密切的公路,都对广州市批发市场的分布产生影响。

在批发空间的发育过程中,除交通因素外,地租杠杆的调节、公路交通的地域共生特性、经营者的经营惯性以及政府行为的介入等,均产生不同程度的影响。但对比零售空间而言,交通干线在批发空间中的主导作用更加突出,表现在市场区位对公路的高依存度。

从对外交通干线分布现状看(表 2—9、表 2—10),广州市以南北向联系为主,特别是白云区过境交通线的数量最多,承担了主要的北向疏导功能。而批发市场群的分布,基本位于对外的水陆交通干线附近,充分依托城市出入口的节点优势进行发展。在各批发市场群中,农副产品和轻工产品经营仍占主要比重,公路的作用相对显著,交通网络对批发市场群西密东疏格局的形成,发挥关键的引导功能。

表 2—9　市区各方向主要的对外交通干线

走向	交通干线名称	
北向	广清公路和增槎路、机场路、新广从路、广从路、广汕路、京广线	
南向	华南快速干线、广州大道南	珠
西向	西环高速公路、龙溪大道、广佛公路、广中公路、北二环	江
东向	广深高速公路、广园快速干道、黄埔东路	

表 2—10　市区主要批发市场群现状

名称及分布	数量(个)	经营类型
广清立交东西两侧	18	农副产品、食品、动物、电器等
火车站附近	17	服装、皮革、五金等
机场路至广花路	10	鱼类、家具、粮油等
黄沙大道	8	水产、药材、日用品等
沙河至天平架	12	服装、农副产品

注:对点状分布尚未成群的批发市场,上表未列入,如石牌和东圃。
资料来源:广州市商业委员会商业网点办公室。

在批发空间的发育过程中,除了考虑便捷优势沿对外交通线布局,地租也是一个主要的影响因素;而在衡量商业用地级别中,地价与地租具有同等的意义。从片区地价看,增槎路—广清高速公路、东圃一带的低廉地价使市场的发展处于更为有利的位置;广州大道南部市场群的初步形成,也极大得益于土地的低价(570元/平方米);在2000年成交额超亿元的批发市场中,人和农产品、竹料综合农贸、白云摩托车配件的区位地价均为410元/平方米以下。许多批发市场在建设初期,主要是通过农村集体所有制用地自发形成,其中有一个用地体制的因素,但最终都在地租杠杆上得到反映。在火车站、上下九、岗顶一带,地价无疑制约了市场规模的扩大(天河区批发市场多呈小斑块状,镶嵌在建成区中)。在广州市商业网点规划中,政府部门提出对火车站一带市场群是否搬迁、是否进行功能置换的论证要求,从具体实践证明了地价因素的影响。另一方面,从地价杠杆中也可发现批发市场发展的边缘化趋势,间接检验了前文的结论。

(二)交通网络结构对批发空间的影响

批发市场在城市近郊的临交通线布局,普遍具备低租金和运输快捷的条件,而交通网络的结构更影响批发市场效益的实现。市区交通网络结构主要有公路—铁路组合、公路—水路组合两种(空运成本太高)。城市快速干道的建设对批发市场影响很大,临近高速公路出口为市场带来一般对外公路所不具备的优势。近年来,年成交额超10亿元的批发市场(或市场群)的分布,基本可以反映这一状况(表2—11):

表2—11 市区主要批发市场的区位和经营状况

	片区地价 (元/平方米)	各年成交额(亿元)			临近主要交通干线与交通枢纽
		1998	1999	2000	
广清路—增槎路市场群	620	17	38	63	广清高速—增槎路—北环高速,珠江
火车站市场群	1 593	26	38	43	广园西—环市西路—解放北路—北环高速—机场路,新广从公路,广州火车站,内环路
上下九一带	3 190	17	35	42	黄沙大道—南岸路,经珠江大桥、珠江隧道、人民桥接南部、西部出口,内环路,珠江
沙河顶一带	2 010	9	12	27	广州大道—旧广从公路,禺东西路—北环高速
天平架一带	1 470	20	19	23	
岗顶至石牌一带	3 220	6	11	17	天河路,火车东站,华南快速干线
东圃一带	760	<1	10	15	黄埔大道,东环高速

注:2000年成交额超亿元的市场统计中,增槎路市场群原有市场退出1个,新增4个;火车站市场群退出3个,新增3个;沙河顶一带增加3个;上下九、天平架、岗顶至石牌一带各新增1个。

资料来源:广州市统计局,1999、2000、2001;广东省地价评估事务所等,1998。

增槎路市场群、火车站市场群、上下九市场群不仅聚集批发市场的数量最多,而且年成交数额最高。虽然经营者以公路运输为主,但这三个区域分别有铁路或水路的运输条件,市场群形成一种多层次、发散型的对外交通联系方式,为货物集散提供了良好的支持系统,成为全市最主要的批发市场聚集区(图 2—11)。在交通运输网络中,城市快速干道能迅速提高运输效率,改善批发市场的区位条件。对比其他的交通组合方式,快速干道与对外公路组合对批发市场的影响更为明显。

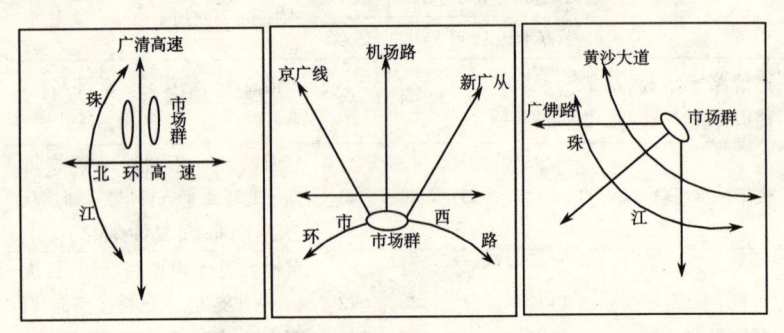

增槎路市场群"十字"联系模式　　火车站市场群"放射"联系模式　　上下九市场群"弓形"联系模式

图 2—11　高效益批发市场群的交通结构和联系模式

外环高速公路建成通车(2000 年)之后,沙河—天平架、东圃一带批发市场的交通条件迅速改善,两地的市场数量和成交额同步增长;同年在广州大道南部,新华南鞋业百货城、华南汽贸广场两个市场成交额分别为 5 亿元和 2 亿元。交通结构和交通线的级别,强化了批发空间的分异。

二、城市内部交通干线对零售空间的影响

市区内部主要的交通干线成"二环五横四纵"格局。"二环"指内环路和外环路,"五横"指环市路—中山大道—黄埔东路、东风路—黄埔大道、中山路、地铁一号线和新港路,"四纵"指荔湾路—花地大道、人民路—工业大道、解放路—江南大道和广州大道。另外,较主要的南北向干线还有禺东路—先烈路、越秀路、农林下路—东湖路—晓港路,东西向干线有沿江路和滨江路,但在线路长度或影响方面不及"五横四纵"。

通过地图判读和实地调查,可以发现广州市所有的大型商场均依托交通干线布局(表2—12),在1999年以前开业的大型商店中,主要以环市路—中山大道—黄埔东路、上下九路、农林下路沿线最为集中;1999年以后,几乎所有新开业的商店均选择临"纵横"轴线布局,除了旧城区的填充以外,在天河区和海珠区,交通干线明显将零售业态空间向东向南拉伸,如策划进驻客村的沃尔玛即选址广州大道。很明显,对于新进驻的零售企业而言,在配套条件良好的旧城区,一般选择临干线且能与现有商业区互惠发展的地段;在近郊区,一般选择通达性良好且商业网点"准空白"的地段。

在外环路方面,白云区,万客隆、广源购物中心和广源好又多分布在北环高速公路(广园西路段)附近,即将开业的好又多百荣园分店选址于机场北路,抢先将大型商店从三元里一带向北拓展。虽然白云区的公路以过境性质为主,但交通干线对零售空间的引导作用仍十分突出。

在内环路方面,据贺崇明等(2001)的研究,内环路将使"中心区商业进一步向上下九、北京路、农林下路、中山路集中",有强化零售

空间分化的趋势。相对其他干线,内环路对大型商店的影响以间接为主,但同样十分强烈。

表 2—12　市区交通干线与大型商店的关系

交通干线	1999 年以前开业的大型商店	1999 年以后开业的大型商店
环市路—中山大道—黄埔东路	9(友谊商店、区庄新大新、购物中心、天河城广场、天河购物中心大厦、棠下好又多、南岗购物中心、现代生活百货公司、三惠百货广场)	2(东郊万客隆、岗顶好又多)
东风路—黄埔大道	1(广百东峻)	2(新裕大厦、珠江新城广场)
中山路(地铁一号线)	1(新大新)	4(康王商业城、中华广场、流行前线、地王广场)
解放路—江南大道	3(南丰商场、海珠购物中心、前进路好又多)	3(中旅商业城、亿安百盛、万国商业广场)
荔湾路—花地大道	2(华夏康隆、东百花地湾)	
广花路、广园路、流花路、先烈路、农林下路、北京路、沿江路、上下九路	14	1(天河北时代广场)

快速干线是广州市近年交通发展的重点(表 2—13)。地铁一号线投入运营后,二号线于 2002 年年底,部分开通三元里站—晓港站,其他线路的建设也将相继进行。

表 2—13　广州市快速干线的发展　　　　　　　　单位:公里

快速干道类型	具体线路	长度
一号线	西朗—公园前—广州火车东站	18.5
二号线	琶洲—江南西—江夏	23.3
三号线	广州新城—市桥—广州东站	35.9
四号线	科学城—琶洲—新造—广州新城	17.7
城市列车线	广州火车站—南岗—东莞、深圳	32.9

地铁一号线在建设期间(1993年12月动工),已经带动了中心城区第三产业用地的开发,形成有利于商业发展的产业环境。如1995年一号线西段上部25块发展用地中,规划用途分别为:公寓648 377平方米,商业旅馆业380 986平方米,写字楼528 916平方米,公共设施37 300平方米。1996年对旧城区、天河区和芳村区的27个地块招标的结果,每平方米地价成交额高达1.35万港元。而在两年半的建设期间,位于沿线辐射范围以内,由投资商陆续开发的商店(如天河城、正佳商业广场)、商务办公楼(如国际金融中心、中天广场)、酒店(如侨林酒店)、商住楼等大型设施超过30处。一号线建成后,直接带动了天河路—中山路沿线房地产和商业的发展:中山路商业走廊迅速形成,而天河城广场的客流量和销售收入增加20%,商场租金上升15%(《广州日报》,1999年9月2日)。可以预见,随着北向、南向地铁线和东向城市列车线的建成,广州市交通网络将逐步完善。配合南部大学城、广州新城、东部科学城、北部旧机场的房地产建设,白云区南部、天河区和海珠区的商业业态空间将迅速扩展。

三、交通网络建设和房地产开发共同影响零售业态空间

在交通干线的引导下,城市向周边扩展。有的区域,商业发展商预见到房地产业的趋势,提前或同步开发;有的区域,房地产先聚集了人口,商业滞后响应。无论孰先孰后,房地产开发、人口分布格局和交通干线建设,三者的综合作用,直接带动了零售业态空间的延伸和分化。图2—12反映了2001年市区热销楼盘的分布状况:房地产

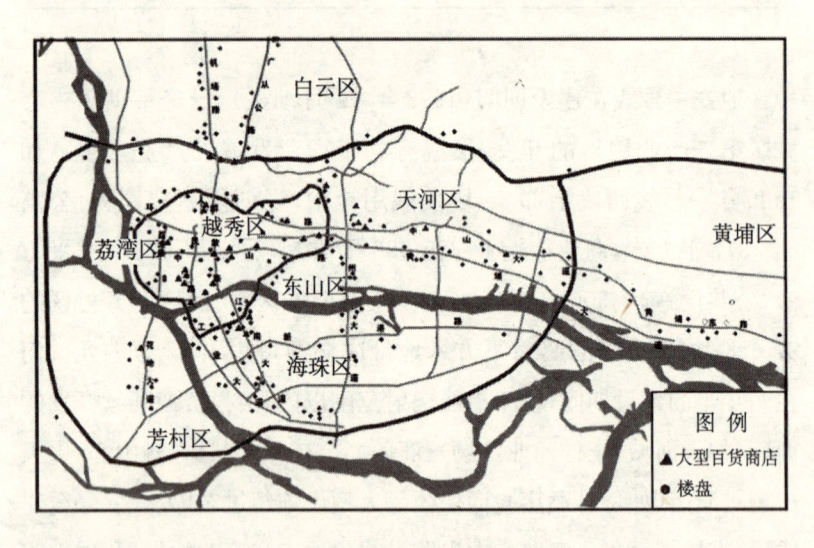

图2—12 2001年广州市区楼盘沿主要交通干线的分布状况

的开发基本沿"二环五横四纵"的交通网络延伸,而市区大型商店也大多临城市干线布局。随着新港路、江南大道、工业大道和中山大道沿线房地产的开发,人口逐步向东向南疏解,未来的商业业态空间将随之拓展。在市区北部,机场路、广从公路等对外交通干线引导了房地产业的发展,虽然目前商业配套建设水平不及南向和东向,但随着

人口密度和消费需求的增加,商业空间将日益完善。

交通、房地产和商业之间的关系同样可以数学方式得到反映。在广州市区中,选取年末实有住宅建筑面积、道路总面积、社会消费品零售总额三个指标,对 1980~2000 年的相关数据无量纲化处理后进行回归分析。计算结果为:R 住－商=0.948,R 路－商=0.970,R 住－路=0.980;如以社会消费品零售总额为因变量,住宅建筑面积和道路面积为自变量建立回归模型①,则复相关系数 R^2=0.970。三者间显然具有很强的相关性,市区道路交通和房地产的建设对商业发展影响显著。

交通网络和房地产对业态空间的另一种影响表现为商住一体化的开发方式。在房地产开发中,商店成为楼盘的一个部分。虽然缺乏大型商店,但同样是业态空间拓展的一种过程。例如,在 1999 年广州市展销的商铺中,海珠区江南大道－江燕路－工业大道沿线的 7 个楼盘②,白云区机场路－广园路－广花路沿线的 6 个楼盘③,均采用"住宅＋商店"的开发模式。超市、便利店等零售业态的发展,加上学校、银行、会所、游乐场等设施的配套,为零售空间的形成创造了良好的条件。从这个角度看,房地产随着交通线延伸的过程,也是业态空间延伸的过程。

交通网络建设和房地产开发,带动了商业设施的配套建设,进而改变城市业态空间的结构和形态;业态空间在发展中逐步完备的商业服务环境,又反过来吸引消费者,引起房地产的重新填充和交通网络的进一步完善。

---

① 显著性概率水平 Sig 为 0.000,T 检验值为 17.289。
② 南珠广场、保利红棉花园、中广大厦、侨城花园、南雅名苑、金碧花园、嘉鸿花园。
③ 中港皮具商贸城、雅图居、建发广场、汇侨新城、景泰名店城、晓翠花苑。

第四节 行为因素对商业业态空间的影响

城市产业的经济关联和用地的开发为商业业态空间的形成创造了一个产业环境,但影响商业发展的因素是复杂的,地理空间的发育和变迁仅仅是产业演进规律的一种外在表现。人文因素对商业发展的影响微妙而深入。行为主体决定了商业的管理与效益,文化积淀则影响了商业的地域形象,又反作用于人的行为取向。为了进一步探讨商业的空间发展规律,本研究引入政府、消费者和经营者等主体,探讨行为因素对商业业态空间形成的影响。

一、政府行为对业态空间的影响

(一)城市建设对业态空间的影响

城市建设反映了政府的意向和具体行为,主要表现在政策、城市规划和大型项目建设等方面。

1949~1979年,广州市城市建设方针经历了五次大变化。1954年提倡"由消费城市基本改变为社会主义的生产城市",1956年提出"建设成为以轻工业为主,交通运输业、商业占有一定比例的城市",1958年提出"建设成为华南的工业基地",1961年提出"建成具有一定重工业基础的、轻工业为主的生产城市",1975年提出"建成一个轻重工业相协调的综合工业城市,成为广东省的工业基地"。在各个城市发展时期,大多侧重强调单一职能,忽视了第三产业的全面发展,特别是"生产城市"的功能定位抑制了零售餐饮业网点的发展,广州市商业业态空间没有明显的拓展。

从 1982 年开始,广州市委、市政府开始进行旧城改造规划的编制工作,1987 年末将改造任务下达至各区政府。旧城改造的同时加强了对天河、白云、芳村、黄埔四个新区的开发。外迁人口以居住小区的形式进行安置,并主要向天河区疏散(至 1994 年,新区住宅小区的开发中,天河区、芳村区、白云区和黄埔区分别占土地开发面积的 59.6%、25.3%、10.7%和 4.4%)。东部购买力的变化增加了对商业配套设施的需求,为 20 世纪 90 年代中后期天河区商业网点的建设奠定了基础。另一方面,在整个市政工程中,北京路—中山五路、长堤—太平南路、上下九—第十甫路是重点保护的商业街(1984 年市委批准北京路的建设计划,首期向民间集资两亿元)。旧城改造促使了商业业态空间的东向发展,但在新区商业尚未全面扩大规模的状况下,也强化了旧城区商业中心的地位。

20 世纪 90 年代中后期,交通成为城市重点建设项目之一,地铁一号线、内环路等工程涉及千家万户的日常生活,也直接影响了商业业态空间的形态(见第五章)。1995 年,因地铁拆迁使国营商业减少了网点 453 个,拆迁面积 11.8 万平方米,按照 1993 年的经营实绩,减少营业额 21.2 亿元,减少利税 1.87 亿元。但建成开通后,地铁沿线商业活动活跃,地铁一号线使旧城区的商业业态开始了新一轮的重组。"内环路沿线商业用地较多,零售业主要分布在六二三路、环市西路、恒福路、中山一路、前进路和洪德路,多为小型、低层店铺,沿线另有较多的专业性批发市场。整个工程共拆除商铺 1 498 家,建筑面积 91 987.85 平方米。"据研究(贺崇明等,2001),内环路将强化中心城区的零售业地位,逐步调整商业空间的格局。

(二) 政府发展意向对业态空间演变的影响

随着市场机制的完善和政府职能的转换,政府退出市场领域,对商业空间的直接影响逐渐弱化,但规划和调控的力度同时也在加强。为了客观考虑影响商业空间的各种变数,在对广州各区进行了访谈的基础上,选取代表性的政府意向进行分析(表 2—14)。

表 2—14 政府对大型商店发展的判断

	对商业业态发展的判断	对大型商店最佳区位的判断
荔湾区	—	内环路沿线
越秀区	百货店	北京路一带、流花服装贸易区
东山区	百货店	区庄立交—农林下路、东华路
天河区	百货店	中山大道、黄埔大道、沙太路
黄埔区	百货店、仓储式商场	大沙地、南岗
海珠区	—	新港中路—琶洲
芳村区	仓储式商场	花地湾及隧道口一带

资料来源:各区商业局、规划局调查问卷。

政府的判断和发展意向,可以强化消费者和经营者的影响,也可以形成逆转。在各种零售业态中,虽然百货店已经进入发展的成熟和稳定期,但仍成为区政府肯定的优势业态。仅黄埔区和芳村区有培育仓储式商场的意向,而购物中心建设的兴起尚未被政府部门重视。如果在审批或政策上予以鼓励,必然激化中心城区百货店之间的竞争,同时也为购物中心的介入预留了市场空间。

在大型商店最佳区位方面,荔湾区、海珠区政府判断其集中在内环路沿线和新港中路－琶洲岛一带。但从用地供应状况和商店布局趋向(详见后文)分析,上下九和江南大道一带商业的凝聚力正在强化,但政府行为的支持可能成为商业业态空间分异的另一种力量,即荔湾区的西向和海珠区的东向拓展,也可能由于判断不当造成功能分区的混乱。

二、消费行为对零售空间的影响

(一)广州市的消费结构和消费倾向

广州市的消费结构和消费倾向,分析对象是整个城市的消费者;大型商店的消费者行为,分析的对象是商店的消费者。前者是后者进行深入探讨的基础。

1. 消费结构的变化

1980～2000年,广州市居民消费结构变化较大,衣食支出下降较快,居住和非物质性消费(或称非商品消费)分量增加(图2—13)。特别是2000年,家庭设备用品和衣物消费支出已经退出前三位,而替之以食品、居住和娱乐文教消费。总体看,在食品支出仍占绝对比例的基础上,城市居民消费已经逐渐向多元化方向发展,旅游消费、教育消费、健康消费等非物质性消费需求增加,已经成为一种趋势。2000年交通和通讯消费占总支出的比例,已经从1980年的1%上升至9%,其中交通支出占39%,这与旅游出行的增加关系密切。大型商店的建设,既要考虑到基本消费的主体位置,也要符合精神消费需求增长的趋势。

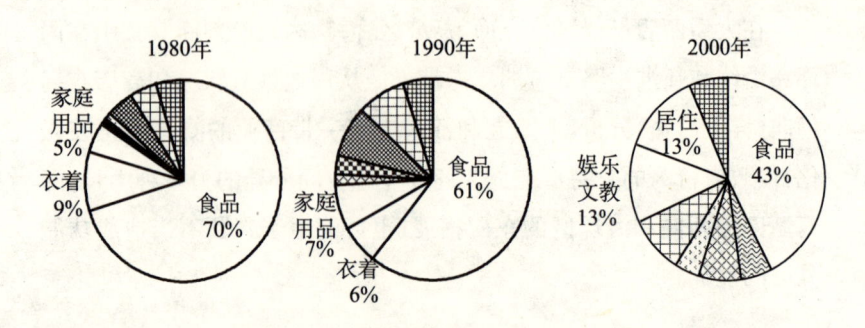

图 2—13　城市居民消费性支出的结构

（资料来源：广州市统计局，1981、1991、2001）

2. 消费倾向的影响①

将广州市消费者对待商品价格和生活的态度，划分为"平实生活指向、流行生活指向"和"价格无关心指向、中间层、价格重视指向"等类型（表 2—15）。

表 2—15　各种消费指向中最主要消费的群体　　　单位：%

	生活态度		对待商品价格的态度		
	平实生活指向	时尚流行指向	价格无关心指向	中间层	价格重视指向
高中/中专	47.1	52.2	48.9	48.2	52.8
25～34 岁	27.2	32.7	33.5	30.1	26.5
35～44 岁	28	22.8	22.3	24.4	29.6

注：从消费者年龄看，时尚流行指向第二大消费群体是 16～24 岁，占 29.6%。

---

① 《2000 IMI 消费行为与生活形态年鉴》编委会的抽样调查时间为 1999 年 10 月 28 日至 12 月 4 日，与本研究问卷调查时间基本吻合，采用其分析结果进行对比研究，有利于进一步认识消费活动。

按文化程度统计,高中/中专文化程度的消费群体,在各种消费类型中所占比例均最高。按年龄层次统计,生活态度最为务实的消费群体是 35~44 岁,这个年龄段的消费者也最重视商品价格;追求流行生活方式的消费群体是 25~34 岁,该年龄段的消费者最不关心商品价格。从价格消费倾向可见,广州市以低教育程度的消费群体为主,消费倾向注重实际价值;年轻的消费者对商品价格反应不敏感,追逐个性化消费和流行生活(时尚流行指向的第二大消费群体仅有 16~24 岁)。广州市大型商店和商业街对消费者吸引力的大小,与能否符合这种消费倾向关系密切。

在关于购物和消费的 15 项活动中,消费者选择最多的前 6 项如下(表 2—16)。

表 2—16 购物活动中的消费倾向

购物活动	消费倾向类型
我宁愿花多一点钱买品质较好的东西	品质认同倾向
我认为品牌商品的品质比较好	
对于想要的东西,价格贵一点也会买	
购买商品时我考虑的主要因素是价格	实惠消费倾向
买东西时我经常货比三家	
我非常注重商店的气氛、布置及格调	精神消费倾向

广州市消费者既重视实惠,又有商品品牌消费和商店环境消费的意识。从业态自身的特点看,大型商店具有商品质量和购物环境的优势。在关于休闲倾向的 36 项活动中,消费者最常做的休闲活动是看书和逛街购物,而在未来最想做的休闲活动中,该两项列于末数

两名。对广州市而言,大型商店或商业街适合消费者的现状需求,但其业态并不具备独特而持久的吸引力,未能满足消费者未来对非物质层面的需求。除了经济效益的实现之外,零售业必须培育对消费者行为方式具有影响力的消费文化。

(二)消费行为与零售业态的关系

1.大型商店和零售主导型商业街对消费者的整体吸引力相近

大型商店、商业街的有效问卷分别为 727 份和 298 份,每份包含 32 个问题,每个问题设计 5 个以上的选项。统计结果表明,在两种不同场所中,消费者的消费水平、倾向、年龄、收入、学历、出行频率等多项指标具有相当高的一致性,基本可以进行合并分析(表2—17)。

表 2—17　大型商店和商业街对消费者吸引力比较

购物活动及消费者属性	比例(%)		排序	
	大型商店	商业街	大型商店	商业街
每月光顾 2~3 次	35.1	30.5	1	1
购买食品、衣服鞋袜	51.5、37.2	38.9、50.9	1、2	2、1
在周末、假日白天购物	66.9	63.6	1	1
每次消费少于 100 元	42.7	39.9	1	1
消费者年龄 25 岁以下	42.6	41.9	1	1
消费者的出行方式	46.1	45.2	1	1
消费者来源于广州市	93.3	82.9	1	1

注:"比例"和"排序"均相对于同一问题的其他选项。

零售主导型商业街①与大型商场大多分布在旧城区,前者发育周期较长,而后者则兴起和衰落较快。消费者在两者行为取向上相近,反映了旧城区商业结构性的综合吸引力,另一方面也表现出百货店业态优势不明显的特点。传统研究百货店空间竞争的视角,大多将集中在业态内部或百货店与其他业态之间,忽视了商业街的客观影响,而这种关系通过消费者的行为,间接而清晰地显现出来。

2. 消费取向呈现不同档次的分化,影响零售业态的分化趋势

以大型商店为对象进行分析。从消费水平看,属于基本层次的消费。在商店中一次购物花费少于100元(42.7%),以食品、衣物消费为主(51.5%和37.2%)。从消费倾向看,以物质消费为主,同时存在高质量服务消费的需求。以购物为目的出行占各选项的68.0%,逛街的占35.8%,两者兼具的占11.3%。消费者最关注的商店改进措施是商品价格(50%)和购物环境(34.0%),未来的主要消费取向为食品杂货(38.9%)和购物休闲于一体(37.3%)。

随着城市经济水准的提高,消费者的恩格尔系数逐渐降低(从1990年的60.65%至1999年的44.05%);实地调查发现,在日常生活消费结构中,食品、衣物消费大多占月收入的11%~20%。虽然两者存在一定的差异,但食品衣物消费逐渐退出居民主流消费的领域是不争的事实。尽管消费结构在悄然发生改变,消费者的大型商场中的消费仍然以基本消费为主,未来关注的重点仍然是商品价格和食品衣物的物质范围。另一方面,综合性服务的消费也是一个主流方向。两者的结合,在似乎矛盾的表象背后,可以发现广州市消费

---

① 根据实地调查的结果,广州市区大部分商业街以零售功能为主。

者务实而又现代的消费趋向。"食在广州"的饮食文化渗透到消费者日常的消费心理。

在日常生活消费商品领域,百货店与超市、大型超市、仓储式商场的消费群类似,多业态间的竞争增加了百货店的经营压力。从消费者的消费现状和未来取向分析,以天河城、中华广场、好又多、万客隆为代表的零售业态,符合消费者不同档次的消费需求,这也是广州市购物中心和仓储式商场蓬勃兴起而百货店日渐衰落的原因之一。虽然,业态的更替离不开经济体制、经营策略、消费文化等多方面的综合作用,但结合广州市消费结构和消费趋向的要求,商业业态空间的演变势在必行。

比较大型商场的业态特点和消费者实际的消费选择(表 2—18),可以发现消费者对业态的选择和业态的优势是基本吻合的,只有符合消费者需求的业态空间,才具有生命力。但通过客观的分析,消费者的行为倾向并不直接决定业态的商品种类:百货店的中高档商品具有良好的信誉,是消费者购买耐用品的首选场所,但在市区 39 家百货店的调查中,消费者以基本消费为主(表 2—19)。

表 2—18 百货店、购物中心和仓储式商场的业态特点与消费者的实际选择

	百货店	购物中心	仓储式商场
业态特点	营业面积在 5 000 平方米以上,以经营服装、服饰、衣料、家庭用品为主,设施豪华	由百货店或超级市场为核心店(占总面积低于80%),与各类专业店、专卖店、快餐店组合构成,设施豪华	营业面积为 10 000 平方米左右,以经营食品、家庭用品、服装、文具、家用电器、室内用品等为主,设施简朴
消费选择	耐用品(41.3%)	服务优势是消费者休闲活动的首选地点(41.5%)	食物杂货(53.8%)

表2—19 消费者在百货店中的消费结构　　　　单位:%

商品杂货	衣服鞋袜	文体用品	光顾餐饮	休闲娱乐	耐用品	皮具	化妆品	首饰	床上用品	其他
51.5	37.2	14.8	11.7	19.7	19.2	5.0	17.0	2.9	7.0	1.5

注:由于题目是多项选择,所以总数不是100%。

3. 大型商店和零售主导型商业街服务功能存在差异

在大型商店和商业街间的消费者仍存在一定的差异。在消费者来源地方面,大型商店和商业街分别有93.6%和82.9%来源于广州市,两者主要服务范围都是5公里以内(前者占73.8%,后者占63.4%),但商业街在超过10公里范围的消费者仍占21.5%(图2—14)。后者对远距离的部分消费者有一定吸引力。可见大型商店的内部服务功能相当突出,商业街则兼具部分对外服务功能。说明北京路、上下九等商业街的区域影响力较为突出。

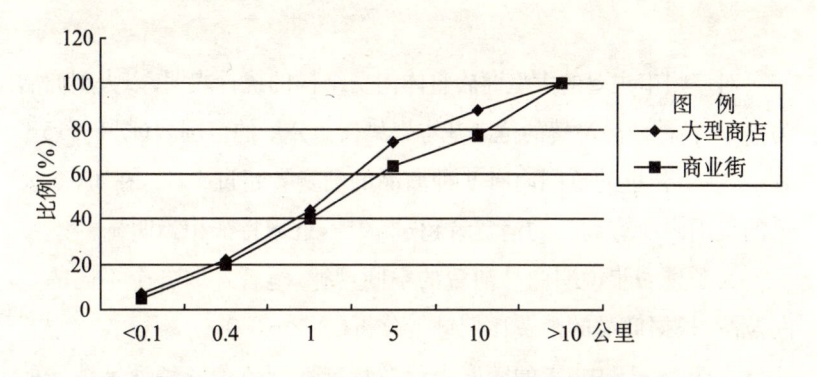

图2—14 大型商店和零售主导型商业街的服务范围

在消费者职业方面,前者以学生(16.6%)、服务性行业(16.9%)和行政人员(8.9%)为主,后者以学生(16.4%)、从商(16.1%)和服务性行业(15.1%)为主。在出行意向方面,有相当分量的消费者认可大型商店的信誉好(28.4%)、商品质量良好(57.3%);而许多消费者则喜欢商业街的货品便宜(30.2%),同时也认为其质量一般(56.4%)。可见,商业街的服务半径大于大型商店,消费者中有相当比例属于从商人士,而大型商店有一定比例的消费者属于行政人员,平均收入水平稍低于前者(大型商场中收入2~4千元的消费群体最大,且1千元以上的购物花费占10.4%)。比较而言,在消费者整体感知相对一致的背景下,商业街以商品低价、市场交易特点突出、吸引范围广的功能特点,区别于大型商店信誉良好、吸引范围小的特点。整体而言,如果邻近没有商业街,区域消费者的经济水平直接影响附近大型商店的发展。

4. 大型商店服务范围以近距离为主,部分商品消费具有距离衰减或递增规律

对广州市主要的大型商店整体消费结构的统计表明,以大型商店为中心,各种商品消费的范围基本聚集在5公里的范围内(图2—15)。其中,在1公里的范围内有6种商品的消费者超过50%,在1~5公里的范围内所有商品的消费者超过70%,近域特征相当明显。

为了进一步说明商品消费的空间规律,笔者选取各个不同的空间范围,根据商品的消费比例进行分析(表2—20)。

在图2—16中,点的密度表示在特定地域范围各种商品消费的比例(表2—20)。食品杂货的整体消费比例最高,基本随距离而衰减;衣服鞋袜的消费同样随着距离的增加而递增;消闲娱乐和耐用品

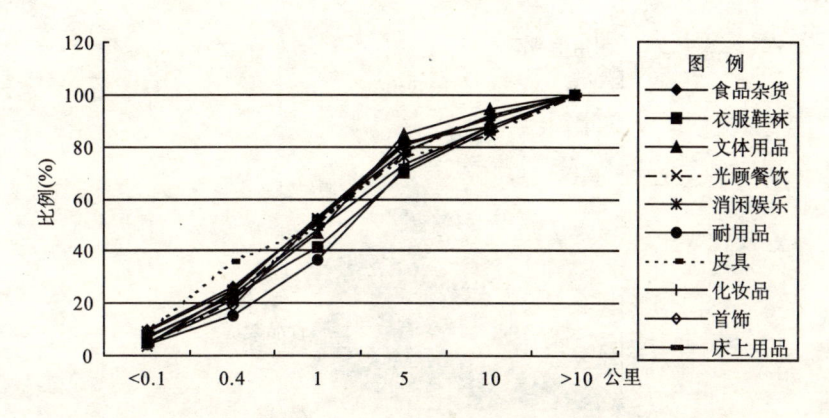

图例:
- 食品杂货
- 衣服鞋袜
- 文体用品
- 光顾餐饮
- 消闲娱乐
- 耐用品
- 皮具
- 化妆品
- 首饰
- 床上用品

图 2—15　大型商店消费结构与地域空间的关系

表 2—20　不同地域范围商品的消费比例　　　单位:%

公里	食品	衣服	休闲	耐用
<0.1	70.6	37.3	25.5	11.8
0.1~0.4	55.7	38.7	20.8	14.2
0.4~1	58.5	30.8	23.9	18.2
1~5	47.9	35.3	16.7	22.3
5~10	37.1	41.9	19	21
>10	39.8	42.2	13.3	20.5

消费的总体消费比例小于前两者,但也分别表现出地域衰减和递增的规律。食品和娱乐消费的距离衰减反映出就近消费的心理;耐用品消费空间门槛低,普遍具有趋远的特征;衣物消费在各个范围的空间消费比例比较接近,该商品更具有地域普遍性。

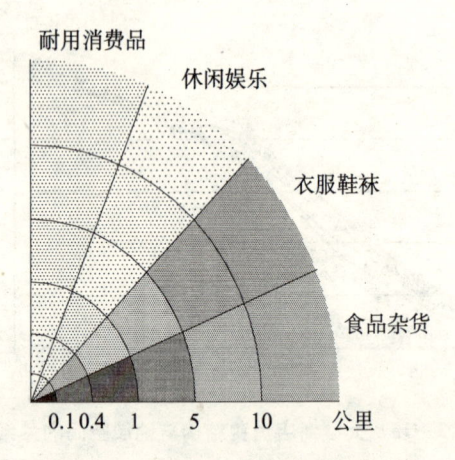

图 2—16 主要消费品的地域消费状况

5. 消费行为与零售业态的关系

消费行为与业态的关系,主要表现在消费者对业态的选择、对消费档次的选择、出行距离与消费品种的关系等方面。百货店的基本服务半径在 1 公里左右,区域服务功能不明显,对比其他业态而言,服务等级的优势不突出。购物中心和仓储式商场出现后,切合了不同档次的消费需求,普遍为消费者所接受,加上商业街分流了部分消费者,百货店业态面临严峻的挑战。从经营角度看,耐用品等商品在消费者中具有良好的信誉,具有较广的服务范围,但实际购物中,商品杂货却占了绝对的比重,这部分商品不是百货店的特色,经营成本较高,消费行为的倾向不利于该业态的经营。从消费行为与业态的关系看,广州商业业态的变革符合消费需求的发展。

（三）消费行为对零售空间的影响

为了探讨消费行为对业态空间的影响,研究选择最具有代表性的零售主导型业态空间进行分析(包括大型商店和商业步行街)。由于旧城区零售业态空间接近,近年发展迅速,难以界定严格的地域界限。以下的分析基于如下原则。

将地域联系密切或空间距离近的业态划归为一个零售区,而其他影响较小的孤立型业态,不列入该范围。每个零售区中都是有一个以上的核心百货店,并充分考虑了各区域商业网点的生长态势和交通线的联系功能(表2—21)。

表2—21 商业零售区的组成

零售区	大型商店	商业街
北京路—中山五路	新大新公司、广州百货大厦、中旅商业城	北京路、文德路、高第街、泰康路
第十甫、上下九路—沿江路	永安百货、妇儿商店、荔湾广场、南大荔湾、南方大厦、华夏百货、亿安广场	第十甫—上下九、十三行、一德路
环市东—先烈路	友谊商店、区庄新大新、大和百货、沙河百货	
江南大道	南丰商场、海珠购物中心、好又多	江南大道、江南西路
花地大道	东百花地湾	芳村商业街
三元里	正大万客隆、广源购物中心、广源好又多	景泰街、三元里街
天河路—天河北路	吉之岛、天贸南大、购书中心、时代广场	

续表

零售区	大型商店	商业街
农林下路—中山三路	王府井百货、东峻广场、中华广场	农林下路、陵园西路
大沙地	百事佳商店、黄埔大厦、现代生活百货、三惠百货	

1. 各零售区服务范围差异明显,北京路和上下九零售区地位突出

各零售区基本服务半径差异很大(图2—17)。1公里是大沙地、三元里和江南大道三个零售区最主要的服务范围,所吸引消费者已经超过总数的55%;但后者仍有23.7%的消费者分布在5~10公里的范围内,而前两者已不足15%。比较而言,江南大道零售区的服务半径更广。农林下路和环市东路零售区的消费者主要分布在5公里的范围内,分别占84%和70.3%;在10公里的范围内,天河路、北京路和上下九路零售区的消费者分别占其服务对象的81.5%、78.7%和69.4%。很明显,最后三个零售区的影响范围最广。上下九零售区的特点是服务半径大(在10公里以外的消费者仍有30.6%);北京路零售区的特点则是服务对象的地域分布比较均衡,特别在5公里、10公里及超过10公里的中远距离。

在消费者总样本中,来自广州其他区域的调查对象有35.7%选择上下九,21.6%和14.3%的消费者选择北京路和黄埔区;来自广州市以外区域的调查对象中最多的选择北京路(38.6%)和上下九(36.4%)两个零售区,其他的分布选择江南大道(18.2%)、农林下路(4.5%)和花地湾(2.3%)一带。说明天河路主要仍是市内的影响。

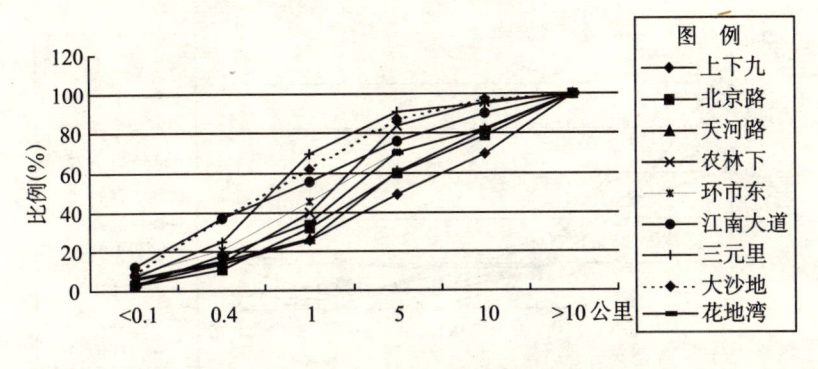

图 2—17 各零售区的服务范围

对一个零售区而言,吸引范围越广,其发展潜力越大。广州市许多大型商店的服务半径较小,仅限于区域内部。如大沙地的消费者中有 89.4% 来自黄埔区,三元里有 63.8% 来自白云区,江南大道有 74.5% 来自海珠区。而北京路和环市东一带,从距离和来源分析,消费者分布更广。值得关注的是,从消费者来源看(56.7%来自本区),天河路零售区尚未显现一个 CBD 崛起的特征。

2. 各零售区消费水平基本一致,北京路零售区各层次消费相对均衡

各零售区消费水平基本一致,形成以低消费为主,高消费为辅的金字塔形状(图 2—18)。北京路消费曲线最平缓,兼具各层次的消费;上下九曲线左陡右平,反映中高消费均衡;天河区的高消费也占据较高的比例。分析表明,不同地域没有产生消费水平的明显分异,除了传统的繁华区外,消费者购物支出的相似性高。

对比广州市环市东的商务区,原有的友谊商店中高层次消费特

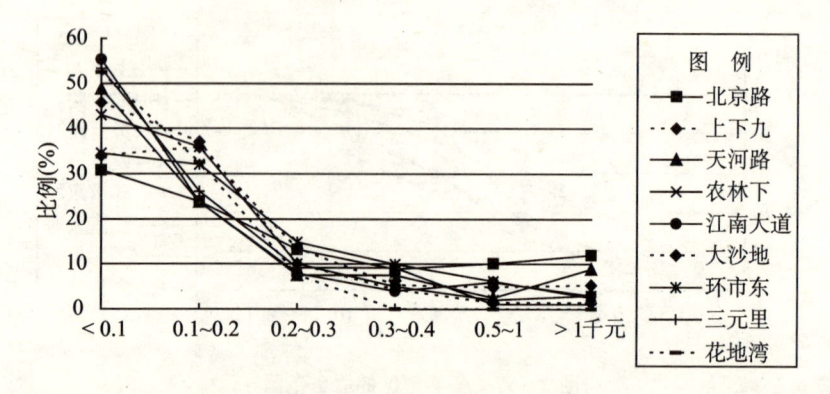

图 2—18　各零售区的消费水平

点鲜明(调查中一次性消费 300 元以上为 38%),而 20 世纪 90 年代新建的区庄新大新,没有延续地域高档化和品牌化的商务消费特色(相应指标为 25%,没有超过 1 千元的消费),邻近的大和百货和沙河百货消费层次更低(相应指标为 5%,没有 500 元以上的消费)。

各零售区购物消费的同构性,无形中增加了大型商店间同类商品的竞争程度。消费者的行为指向孕育了一个潜在的经营空间——基于消费层次分化而形成的市场。在这种背景下,大型商店通过主题化建设,定位中高消费水平的顾客为目标市场,具有很大的潜力。

为了揭示消费者对各个零售区的行为取向,我们分析了不同消费阶层的行为差异。

3. 不同消费阶层的出行目的差异

在广州市区消费阶层的出行目的分析中,将各零售区不同收入水平的消费者分类,对其出行目的的种类进行统计,选择各区比例最高的前三种排序(表 2—22)。

表 2—22 各消费阶层的出行目的

	低收入 2千元以下	中低收入 2~4千元	中等收入 4~6千元	中高收入 6~8千元	高收入 8千元以上
北京路	1;2;1-2	1;1-2;2	1;1-2;2	1;1-2;4	1-1-2;2
上下九	1;1-2;2	1;1-2;2	1;2;1-2	1;1-2;2-3	1;2;3
农林下	1;2;1-2-3	1;2;1-2	1;2;1-2	1;2;1-2	2;1;1-3
环市东	1;1-3;1-2	1;2;1-2	1;3;2	2;1;1-2	
天河路	1;2;1-2	1;2;1-2	1;2;1-2	1;1-2;2	1;2;1-3
江南路	1;2;5	1;2;5	1;2;1-2	1;2	1;2;3
三元里	1;5;2	1;3;5			1;2;5
大沙地	1;2;5	1;1-2;1-2-3	1;2;1-5	1;2-3;5	1-2;2;5
花地湾	1;2;1-2	1;2;2-3	2		

注:1—购物;2—逛街;3—娱乐;4—工作;5—路过;6—其他;空格表示该项消费者缺失。

(1)出行目的单一,多目的消费链尚未形成

在各区排序前三位的出行意向中,绝大多数以购物为目的,其次为逛街。在中高收入阶层中,也仅存在个别以非购物消费为主导的行为(如环市东路、农林下路),城市整体多目的消费不明显。各个零售区中,基本都有三分之二属于单目的消费。自低至高各个消费阶层,各地域同样没有出现多目的消费的分异。

在具有多目的消费行为中,也基本以购物为主。由于服务消费尚未大量兴起,顾客的出行停留在物质消费层次,难以形成多元结构的消费链。从另一个角度看,现状的业态空间未能满足消费者多层

次的行为需要,市区以百货店为整体的零售区必将受到新业态的冲击。

(2)各零售区消费者出行目的的差异

虽然整体上多目的消费不突出,但这种消费基本集中在北京路、上下九、农林下路和天河路一带。与其他零售区相比,前两者主要的优势是传统百货店与步行街的组合,而后者则是新型购物中心的兴起。由于步行街提供了自由开放的购物场所,购物中心则配套了良好的服务和休憩条件,符合了特定的服务消费需求,消费者不自觉地增加了出行的目的。虽然市区零售业竞争激烈,不少专家认为存在无序的扩张,但以上区域的勃兴,其实是适应了消费主体的行为规律,后者通过市场间接产生影响。于2002年5月1日开业的购物中心——广百广场,依托北京路商业区的优势,既通过新业态延续百货店的生命周期,又引导了广州市消费者出行目的向多元化发展。

黄埔区和芳村区的多目的消费的产生,一方面反映了消费者需求的普遍性,另一方面是空间门槛约束了消费者的出行距离。大沙地、三元里、江南大道零售区的部分消费者没有明确的出行目的,仅仅是因为路过。

比较而言,旧城区的商业街和购物中心增加了消费者出行目的多样性。

4.不同消费阶层的购物倾向差异

将各个零售区不同收入水平的消费者进行分类,调查各阶层的购物倾向:根据百分比指标,选取各区域消费前五位的商品,形成等级分析图进行研究(将并列排名不利于分选的选项剔除)。

整体而言,广州市不同消费阶层购物倾向的相似性大于差异性,最主要的消费品集中在商品杂货和衣服鞋袜两大类,其次是耐用品、化妆品和休闲餐饮消费,首饰和床上用品的消费量最低。各零售区的目标市场基本雷同,分化程度不高。

(1)在珠江南岸和边缘区,以低收入阶层消费为主

图2—19上用不同线条表示不同物品的消费比例,自低收入至高收入阶层,线条密度逐渐减少,特别在中高收入和高收入范围,由于该阶层消费者锐减,导致了消费选项减少或无法区分等级。从中低收入开始,三元里、大沙地、花地湾的消费者数量开始下降,高收入段的消费者花地湾缺失;从消费品种类看,三地都属于食品主导型,较百货店而言,仓储式商场的生存空间更大。江南大道一带同样缺失最高收入层的消费者,但其他层次的消费选项均衡,反映了该地域商业的发展较其他城郊零售区成熟。

(2)在中心城区,购物倾向随收入水平而变化

市区各零售区以衣食消费为主,但在城市中心区中,消费者收入不同,消费倾向不一样。

在农林下路零售区,随着消费者收入的增加,食品消费比例降低,衣服和休闲消费逐渐占主导地位,餐饮消费也逐步增加。

在北京路零售区,最高比例的消费品是衣服,其次为食品和耐用品。休闲娱乐消费主要受中低收入阶层欢迎,高收入阶层则注重化妆品消费。

在上下九零售区,消费比例最高的同样是衣服,其次为食品。在中低收入阶层占主要支出的休闲娱乐消费,没有出现在中高收入以上的阶层。

在环市东零售区,中低收入以下的阶层中,食品、衣服份额最大,化妆品次之,高收入阶层主要消费耐用品。在天河路零售区,各阶层

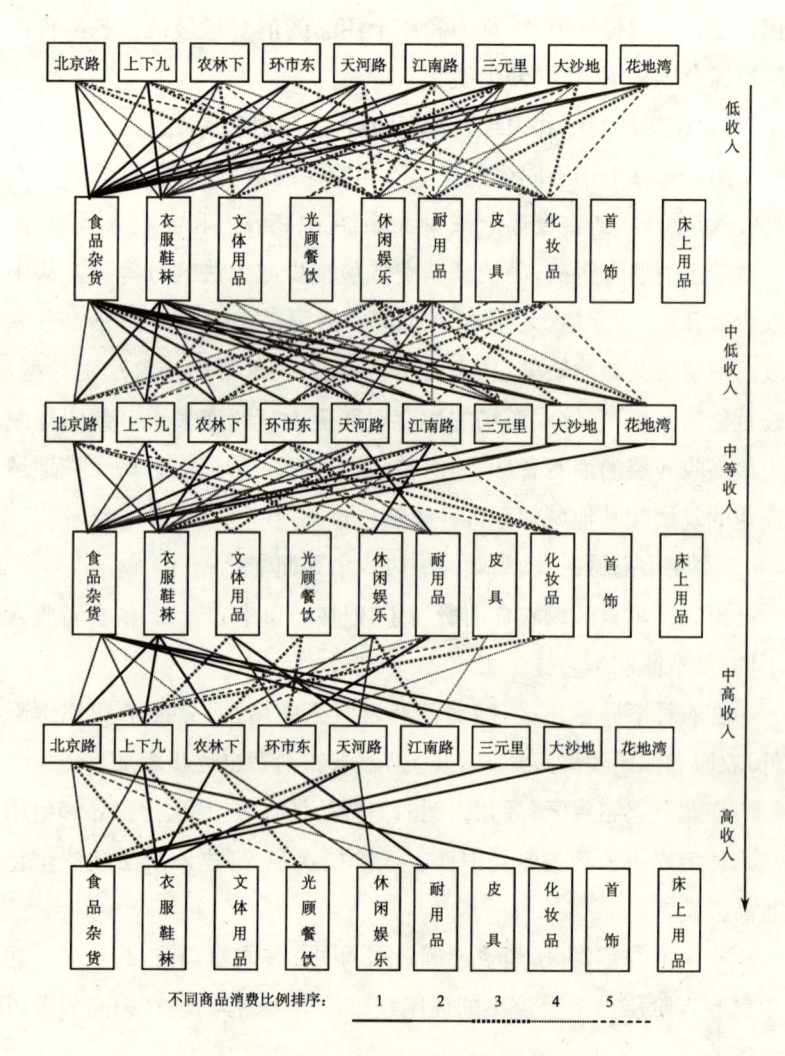

图 2—19 不同消费阶层消费的地域差异

的消费结构相对均衡,食品、衣物、耐用品、文体用品在一定阶层的消费中较突出,但也普遍为其他阶层所接受。该地域的休闲娱乐消费具有阶层普适性。

综上分析,农林下路一带逐渐走向符合现代需求的服务性消费,并为高收入阶层所接受;北京路与上下九路一带的消费趋向较相似,休闲娱乐消费在广大城市居民中市场广阔,但前者的高收入阶层对中高档物质消费仍然突出;环市东一带的物质品牌受到高收入阶层的认可,但服务性消费的功能不突出;天河路一带的消费市场最具竞争力,其物质性消费和服务性消费为多个消费阶层接受。

5. 消费者的时空感应

消费者对不同零售区的空间感应,实际是通过各种行为因素的综合作用,形成的一个地理映象(图2—20)。

第一,交通感应。在九个零售区中,消费者对交通状况的满意率超过50%的有江南大道、农林下路、大沙地、天河路、环市东,其中有四大零售区位于东西向城市干道和地铁附近,江南大道则是海珠区交通网络最完善的地段。分析满意度低于50%的零售区,北京路和上下九一带主要是因为公交线路密度不合理(有的消费者认为过多,有的认为太少)和停车设施不足;花地湾和三元里一带则是公共交通发展不够。该指标反映,在交通方面,商业繁华区中,农林下路和天河路具有较大的竞争优势。

第二,吸引物感应。在吸引顾客的直接原因上,除了普遍的"商店货品选择多"因素之外,"信誉好"成为吸引力的有环市东(38.3%)、天河路(35%)、北京路(32.1%)、大沙地(30.4%)和花地湾(20%);因为"方便"或"货品便宜"的有三元里、花地湾、大沙地和

134 大城市商业业态空间研究

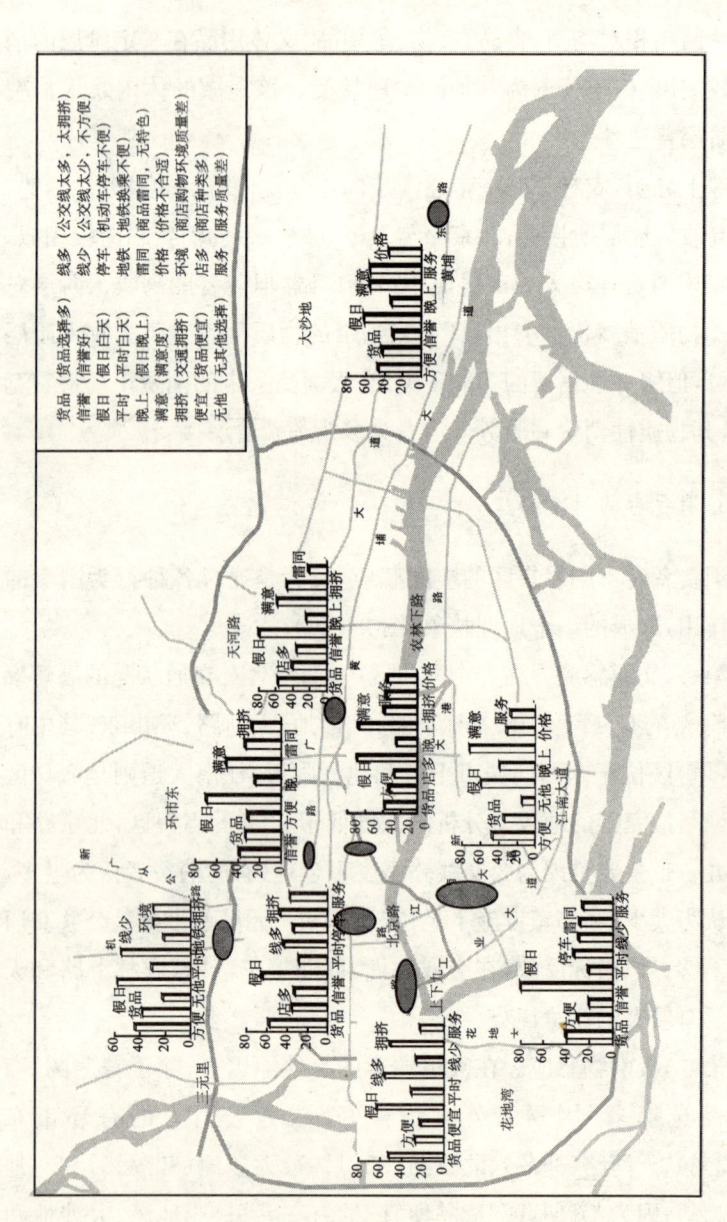

图 2—20 消费者对各零售区的感知状况

江南大道一带；由于"无其他选择"的有三元里和江南大道一带。结合起来分析，城市边缘零售区的吸引力主要源于廉价方便，其信誉主要是相对于区域内部其他业态而言。天河路和北京路的信誉吸引则实至名归，符合消费者的地域结构和消费层次丰富的特点；环市路传统的商务功能形成了消费者的特定的信任印象。上下九和农林下路分别以"货品种类多"最为突出，商业街的业态作用更为突出。

第三，阻碍物感应。在妨碍个人购物乐趣的调查中，除了普遍的交通因素之外，消费者认为上下九、北京路、花地湾、农林下路、大沙地、江南大道等零售区"服务质量差"，后三者兼有"价格不合适"的因素；天河路、环市东一带"商品雷同，无特色"；而三元里一带"购物环境质量差"更为突出。虽然该项调查更多的是涉及经营管理的内容，但能从另一层面解析为何目前大型商场并起，而消费者难以产生品牌零售区认同感的局面。广州市商业历史悠久，市场化较早，但服务质量仍然得不到消费者认可；而购物中心的兴起同样将面临百货店发展中出现的同构化问题。

第四，时间感应。不同的零售区，消费者选择前往的时间并不一致。除了假日白天出行具有普遍性以外，在上下九、北京路、三元里、芳村的第二位时段都是平常白天，而在环市东路、农林下路、天河路、江南大道和大沙地一带则选择假日晚上。在商业繁华区中，由于北京路和上下九商业街的吸引力下降，而农林下路和天河区购物中心的环境具有"全天候"优势；结合消费者的交通感应效果，后者优势更大，消费者最佳的时间感应效果并不倾向北京路和上下九一带。

第五，综合感应。根据2001年12月对广州市区的100位居民调查①的统计结果(表 2—23、表 2—24),发现北京路零售区的综合性优势很明显,消费者的出行意向最强;上下九零售区的大型商店吸引力一般,但商业街优势突出;天河路和农林下路零售区作为新业态主要生长点,受消费者普遍欢迎;江南大道零售区也开始产生全市范围的吸引力。

表 2—23 居民最常去的购物区

北京路	百佳	上下九	百盛	天河城	时代广场	农林下路	中华广场	环市东路	海珠购物	江南大道	江南西路	三元里
北京路		上下九		天河路		农林下		江南大道				
71		40		42		38		8		11		3

表 2—24 居民最常去的商场

新大新	广百	浚泰百货	百佳	天河城	王府井	东山百货	中华广场	流行前线	友谊商店	东山广场	荔湾广场	妇幼商店	永安百货	百盛	海珠购物	南丰商场	东百花地
34	40	3	5		8	7	20	3	11	3	4	3	1	5	4	5	
北京路					农林下				环市东			上下九			江南大道		
82				41	38				14			13			9		2

6. 消费行为空间分异的影响

(1)促成零售区的功能格局

如果说产业结构和用地开发塑造了广州市的商业业态空间框

---

① 调查对象是规划部门、交通部门、高等院校等单位的从业人员。剔除空白选项和无效答案(如"岛内价"、"好又多"等连锁店),其中关于"购物区"问题的有效问卷 92 份,关于"商场"问题的有效问卷 86 份。

架,消费者行为则影响商业业态空间的内部形态。

研究结果表明(彩图Ⅰ),北京路和上下九仍然是消费者消费倾向最高的零售区,属于市级商业中心。前者属于消费阶层和消费结构最丰富、信誉程度高的综合型商业区,后者属于吸引范围最广,货品多样性和休闲功能良好结合的商业区。天河区和农林下路目前仅属于区级,但发展潜力很大,在零售业态结构、引导消费倾向、消费者感应效果等方面整合功能最强。环市东一带,消费者仅对其信誉评价较高,但区域整体特色和吸引力有相对下降的趋势。三元里、花地湾和大沙地位于城市边缘区,服务于本地的特点鲜明,但消费者开始接受仓储式商场的业态。江南大道发展较其他近郊区快,在假日消费时段、休闲娱乐消费、信誉程度评价等方面逐渐出现现代消费的特点。

消费者的行为取向显示,广州市区历史形成的零售空间没有发生质变性的更替。北京路和上下九仍然是消费重心,但尚未形成消费者一致接受的品牌形象;天河路、农林下路崛起的速度最快;江南大道一带的发展趋势良好。

除了个别业态以外,零售空间整体上没有出现离心化的趋势;相反,消费者的整体行为揭示:商业空间的发展,进入了一个业态更新的向心集聚新阶段。

(2)影响零售区的竞争方式

消费者行为对广州市区的零售空间的影响,不是一种刚性的定式。不论北京路或是天河路,其商业地位离不开消费者的认可,在此消彼长的环境中,消费者微妙地影响零售区间的竞争举措。

在具备现实优势或发展潜力的零售区,零售空间未来的竞争手段可能有以下三个。①在消费者最重视的交通便捷度、服务质量、商品特色等条件中,成功切入某一要素或整合多项要素。②针对广州市消费者教育程度一般(高中/中专 34.8%,大专 25.7%)和年轻化(26~35 岁占 31.3%)为主的特点,整合实用化和个性化的功能。③成功开发消费链丰富的经营方式,整合服务消费方式和物质消费方式(目前 48.1%的消费者在大型商店停留时间为 30 分钟以下)。

(四)消费行为对批发空间的影响

由于批发主导型商业街(如天成路、濠畔皮革鞋材专业街、一德路干果海味饮料专业街、源胜陶瓷工艺街等)在功能上相当接近批发市场,主要区别在于地域形态和管理方式,分析中将其归入批发市场。

相对零售业而言,批发市场的消费者构成较为简单,消费目的单一。在问卷的 16 个供选职业中,仅有"从商"一项的比例超过两位数,而且高达 43.2%,其家庭平均收入普遍较高(2~4 千元的占 34.6%),该两项指标反映了批发市场的消费者一般都是个体零售商。从消费者的行为表现中,可以得出如下结论。

1. 批发市场区域服务功能显著,不同类型的商场服务范围差异大

批发市场的消费者主要来源于 1~5 公里(28.4%)和超过 10 公里(25.3%)的地域空间。消费额在 1 千元以下的顾客,主要来自 1~5 公里范围(占该项消费者的 35.5%);在其他各种消费水平中,而消费额超过 1 千元的顾客,均以 10 公里以外为主,依次为 1~3 千元(38.2%)、3~5 千元(49.3%)、5~10 千元(45.9%)、1~5 万元(76%)、5 万元以上(60%)。可见,批发市场具有显著的区域服务功能;而且消费额基本随空间距离而递增,支出数额越高的消费者,其

出行距离越远。总体上,来自外省市的消费者占总数的 13.2%,与零售业相比(多数大型商店以 1 公里的服务半径为主),批发市场表现出较强的外向功能。

在各种类型的批发市场中①,皮革类和食品类市场的吸引范围最广,10 公里以内的消费者仅占总数的 45% 和 51.8%(超过 10 公里以外的占 53% 和 44.6%);其次是电子类和服装类市场,过半数的服务对象分布在 5 公里服务内(分别为 54.8% 和 53.8%)。这四类批发市场的消费者普遍采用公路交通方式(乘汽车的比例分别为 41.7%、23.2%、66.7% 和 55%)。吸引范围最近的是综合农贸类和蔬果类市场,有 77% 和 70.4% 的消费者集中在 5 公里的范围内。在这两类市场的消费者中,骑摩托车的消费者占了很大的比例(23.1% 和 24.7%)。

从所有的批发市场统计结果看,整体出行方式以乘汽车(32%)为主,自己开车的占 15.3%,广州市批发市场对周边的珠江三角洲各市有较大的影响。

2. 种类和价格是影响消费者行为的决定性因素

消费者选择批发市场主要是其货品多(47.7%)和便宜(41.2%);在未来市场增加吸引力措施中,商品价格(35.8%)也是仅

---

① 抽样调查的批发市场:1. 服装类——白马服装市场、天马大厦、白马西郊服装市场、沙河服装城、步步高红棉服装市场;2. 皮革类——新梓元皮具百货市场、欧陆鞋业城、濠畔皮革鞋材街;3. 电子类——太平洋电脑城、海印电器城;4. 蔬果类——南北水果批发市场、西村果菜批发市场、天平架水果批发市场、越秀蔬菜批发市场;5. 食品饮料类——东旺食品综合批发市场、芳村茶叶市场、一德东干果饮料海产品街;6. 综合农贸类——清平农副产品市场、江南农副产品市场、大沙农副产品市场、大沙东农副产品市场、萧岗农贸市场、三元里农贸市场、走马岗农贸市场。

次于购物环境(47.8%)的影响因素。交通作为一个至关重要的因素,可能导致市场的集聚和商品价格的下降;对于消费者而言,汽车是出行交通的主要方式,可达性好的市场更具有竞争力。

3. 消费行为对批发业态空间的影响

批发市场消费者大多属于个体零售商,自身也是经营者,商品的种类和价格是影响采购的主要因素。这种作用力比较间接,主要通过其他方式表现出来:批发市场的面积和地价决定了商品的规模、种类和价格,近郊区用地往往具备这方面的优势,是选址的最佳区位。从种类上看,皮革类和食品类的市场范围对象主要分布在市区以外,对比其他种类的市场,消费者会更多考虑交通的便捷程度,临近对外公路布局的市场优势更大。总体上看,批发市场发育时间较长,分工明确,不会产生类似零售业在地域和业态上争夺消费者的局面,消费者行为的影响力自然降低。

三、经营行为对业态空间的影响

(一)大型商店经营者行为的影响

在零售区形成的过程中,大型商店往往充当先锋角色,其经营者对区域商机的判断和因应举措,既关系自身发展的成败,又影响区域商业空间的培育。在大型商店经营状况(如营业利润)的调查中,经营者出于商业目的,答案普遍存在夸大或缩小的倾向。为了尽量符合客观实际,我们选取模糊度较高的指标(如销售货品档次)进行分析(表2—25)。

表 2—25 大型商店经营者行为状况

经营行为		北京路	上下九	农林下	环市东	天河路	江南路	花地湾	大沙地	三元里
货品	中低档次	●					●		●	●
	中高档次	●	●	●	●	●	●	●		●
有利商店经营的措施	公共交通配套设施	●								
	摩托车、轿车、货车泊位	●		●						
	人行系统			●	●					
	改善周边服务环境				●	●	●	●	●	
	商场外绿地广场等城市设计	●								
	调低租金				●				●	
	增加商品品种		●		●	●	●	●	●	
	设分店			●						
	扩大规模									
进货	汽车	●	●	●	●	●			●	
	订购送货	·	·		·	·	●	·		
制约因素	附近同类型商店太多						—			●
	地价和租金升高太快						—		●	
	消费者需求难以把握			●	●					
	不同商店经营品种过于雷同	●		●	●					●
	附近娱乐餐饮配套设施太少				●	●			●	

注:●指该选项占的比例超过50%,·指该选项占的比例低于50%但仍较主要。

1. 促使零售区演化的经营行为动力小

中心城区货品档次地域差异小,除了个别郊区的中低档商品外,中心城区以中高档商品为主流。根据不同消费阶层购物倾向的分析结论,北京路和环市东路零售区对中高档商品的消费能力明显高于其他零售区,大型商店雷同的商品档次,有利于强化这两个零售区的固有优势,但整体上缺乏促使零售空间分化的动力。

在改善经营状况的措施方面,经营者普遍选择增加商品品种,而敏感的制约因素则是商品的雷同化;而直接改变零售空间形态的开设分店仅是个别行为。大型商店经营者对零售业空间形态的影响较小。

2. 中心城区和郊区经营者的发展需求不同

上下九、北京路至天河路零售区发展成熟,空间弹性小,对硬环境配套需求突出;郊区则缺乏多产业配套的服务环境,发展的制约因素集中在饮食娱乐等设施不完善。零售空间不同的演化阶段,实质是百货店空间发展格局的表现,郊区应该寻求业态的创新,而不是随中心城区亦步亦趋。在环市东路零售区,从经营者的行为取向反映,该地域的发展存在一定缺陷,符合以前结论。

3. 地租因素对百货店经营制约不明显

调查发现,许多经营者认为地租地价制约作用小,普遍不重视调低租金。北京路和农林下一带地价居于全市前列,但商店仍选择扩大规模经营。商店对同行的介入反应也不敏感。这为中心城区零售空间竞争日益激烈,提供了另一角度的解析。

4. 配送空间开发潜力大

订购送货在大型商店的运作中比例很小,经营者大多属于自我配套,第三方物流①没有兴起。物流配送能降低大型商店的运营成本,增加企业利润,存在合理的市场需求,是经营者未来发展可能合作的产业领域。相对中心城区而言,黄埔区、白云区等郊区零售区具有地域优势,配送空间的开发潜力更大。

(二)批发商行为的影响

批发市场不同于大型商场,后者在商品类型、经营方式和区位选址等方面同质性很高,允许进行累加统计分析;而批发市场种类繁多,经营范围涵盖肉菜、农副产品到工业品等品种,经营者的运作差异很大。为了兼顾市场的共性,选取经营者进货方式、经营档次、发展设想和制约条件进行调查,探讨行为与批发空间的关系。

在商业业态空间中,批发业基本分布于近郊一带,呈现西密东疏的格局。为了更全面地反映批发市场的空间发展状况,除了按成交额选取调查对象外,批发型商业街、珠江南岸的代表性市场也列入研究范围。市区批发市场主要地域结构为(表2—26)。

1. 经营者对公路交通依存度高,批发市场西密东疏的空间结构相对稳定

批发市场的进货方式主要有汽车(占总数的68.3%)、摩托车

---

① 第三方物流是指第三方物流提供者在特定的时间段内按照特定的价格向使用者提供个性化的系列物流服务,是建立在现代电子信息技术基础上的企业联盟。

表 2—26　主要批发市场的空间分布

批发市场群分布	批发市场名称
广清立交—增槎路市场群	江南农副产品批发市场、越秀蔬菜批发市场、东旺食品综合批发市场、山西运城果品市场、新源野生动物市场
机场路市场群	萧岗农贸市场、三元里农贸市场、机场路鱼类批发市场、广花农副产品批发市场
火车站市场群	红棉服装市场、白马服装市场、白马西郊服装市场、天马服装市场、欧陆鞋业城、新梓元皮具百货市场、白云家电城
南岸路一带	南北水果物资交易市场、西村果菜批发交易市场
上下九一带	黄沙水产交易市场、清平农副产品市场、日用工业品交易市场、天成路油墨印刷器材街、濠畔皮革鞋街、一德路干果海味饮料街、源胜陶瓷玉石工艺街
东山区西部	珠光农副产品市场、海印电器城、豪贤农贸市场
珠江南岸	万国商业广场、中大布料市场、岭南花卉市场、南方茶叶市场
天河区、黄埔区	天平水果批发市场、太平洋电子城、沙河服装城、广州化工城、大沙东农副产品市场、大沙综合农副产品市场

（占 17.4%）、订购送货（占 14.7%）、火车（占 6.9%）、单车（占 6.9%）、轮船（占 3.2%），公路运输占绝对优势。在单个批发市场或市场群中，虽然存在联合运输的进货方式，但汽车运输始终居于首位。如火车站市场群占 76.7%，三元里市场群占 58.3%，增槎路市场群占 65%，上下九批发区占 55.2%。

南北向的广花高速公路、509 国道、510 国道是外环高速路的西北部出口，市区四大批发市场群聚集于西北部，临交通干线布局。由于经营者的进货基本通过公路运输,西密东疏的市场格局相对稳定。从整体交通规划看,东西向有至东莞的城市列车线,北部有机场快速干线,南部有地铁四号线,没有改变西部的公路便捷度。从原市属八区的出口区位看,东部黄埔→新塘、南部海珠→番禺同样具有一定的便捷性,由于广州市航空港和火车站、长途汽车站位于城市北向轴线,广阔的陆向腹地位于北方,南北向货流突出,海珠区的批发市场规模发展优势大于黄埔区,整体上西北部的市场群仍然处于主体位置。

经营者在供给链中对公路运输方式的选择,强化了公路网络在批发业态空间中的地位。

从另一项调查可以检验以上的结论(表2—27)。经营者对自己商店进一步发展的设想中,无论选择扩大规模或是维持现状,经营者基本在原有商店位置上发展,批发市场的现有分布总体上符合经营方的需求。其中可以看出,西北部两大市场群仍有扩大的潜力,而太平洋科技电子批发市场则反映剧烈竞争下经营者的观望状态。

表2—27 各批发市场群(区)经营者未来经营意向

	机场路	增槎路	南岸路	海珠	黄沙	芳村	沙河	黄埔	海印
比例(%)	54	35	56	70	60	50	40	60	50
意向	扩大现有设施				改善经营内容				
	上下九	火车站	天平架	太平洋	化工	东山农贸			
比例(%)	38	37	50	75	33	70			
意向	维持现状								

注:其他未被批发商选取的选项为"放弃经营"、"缩小规模"和"其他"。

2. 铁路和河运具有典型的地域性，批发市场规模化运作不明显

在经营者的联合运输方式中，铁路和河运地位甚低。以各批发市场所占的比例计算：在铁路运输中，邻近火车站的市场占 68.5%（火车站的服装、鞋类占 26.3%，南岸路和增槎路市场群的蔬菜、农副产品占 42.2%）；在河运方式中，临珠江的市场区占 50%（上下九的皮革、陶瓷、印刷器材占 30%，江南的农副产品市场占 20%）。

在经营者的运输方式中，铁路和河运基本属于"就地取材"的区位优势，多方式联合的优势没有发挥。该两种方式具有运量大、价格低的特点，但比例不足公路运输的 1/9，从另一侧面揭示了广州市批发市场缺乏集团化、规模化运作的现状。如果没有大型企业集团的介入，形成完整的运输结构，目前批发市场临路型的发展态势将不会改变。

3. 促使第三方物流的开发

订购送货在经营者运作中占一定数量，但比例较小（占公路运输比例不足 1/6），经营成本很大部分包括了运费支出。开发第三方物流，一方面有利于实行经营者职能分工，实现运营高效化；另一方面有利于形成灵活的市场布局模式，将市场临公路布局的方式向更为宽阔的领域开拓。从现有的运输方式分析，第三方物流存在潜在的发展空间。

4. 经营瓶颈的消除和市场空间的生长

在制约经营的多种因素中，不同区域的经营者反应各异（表 2—28）。认为主要出于地租原因的经营者占绝大多数，并且均匀分布在各个

批发市场区中,其中天河区的太平洋批发市场和化工城,租金压力成为经营者的普遍共识。随着广州市建成区的扩展,近郊区逐步城市化,低地价的需求将在更为外缘的地域实现,批发市场可能呈现离心化的空间态势。随着白云机场北迁,大面积房地产用地的置换和填充,西北部批发市场群将北向生长。

表2—28 各批发市场区(群)的经营制约因素

	火车站	黄埔	海珠	沙河	南岸路	海印	机场路
比例(%)	47	60	60	60	44	50	46
意向	附近同类型商店太多			消费者需求难以把握		不同商店经营品种雷同	
	增槎路	上下九	黄沙	天平架	太平洋	化工	东山农贸	芳村
比例(%)	48	41	40	50	100	83	100	30
意向	地价和租金升高太快							

注:其他未被批发商选取的选项为"附近娱乐餐饮等配套设施太少"和"其他"。

从经营档次看,除了黄沙水产批发市场以高档水产品为主(50%)外,火车站市场群、西村批发市场、上下九市场区、芳村市场区、海印电器城、东圃化工城以中高档商品为主,其他七个市场群(区)主要经营中低档商品。商品附加值不高,批发市场对地租承受能力较低,离心化发展是客观的。

另一种制约是商店的同构化,该因素的入选主要由于经营者多关注个体利益,忽视了集聚规模效应的共同效益。但折射出的深层问题是批发市场区域竞争。在调查中发现,珠江三角洲同类市场的兴起分割了部分经营空间,消费者的减少直接加剧了经营者的竞争,使"同类商店太多"的问题间接显现出来。该瓶颈的消除必须依托更高级的批发业态——物流中心,但与政府行为相比,经营者的影响相对比较弱。

在制约因素中,最突出的始终是地租地价。由于许多批发市场最初都在集体所有制的农村用地上自发形成,政府调控和约束的力量弱化。随着城市近郊地价的上升和远郊物流中心的规划,将推动批发市场群离心化和高级化进程。

第五节 历史文化因素对商业业态空间的影响

在商业业态空间形成的过程中,渗透着城市的文化元素,反映了地域的文化特质。广州市素有"南国商都"之称,2 000多年的商贸历史孕育了独特的商品意识和文化风貌,而商业繁华区往往成为主要的文化橱窗。

城市文化内涵丰富,涉及物质、制度和意识形态等多个层面。本节主要探讨零售业态空间文化风格的形成和特色,以及文化属性对商业空间的影响。

一、城市商业历史文化省察

(一)城市商业中心的历史区位

唐代广州人口大增,城乡商业发达,城中有三大商业区。中心是老城区,范围由西向东约由今华宁里至小北路,由北向南约为今越华路至中山路稍南(今财政厅附近)。

宋代广州商业区，基本以水道为依托。城内有南濠、玉带濠、东濠、文溪等内河，其中以南濠、玉带濠最为繁华（今惠福路、高第街、濠畔街一带），在区位上与现代的商业中心相当接近。

明清时期，广州城外西关成为通商要地，主要零售商业中心有两个：一是城内的惠爱街和双门底（今北京路北段与中山五路相接的丁字形地段），二是第十甫和上下九甫（今第十甫路和上下九路）。前者是当时广州市的政治中心和商业中心；后者在鸦片战争后，才形成广州第二个商业中心，但其服务行业齐全，尤其是闻名全国的交易接待中心——怀远驿和十三行（今十八甫一带），对西关一带的商业繁荣功不可没。

民国时期，新式轮渡码头和马路在长堤、西堤一带兴建，沿线逐渐集聚了一批大型商业、饮食业、服务业，形成长堤西濠口第三个商业中心。

自明清以来，第十甫、人民南、北京路三个商业业态空间一直是广州的商业中心。区内大量的传统商店、批发市场以及市民长期形成的心理认同感等，都是新兴商业区发展所不具有的优势。

由此可见，历史背景塑造了现代商业业态空间偏集于旧城中心的格局。现代商业业态空间格局脱胎于历史的形迹，历史上的商业繁华区仍是现代广州核心的商业区。在现代商业业态空间的演替过程中，广州传统商业区主要表现为内部功能的革新。

(二)城市生活文化对商业的影响

1. 饮食文化

广州饮食文化源远流长，粤菜是中国八大菜系之一。唐代广州

"南味"、"南烹"已饮誉海内外,民国时期的民谚——"生在苏州、住在杭州、食在广州、死在柳州"反映了广州饮食的历史地位。广州地处岭南,远离中原,自古海上商贸发达,民众见多识广。广州独特的海洋文化,形成了重商重利、兼容并蓄的传统文化意识。繁华的商业带动了饮食业的发展,以商业中心最为明显,如清代温训《记西关火》载"西关尤财货之地,肉林酒海,无寒暑,无昼夜"。独有的文化意识造就了岭南饮食个性,据汉代刘安《淮南子》,"越人得髯蛇,以为上肴,中国人得而弃之无用","广州人吃得博杂,正是其开放、创新的文化心态的结果"。而粤菜厨师长期流行的师训——"有传统、无正宗",更反映了广州人不拘定规、食不厌新的饮食习惯。

从历史传统看,饮食业与商业发展关系密切,在地域空间上,各式食店与商业中心相伴相生,在繁华的商业街区至今仍保留了许多饮食业老字号,成为商业文化的重要载体。另外,饮食在广州市居民消费结构和消费心理中占据很大的分量,是居民乐于尝试和创新的消费领域,饮食文化意识正逐渐渗入商业文化的内涵。20 世纪 90 年代中期建成的天河城广场,将饮食文化与商场经营有效结合,利用展示全国各地风味美食的策略吸引招徕顾客,这种新兴的经营模式迅速被中华广场、万国商业广场等购物中心模仿和更新,深受广大消费者欢迎。现代商业设施与饮食潮流的结合,将是广州商业文化发展的一个重要方向。

2. 居住文化

广州素称商都,重商的传统在居民的居住文化中得到充分的体现。具体而言,传统的居住文化主要反映在骑楼、西关大屋和竹筒屋等建筑载体中。骑楼一般沿街而立,一层前部为跨入人行道而建的骑楼,后部为店铺,上部为住宅,形成"前店后门"、"上居下铺"的格局。除了作为遮雨蔽日的起居场所外,骑楼更是一种综合了居住、商业和交通等功能的建筑,具有典型的岭南文化特色。在市区中,骑楼成为商业街的主体景观,如北京路、上下九路等商业区。随着20世纪90年代的旧城区改造,在房地产开发和高架桥的建设中,骑楼逐渐被其他式样的建筑所取代,但仍不乏与高层建筑结合的成功之作(如1936年落成的爱群大厦)。

西关大屋和竹筒屋是广州居住文化的代表,其建筑空间有利于建立邻里之间和谐友善的市民文化,但仅有一些小店铺散布在街巷中,对商业的影响不如骑楼直接。改革开放以后,现代居住建筑逐渐向社区模式发展,普遍利用楼宇的首层(或单体建筑),配套服务于居民的商业设施。在相对独立的生态环境和人文环境中,居住、商业、娱乐、服务等共同构成了综合型社区文化。

3. 生活方式

随着收入水平的提高(人均月现金收入从1992年的332.3元上升为2000年的1 535.8元),居民的生活观念和生活方式迅速发生变化。与传统的消费结构相比,居民购房、购车、旅游、文体、娱乐、通讯等非物质消费明显增加,信贷消费观念也逐渐成熟。随着消费的内涵日趋丰富,大型商店为居民提供的服务不能仅是一种物质消费,还应该满足精神层面的需求。随着广州经济水平的提高和不同消费阶层的分化,大型商店的市场定位将进一步分化(如亿安广场),逐步形成商业业态的地域类型。在生活方式方面,广州受香港的影响深刻,特别是文化传播的结果,将大众文化(Massculture)广泛渗入广州居民的生活领域,进而影响商业业态的发展。如20世纪90年代期间,年轻一代崇尚品牌、时尚和个性化消费,导致大量专业店和专卖店在商业街区应运而生。

二、商业业态空间的文化省察

地域文化风格的形成和更替需要历史的积淀。在九个零售区中,主要地域的主力店都是 20 世纪 80～90 年代建成的,如北京路的广州百货大厦于 1991 年开业(2000 年零售额全市第一位),农林下路的王府井百货成立于 1996 年(2000 年零售额全市第 13 位),天河路的天河广场也建成于 1996 年(其中天贸南大 2000 年零售额全市第 4 位)。环市东路的友谊商店(全市第 2 位)和上下九以东的南方大厦(全市第 12 位)历史稍久,成立于建国初(前者于 1959 年,后者于 1953 年)。考虑到广州市旧城区商业繁华区的区位与历史时期基本相同(广百、新大新、荔湾广场、妇儿商店分布其中),可将形成于建国以前的商业区划归为一个整体,包括上下九、北京路一带,作为历史商业文化区;其他的作为现代商业文化区。

(一)传统商业区的文化延续与转型

传统商业区以上下九和北京路一带为代表,现代商业网点的空间格局脱胎于历史的形迹,尽管业态空间已开始分化,但历史留下的商业繁华区仍是广州核心的商业区。该地域大型商店的成功运作受益于传统的商业文化环境。现代业态的嫁接是一种文化延续,也是一种文化转型。

1. 北京路一带

商业业态空间的文化风格依附于特定的文化载体,主要分为建筑形体、业态形式和消费行为。

从业态形式看,北京路一带,自唐代至宋代,广州的城区经营生活必需品的店铺和供旅客住宿的邸店逐渐向西城街巷转移,并按行业集中形成商业街,经营文具纸张、线装书籍、刻印、日用百货、食品杂货、珠宝玉器等商品,以零售批发业态为主,结合餐饮业、旅馆业,商业的交易流通功能突出。解放后该商业区以文体用品批零、日用工艺品零售、药材批零(全国最大)和饮食业为主,聚集了全国知名的老字号(如"三多轩"、"中山五路百货店"、"太平馆")。由于聚集了全市业态的复合性,商业中心能够满足消费者多目的的消费。商业街以线性的空间展布形态,反映了各种业态的地域均衡关系。北京路传统的商业文化风格更贴近生活层面,与日常家居息息相关,同时又突出流通贸易的功能。

20世纪90年代开始,北京路一带以大型商店(新大新和广百)为核心,向点线结合的新商业街形态演进。业态结构上突出百货店的综合、专业店专卖店的服装和文体经营为主,向时尚和休闲娱乐的综合发展。虽然消费者的出行仍以购物为主,但高层次的服务需求开始萌芽,北京路的商业文化既延续了以往的中心地位,又从传统的多元化风格向主题化转型。

在建筑形体上,北京路基本保留了骑楼的构架和开放式走廊的特色,仅进行外立面的整饰。

2. 上下九一带

在零售区中,将上下九东至一德路一带、南至滨江一带的地域统一分析。

上下九一带古称"西关",是"明、清代富商巨贾有名的消夏娱乐之处,明怀远驿、清十三行的设立,使得西关地区成为闻名遐迩的外贸商埠"。在建筑形体方面,开敞空间和围合空间有机结合,街道尺度宜人,舒卷有序,骑楼、西关大屋更是历史画卷的真实纪录。上下九路是广州商业历史文化积淀最为深厚的区域。据袁奇峰等(1998年3月)的调查结果,"50%的被访者主张保留骑楼街,只有15.7%的人认为没必要;在上下九路、北京路骑楼街与购物中心吸引力的比较中,对前两者的喜爱程度分别为43.8%和42.3%,而后者仅有13.9%"。表明消费者对上下九一带的商业文化具有特殊的情感。

从业态形式上看,鸦片战争后,第十甫路—上下九、长堤一带富商巨贾云集,陆续开设商店、手工场和酒肆茶楼等零售业、饮食服务业(如先施公司、陶陶居、莲香楼、大三元酒家),交通运输业相伴而生。20世纪40年代中后期,上九路北侧多金铺,南侧多花纱棉布店;下九路北侧有20余家鞋店和若干家床上用品店,南侧以绸缎店为主(16家),还有一些服装店和百货店;第十甫路以食肆居多,茶楼、酒楼、小食店、甜品店、冷饮店等店铺林立。建国后上下九路相继发展了永安百货公司、妇女儿童商店、荔湾广场等业态,并出现了大量的服装专业店。目前除了个别老字号和骑楼的外观之外,上下九的传统文化风貌日渐湮灭,商业街的个性与自身的文化基础不匹配。从业态发展看,上下九功能与北京路重叠较多,其发展应该是以风格延续为导向的文化重组。

在人民南一带,商业业态从全市批发企业聚集地、零售百货经营、高档饮食住宿等为主向批发业为主转变,商品种类从百货采购、针织医药采购等向兼有干果海味饮料、玩具、饰品批零的方向发展;零售业随着南大百货爱群大厦特色的下降,整体有下滑趋势。该地段的休闲旅游娱乐功能逐渐弱化("珠海丹心"和"鹅潭夜月"是羊城名景),转为文化特色不明显的批发业。但随着亿安百盛新业态的介入(1999年)和成功经营(2000年零售额全市第16位),以及越秀区滨水商业区的开发,地域标志性大型商店(2.9万平方米)和滨江游憩岸线形成新的商业景观,可能引导其商业文化重新构建。

(二)现代商业区的文化创新

商业区文化附着于一定的业态。百货店始现于西方,1860～1920年是该业态的快速增长期。广州市的百货店自拥有63年历史的长堤爱群大厦伊始,经20世纪80～90年代的蓬勃发展,已进入稳定期。豪华的建筑、典雅的风格、丰富的货品带给消费者一种有别于传统店铺的经营风格,百货店与商业街的结合成为零售区的经典空间模式。但随着消费者行为取向的变化,闭架式的经营方式逐渐不能适应独立自主的消费个性,加上其他业态的冲击,百货店倡导的消费文化逐渐退出主流领域。2001年广百和新大新零售额同比分别下降3.8%和5.2%,百货店在激烈的竞争中风雨飘摇。调查反映消费者两极分化的消费倾向,同样不利于百货店的发展。

1. 以购物中心为代表的农林下路、天河路零售区

零售区的文化创新来源于新业态的兴起,但只有新业态引导消费领域的潮流时,特定地域才能形成商业文化的新特质。以美国为例,20世纪50年代在西雅图和佛莱明罕市兴起了现代大型购物中心经营的新概念:商场提供中央暖气系统以及地下商场服务,以人行道或人行天桥连接大型的商业建筑大厦。这种业态的出现,在商店的空间布局上通过建筑的一体化实现购物环境的连续性,通过地下空间的利用引导大型商业用地垂直开发的概念,通过大型停车场的

设置体现一种以顾客需求为本的思想。20世纪80~90年代十年间,约有16 000个购物中心在美国各地产生。深入社区的购物中心成为美国生活文化的一部分。该业态的进一步走向主题化,倡导消费娱乐一体化,以及多功能和综合化(住宿、文化、运动、娱乐、游憩),成为购物中心延续生命周期的新型生长点。

广州的购物中心以1996年开业的天河广场为代表(2001年,其主力店天贸南大和吉之岛零售额分别同比增长16.1%和10.1%),1999年末中华广场随后开业,都实现了成功的商业运作。在建筑形体上,购物中心的占地面积往往超过5 000平方米,内部装饰豪华化,重视中庭采光性,配套停车设施和休憩场所。该业态整合了商业街和百货店的优点,向垂直和封闭的室内空间发展,倡导休闲娱购一体化的消费文化,符合消费者服务层次多样化的需求。

目前两大购物中心分别位于天河路和农林下路零售区,与北京路和上下九比较,由于发展时间短,不存在传统继承的命题。在农林下路,业态结构已经逐渐整合了购物中心、百货店,从地上商业街向地下商业空间延伸。消费者行为在重视实用品的基础上,表现出迥异于传统百货店和商业街的出行意向。购物中心仅是一个业态符号,但这种符号渗透进消费者的观念,成为购物娱乐的一致选择时,就成为一种地域商业文化的载体。最新开业的购物中心是江南大道一带的万国商业广场(2002年1月28日),该业态迅速为经营者和消费者接受,开始在传统商业区外围形成新型的商业文化,并渗透到传统商业区的改造和发展中去(如北京路的广百广场实质是将百货店改造为购物中心,而上下九的荔湾广场也是购物中心的开发方式)。

2. 以仓储式商场为代表的天河东部、三元里和江南大道零售区

广州市另一种新业态是仓储式商场。1996年,正大万客隆首先进驻三元里,随后好又多集团迅速在市内多区开设分店,二者几乎成为广州市仓储式商场的代名词。2001年,两大集团零售额分别居于全市第三位和第五位,显示了业态的市场潜力。仓储式商场在建筑形体上占地面积大(多超过1万平方米),低层简朴,配套充足的停车场所,一般布局于市郊,开架式经营,货品价格低廉,日常生活用品一应俱全。该业态带来方便、实惠、一次购足的消费概念,深受消费者欢迎。与传统商业区比较,虽然缺乏文化积淀,但也摆脱了空间窘迫和业态落后的羁绊。调查发现,该业态成为消费者购买商品杂货的首选地(高于第二选项20多个百分点)。

目前,该业态主要分布在天河区东部、三元里和江南大道一带,沃尔玛的山姆会员店也即将布局于海珠区客村以南(但不是传统意义上的仓储式商场)。

分别以万客隆和好又多为代表,仓储式商场有小型向心化和大型离心化的两种发展趋势。前者最新布点于天河棠下,后者布局于天河岗顶,但小型化可能使该业态逐渐模糊与大型超市的界限。

仓储式商场的兴起符合广州通俗文化层面中实用、近利、高效的特质,但业态建筑形体单调,缺乏一种打磨持久商业文化必备的匠心,市场经营的成功未必能创造出经典的商业文化模式。

(三)商业区文化的时空分异

表现在空间上,各个零售区中不同业态虽相互渗透,但地域空间基本仍形成"传统商业街→现代购物中心→仓储式商场"的圈层结构

(图2—21)。传统商业街构建了北京路和上下九文化区,以传统百货店为主力业态,骑楼建筑和老字号商店为特色文化符号。但两者分别表现出明显的正向(现代风格)和逆向(历史复原)演化的趋势。现代购物中心文化区集中于农林下路、天河路一带,以高大豪华的现代建筑为载体,整合物质消费和服务消费观念,提倡娱购游一体化消费模式。仓储式商场商业圈以天河区东部、三元里和江南大道为代表(后者实质是多种新业态的聚合点),弱化建筑形体特色,强调低廉、方便、齐全的消费概念和集团化、连锁化的经营理念。

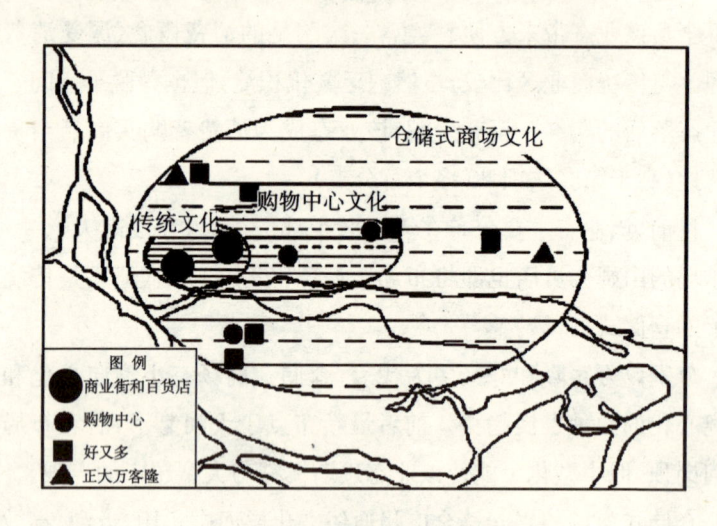

图2—21 商业区文化空间结构

在发展时序上,内圈层的商业文化区发展历史最为悠久。对比外圈层,中间圈层的友谊商店、王府井、东山百货大楼等百货店建成更早,环市东曾有"广州华尔街"的美称,购物中心虽属异军突起,但商业整体发展更为成熟。外圈层百货店以江南大道的南丰商场最先落成(1985年),仓储式商场以正大万客隆首先在三元里设店(1996

年),好又多棠下、淘金、广源、前进、昌岗、岗顶分店,万客隆棠下分店等相继开业,三处商业区新业态兴起时间不超过5年。商业文化发育的成熟程度,从内圈层向外逐渐递减。

(四)商业文化空间的归属感及消费者行为的解析

在广州旧城改造过程中,传媒强烈呼吁保护百年老字号和重现西关文化,反映出广州上下对商业文化的重视。一个商业区文化形成之后,对消费者必然存在潜移默化的作用。在由内至外三个圈层中,北京路和上下九商业步行街一带形成的文化特质最为厚实,能够使消费者产生历史的归属感;购物中心文化区则以鲜明的现代感觉吸引消费者;仓储式商场除了实用和方便之外,基本缺失深刻的文化蕴涵。

商业文化区的结构虽然不能决定消费者的行为和经营者的业绩,但它与其他因素的叠加,有助于解析为何天河区和农林下路一带至今尚无法取代旧城区商业中心的地位,但商业活力又十分旺盛。从文化角度看,上下九的历史地位无可替代,其传统文化氛围将与东部现代业态空间相得益彰;而北京路随着新业态的渗透与中山路的商业扩散,与农林下路零售区有望整合为新的商业文化区。

第三章 广州市商业业态空间的形成和效益评价

第一节 广州市商业业态空间的形成

一、广州市商业业态空间的形成机理

商业业态空间的形成是相关产业发展、城市用地开发、交通网络建设、行为因素、历史文化等因素综合作用的结果(图3—1)。其中，产业关联是商业业态空间形成的宏观经济背景。第一、第二产业主要通过生产扩大城市经济规模，为商品流通提供大量实物商品。第三产业主要提供产业配套服务创造良好的商品流通环境，服务新领域的开发也直接影响到消费需求的变化。各个产业的联系成为商业业态空间发展的经济平台。

城市用地和交通网络是形成商业业态空间的基本条件。房地产业开发、城市内部交通干线建设直接带动零售空间的拓展，第三产业的整合程度影响零售空间的发育水平，城市用地成为商业与其他产业关系的一种空间表现方式。

行为因素是商业业态空间形成的导向。政府行为的影响主要通过具体政策和重大项目。经济政策引导不同时期商业网点的发展规模和类型，重大项目则直接改变商业空间的形态；消费者和经营者的影响主要表现在消费倾向、经营竞争、交通运输方式选择等方面，通过消费和经营行为，逐渐引导业态空间格局的强化或改变。

历史因素是商业业态空间形成的基础。城市商业发展具有历史延续性,现代商业区布局往往离不开传统商业中心的区位。文化因素是商业业态空间形成的内生动力。传统商业文化渗透在消费者的观念意识中,影响其对商业区的评判及消费行为取向,现代消费需求的变化则影响商业文化的演化趋势。在文化继承或文化创新的过程中,贴合消费心理的业态文化,易于为消费者感知和认同,无形中推动了业态空间的形成。

在城市商业业态空间形成的过程中,各种因素的影响并不是独立的。例如,对内交通关系－房地产开发－零售商店、消费行为－商业文化－零售商店、对外交通－经营行为－批发市场、政府行为－用地结构－业态空间……都是多要素共同影响的直接表现。另一方面,商业业态空间存在结构类型和发展阶段的差异,在影响因素的数量和作用方式上,也相应地因类而异、因时而异。

二、广州市商业业态空间的结构特征

(一)商业业态空间的构成

在广州市区内部,批发零售业各种经营形态通过地域分工协作,形成了不同的功能类型与组合,即商业业态空间结构。根据商业业态的差异,空间结构由零售区、批发区、综合商业区组成。零售区指大型商店或零售主导型商业街集中、零售功能突出的空间,主要有北京路、天河路、农林下路、环市东路－先烈中路等地域。批发区指批发市场或批发主导型商业街集中、批发功能突出的空间,主要有广清立交－增槎路、火车站、南岸路、广州大道南、沙河－天平架等地域。综合商业区指兼具批发零售功能的空间,如上下九路－黄沙大道、江南大道、岗顶、三元里、大沙地、花地湾等地域(表3—1,彩图Ⅱ)。

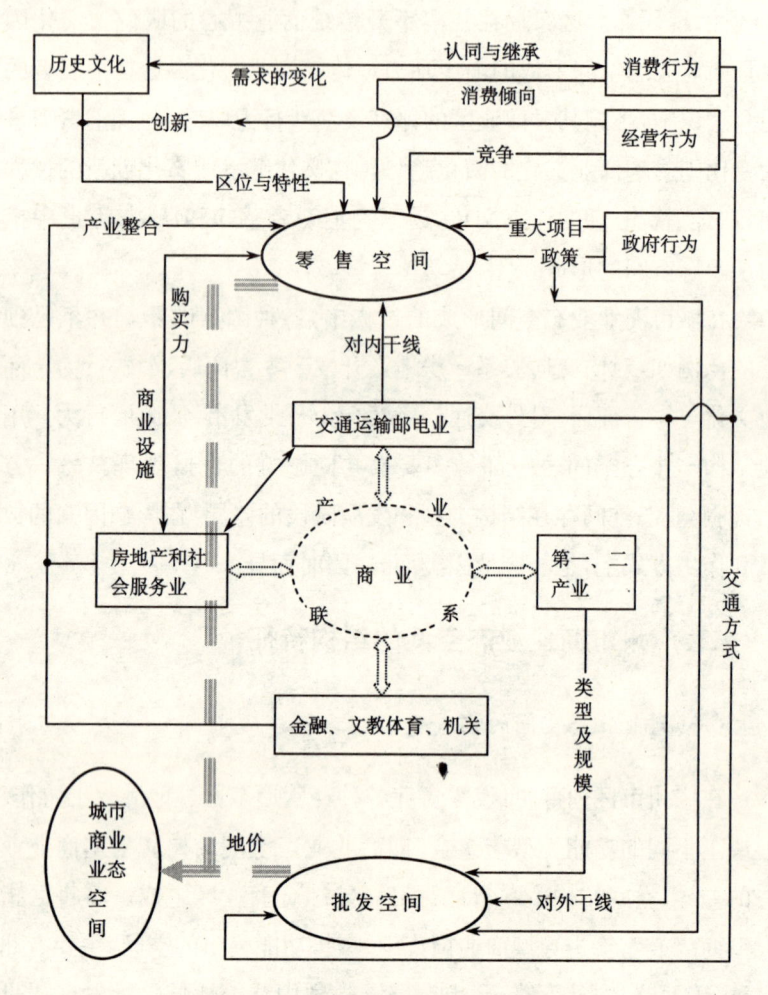

图3—1 商业业态空间的形成机理

表3—1 广州市商业业态空间构成

		商业网点和商业街名称	主要功能
北京路零售区	商业街	泰康路装饰材料专业街、北京路商业步行街、高第街服装专业街、高第西鞋业专业街、文德字画古玩工艺街	时尚休闲、百货、服装、工艺文体用品
	大型商店	新大新公司、广州百货大厦、中旅商业城	
农林下路零售区	商业街	农林下路商业街、陵园西通讯器材街	百货、服装、通讯、休闲
	大型商店	王府井百货、广百东峻广场、中华广场	
上下九路综合商业区	商业街	第十甫一上下九步行街、十二行服装街、一德东玩具精品专业街	游憩、餐饮、百货、针织品、水产品、药材、日用品、食品、干果、海味、饮料、玩具、饰品
	大型商店	永安集团有限公司、妇儿商店、荔湾广场、南大荔湾、南方大厦、华夏百货、亿安广场	
	批发市场	黄沙水产交易市场、清平农副产品市场、日用工业品交易市场、天成路油墨印刷器材街、濠畔皮革鞋材街、一德路干果海味饮料街、源胜陶瓷玉石工艺街	
江南大道综合商业区	商业街	江南西商业街、江南大道北婚纱商业街	婚纱、百货、电器
	大型商店	南丰商场、海珠购物中心、好又多	
	批发市场	万国商业广场	
环市东路零售区	大型商店	友谊商店、区庄新大新、大和百货、沙河百货	商务、办公、百货
花地湾综合商业区	商业街	芳村商业街	花卉、茶叶、百货
	大型商店	东百花地湾	
	批发市场	岭南花卉市场、南方茶叶市场	
天河路零售区	大型商店	吉之岛、天贸南大、购书中心、时代广场	文体、服装、餐饮、游憩
三元里综合商业区	商业街	景泰街、三元里街	百货、农副产品、鱼类
	大型商店	正大万客隆、广源购物中心、广源好又多	
	批发市场	萧岗农贸市场、三元里农贸市场、机场路鱼类批发市场、广花农副产品批发市场	

续表

		商业网点和商业街名称	主要功能
大沙地综合商业区	大型商店	百事佳、黄埔大厦、现代生活百货、三惠百货	百货、农副产品
	批发市场	大沙东农副产品市场、大沙综合农副产品市场	
广清立交—增槎路批发区	批发市场	江南农副产品批发市场、越秀蔬菜批发市场、东旺食品综合批发市场、山西运城果品市场、新源野生动物市场	农副产品、食品、动物
火车站批发区	批发市场	红棉步步高商场、白马服装批发市场、白马西郊服装市场、天马服装市场、欧陆鞋业城、新梓元皮具百货市场、白云家电城	服装、鞋、皮具
南岸路批发区	批发市场	南北水果物资交易市场、西村果菜批发交易市场	蔬菜、水果
东山区批发区	批发市场	珠光农副产品市场、海印电器总汇二场、豪贤农贸市场	农产品、电器、旧货
岗顶综合商业区	大型商店	天河购物中心大厦	电子产品、百货
	批发市场	太平洋科技电子交易市场	
沙河天平架批发区	商业街	沙河商业街	服装、水果
	批发市场	天平水果批发市场、沙河服装城	
广州大道南批发区	批发市场	五金家具综合批发市场	家具、五金、鞋材、饮料等
东圃	大型商店	棠下好又多	日常百货、化工产品
	批发市场	广州化工城	
新港西路	批发市场	中大布料市场	布匹
荔湾路	大型商店	华夏康隆百货	百货
人民北路	大型商店	外贸中心商场	百货

注:东圃等地区的食品店或批发市场点状特征突出,尚未形成规模。

由表 3—1 和表 3—2 可见,旧城区和发展迅速的天河区共同构成的广州中心城区[①],业态功能结构最为完整。由于历史优势的延续,前者业态空间发育成熟,集聚了许多大型商店和批发市场;后者在 20 世纪 90 年代以后,以天河路和珠江新城为中心的房地产业、商业、文教体育和商务办公业开发活跃,一批效益良好的批发市场和大型商店(如电脑城、购物中心)迅速涌现。在综合商业区中,上下九路-黄沙大道,拥有五个零售额超亿元的大型商店和四个成交额超亿元的专业批发市场,其中上下九步行街是广州久享盛名的商业中心,综合了休闲购物和各类专业批发的特点,在同类型商业区中等级最高。在零售区中,北京路以知名大型商店和步行街为核心,带动东、西、南部相关商业街的发展,该地域在引导服装的时尚消费方面优势明显。农林下路以百货、服装和休闲等功能为主,并通过地铁和广场开拓了零售业态发展的新空间。天河路零售区虽然未有成熟的商业街,但文体游憩的功能在全市地位突出。

表 3—2　各区商业业态的分布状况　　　　单位:%

	荔湾	越秀	东山	天河	黄埔	白云	海珠	芳村
商业街	19.0	38.1	14.3	4.8	0	9.5	9.5	4.8
	旧城区商业街 71.4				珠江南岸及近郊区商业街 23.8			
批发市场	23.5	11.8	8.8	11.8	5.9	26.5	5.9	5.9
	旧城区批发市场 44.2				珠江南岸及近郊区批发市场 44.2			
大型商店	23.8	14.3	14.3	19.1	9.5	7.1	9.5	2.4
	旧城区大型商店 52.4				珠江南岸及近郊区大型商店 28.5			

---

① 中心城区指旧城区的东山区、越秀区、荔湾区加上天河区,不包括珠江南岸的海珠区。

近郊区高等级的业态类型是单一的批发业,批零结合的商业区大多属于区级水平。广清立交-增槎路、火车站等专业批发区规模最大,以经营服装、商品和农副产品为主,大多具有区域服务功能。三元里、大沙地、花地湾等综合商业区,业态功能结构相对单一,一般由若干个农贸批发市场和大型商店组成,服务于本区内部,级别不高。

在广州市不同阶段的发展中,产业用地的空间组织、房地产开发和交通干线建设、消费者行为和历史文化等因素的影响,综合塑造了广州市商业业态的空间结构。

(二) 典型的圈层式功能结构

根据上文分析结果,商业业态空间受多种因素的综合影响,其相互作用塑造了业态空间典型的圈层式功能结构,并通过地租杠杆强化了这种地域格局。

从业态的空间组织来看,在近十年的用地需求中,广州市商业用地发展态势基本表现为:在旧城区调整的基础上,向白云区、海珠区和天河区发展。例如,1996~1997年和2000~2001年两个时期,旧城区商业建设大多集中于六二三路、上下九、沿江海珠广场、北京路至东川路和署前路一带。1993~1995年和1998~1999年,海珠区新港路、前进路、工业大道和广州大道南一带需求最大,天河区则以珠江新城、天河北、东圃、五山为中心进行开发。由于零售业空间的发展存在阶段性,旧城区(东山、越秀、荔湾)、天河区和其他各区(黄埔、白云、海珠)出现成熟区、发展区和发育区的特征分异。自旧城区向东向南,用地组织逐步形成零售业空间的等级分化。

从人口密度变化看,部分购买力从中心商业区向外迁移,商业网点也有从市中心向边缘区扩展的趋势,但人口密度的圈层结构仍然明显。在交通干线的影响方面,"五横四纵"在引导商业空间向近郊延伸的过程中,内环路和地铁一号线进一步强化了中心区商业的地位;在外环线以外的区域,广清公路和增槎路、机场路等16条城市对外干线强化了批发市场群西密东疏的格局,并构成位于零售区外围的批发业空间。在人口分布和交通建设等因素的共同作用下,自旧城区向边缘区,零售空间和批发空间的分化愈加明显。

在商业文化的继承、转型与创新的过程中,广州形成了"传统商业文化→现代购物中心文化→仓储式商场文化"的空间结构,其实就是零售业圈层结构的文化表现形式。

从城市中心区到边缘区,形成零售→批发的商业功能圈层结构。在旧城区,北京路零售区、上下九综合商业区、农林下路零售区和环市东路零售区,形成百货、服装、食品、日用品、餐饮、休憩等批零服务功能突出的核心圈层;天河路零售区、江南大道综合商业区发展迅速,聚集了购物中心、仓储式商场等新型业态,逐渐形成集游购娱于一体的综合商业功能,成为次核心圈层。两者共同构成以零售功能为主导的中心城区业态空间。在城市近郊区(主要位于内环路和外环路之间),众多批发功能突出的商业区共同组成核心城区边缘的商业带,以同心圆扩散方式离心发展。具体的商业功能结构表现为:芳村区的茶叶、花卉、农副产品批发功能,火车站前、流花地区、西村、南岸路的服装、皮具、农贸、水果、水产等批发功能,白云区西南部一带的电器、木材、皮具、野生动物等批发功能,五山一带的农贸批发功能,海珠区南部的鞋业、布匹、五金、家具、饮料等批发功能,黄埔区鱼珠一带的装饰材料批发功能,海珠区新港西路和广州大道南的布料五金批发功能。

(三)主力店的类型影响零售空间的功能趋向

批发业的业态类型相对简单,由于真正意义的现代物流中心尚未诞生,批发空间的功能实际就是大型批发市场的功能。零售业态层次丰富,业态空间的功能趋向深受主力店[①]类型影响。天河零售区以购物中心(天河城广场)为主力店,配合专业店群(宏城广场)、科研文娱设施、商务办公楼、高档房地产开发而形成;北京路以新大新百货公司和广州百货大厦为中心,聚集大批专业店而形成;上下九一第十甫路以传统百货店(妇儿用品公司、永安公司)和现代购物中心(荔湾广场)为主体,结合专业店群形成;农林下路同样以百货店(王府井百货、东山百货)为主力,配套专业店、专卖店进行建设。

在针对消费者的调查中发现,顾客对零售区形成的感知形象与行为取向与大型商店关系密切。在北京路和上下九商业区,通过对商业街、永安百货公司、妇儿商店、华夏商店、南方大厦、新大新公司、广州百货大厦等地的消费者调查,结果表明,前者属于消费阶层和消费结构最丰富、信誉程度高的综合型商业区,后者属于吸引范围最广,货品多样性和休闲功能良好结合的商业区。在这两个消费倾向最高的商业区中,消费行为取向受主力店类型影响甚大。随着消费者非物质性消费需求增加,出行目的日趋多元化,购物中心的业态优势愈加明显。近年来天河区和农林下路发展迅速,有很大一部分原因在于消费者对零售区主力业态的认同。而白云区的三元里和天河区的棠下,其商业的发展得益于仓储式商场的成功经营。主力店对

[①] 主力店指在零售空间各种业态中销售额占主导地位的大型商店,具体以《广州统计年鉴》和广州商业委员会年报所公布的零售额超亿元企业为参照。

零售空间功能趋向的影响,可以通过消费者行为间接得到反映。

其次,主力店对业态空间功能的影响缘于其在地域中的经济地位。对比商业街中的专业店、专卖店而言,主力店的经济主体地位十分突出。以 2000 年为例,北京路的新大新公司和广州百货大厦的销售额达 18.3 亿元,对城市的经济影响远超过其他零售业态。

在商业文化方面,主力店对业态空间同样影响深刻。在购物中心及仓储式商场文化圈中,商业文化的核心载体就是主力店。无论是旧城区还是边缘区,其业态空间功能变化的方向,在一定程度上都受到地域商业文化的制约,主力店的影响尤为明显。如颇受争议的荔湾广场,由于与上下九步行街传统的文化风格不相协调,冲淡了其特有的历史氛围,在进驻之后不仅铺面很难出租,而且阻碍了业态空间整体的功能延续。而在机场路即将开业的好又多百荣园分店,可充分依托以仓储式商场为主力店的业态文化空间,为业内人士普遍看好。

虽然主力店的类型影响业态空间的功能趋向,但 20 世纪 90 年代中后期,由于广州没有适时引导商业业态的地域分工,建设了许多业态类似的百货店,加上经营者对地租和同行介入的竞争反应不敏感,风险意识不足,从而造成同构性竞争。

旧城区的上下九路、北京路、东山等商业中心以传统批零功能为主,业态空间缺乏现代商务色彩,零售业地位尤为突出。零售空间虽然商业产业关联性高,但用地弹性较小(如北京路北部毗邻省市行政中心,拥有大量的办公机构),难以进一步拓展,同构现象显得相当突出。新开发地区产业关联性较低,业态空间内涵简单,尚未形成现代商务区。其中发展最为迅速的天河路零售区,与大都市的 CBD 相比,功能上仍有很大的差距。在这种背景下,城市零售空间的功能同构化,不利于商业现代化品格的培育。

(四)强烈的集聚效应

广州市商业业态空间集聚效应明显,以东山、荔湾、越秀三区为主的中心区零售集聚功能突出,近郊区各城市干道附近则批发集聚功能突出。

从商业与房地产业的空间共生性看,房地产的开发强化了旧城区的商业优势。无论是1993～1995年房地产开发高峰期,或是1996～2001年的其他时期,在房地产用地需求旺盛的区域,商品住宅开发主要依托市区的商业繁华地段(以上下九、沿江路、北京路、农林下路和环市东路为中心)。

从零售业空间发展的整合效应看,旧城区已有的第三产业基础设施齐备,并逐步在发展过程中完善,商业、行政办公、文体娱乐、消费服务等产业强大的整合效应,形成零售业强大的生命力。天河区作为市区新兴的商业区,也已开始整合教育科研、商业、商务办公、交通等功能,而北部白云区的零售业发展,则缺乏产业的互动优势。

从人口的空间结构上看,旧城区以高于边缘区数倍乃至数百倍的比例居高不下,人口密度从中心区向边缘区依次递减,荔湾区、越秀区、东山区几乎集中了全广州所有的大型商业网点。虽然购买力有东向和南向分离的趋势,但东山区人口密度上升幅度居全市之首(增加2 986人/平方公里),新型的大型商店和商业街迅速兴起,如中华广场、东山商业城、流行前线、陵园西路等,表明旧城区也进入新的商业结构调整时期。

在消费者行为对业态空间的影响方面,通过上文对九个主要零售区消费者的行为分析显示:零售业态空间整体上没有出现离心化的趋势;相反,商业空间的发展,进入了一个业态更新的向心集聚新阶段。

表3—3 近年广州市零售额超亿元企业分布[①] 单位:%

零售企业分布区域		占大型百货商店销售总额的比例				
	年份	1996	1997	1998	1999	2000
自西向东	荔湾区	32.5	26.3	12.6	19.5	20.8
	越秀区	12.2	15.4	28.2	12.6	11.5
	东山区	28.7	33.2	25.3	26.8	26.3
	天河区	7.4	9.0	11.2	15.8	17.8
	旧城区	73.4	74.9	66.1	58.9	58.6
	总计	80.8	83.9	77.3	74.7	76.4

资料来源:广州市统计局,1997~2001。

注:剔除连锁店。

在经营者自身的行为趋向上,虽然旧城区已经出现集聚不经济趋势,大型零售百货商店经营效益下降,但仍具有强烈的聚商功能,是大型商店经营者投资的中心区域。2000年相继开业的中旅商业城、亿安广场、中华广场总面积超过21万平方米,相当于原来市区所有大型零售百货商店总面积76.5%。根据1996~2000年广州市零售额超亿元(或排名前20位)的零售企业销售额(表3—3),可见多数大型零售企业都分布于旧城区;加上天河区,近五年间大型商店平均有78.6%的销售额聚集在中心城区,零售业态空间明显偏集发

---

① 零售企业的分布:荔湾区(第十甫、上下九路—沿江路)、越秀区(北京路—中山五路)、东山区(农林下路—中山三路、环市东—先烈路)、天河区(天河路—天河北路)。

展。从集聚区内部看,天河区销售额的比例逐年上升,而东山区和越秀区销售额所占的比例变化不大,荔湾区则起伏明显,商店聚集中心似乎呈现一种自西向东分散的态势;但实际上,从地铁一号线的影响和消费者的行为取向进行分析,其实是中心城区的业态空间在原有的基础上扩展,形成更广范围的集聚效应。由于没有纳入中华广场、中旅商业城、康王商业城等大型商店的销售额,旧城区中部的实际聚集程度比统计结果更高。

批发业功能区相对聚集于荔湾区西部、白云区南部、海珠区南部,由于广州物流以南北向为主,近郊城乡结合部城市干道附近形成强烈的批发聚集效应,如依托火车站的服装批发功能区、临近机场路和增槎路的农贸批发功能区等。集聚效应使大量商流物流集中在广州西部的近郊区,推动商业功能圈层结构的形成。

三、广州市代表性商业区分析[①]

根据广州市商业业态空间的结构,在市区中最具代表性的上下九、北京路和天河路三个商业区[②]中,选取第十甫路-上下九路、北京路、天河路作为目标街段进行对比分析。

(一)用地结构的变化

用地结构的变化,可通过1990~2001年全市土地批租的状况说明。在资料整理过程中发现,1990年以前第十甫路-上下九路用地格局已基本确定,土地利用变化甚微,近十多年仅批租几宗商住用地

---

① 由于资料收集的限制,本节只能以零售商业区为代表进行分析。
② 在上下九综合商业区中,零售特征相当突出,故本节也将其与其他零售区进行对比分析。

或商业用地土地。因此,可将分析对象进一步限定为北京路和天河路,具体用地位于:北京路—北京南两侧,环绕天河体育中心的天河路、体育东路、体育西路和天河北路两侧。为了更清晰地反映用地结构的变化状况,不计入新大新、广百、天河城、天河体育中心等大型网点的用地。在11年间,两地用地结构变化如表3—4。

表3—4 1990~2001年北京路和天河路的用地结构变化 单位:%

	旅馆业	商业	居住	商住	办公	中学	金融
北京路	4.01	17.41	46.01	9.41	21.54	1.62	—
天河路	3.39	14.05	1.97	28.62	44.28	—	7.38

资料来源:广州市规划局用地处。

注:办公用地中,企事业办公用地北京路占27.1%,天河路占9.2%。

天河路一带商业与生产性服务业的联系日益紧密,商务办公用地和商住用地占了绝对比例,金融业也有一定程度的发展,商业的产业环境向商务方向发展。

北京路的用地发展中,有很大比例属于单位居住用地、一般居住用地、企事业办公用地,虽然商业用地的比例高于天河路一带,但类型上传统特性十分鲜明。由于发展历史较长,许多土地使用权盘根错节。一方面居住用地影响了土地效益的优化,另一方面土地的归属影响整体的统筹开发。历史为北京路积淀了深厚的商业文化传统,同时也产生了土地利用的羁绊,导致居住和单位用地侵占了商业发展的空间。

我们可以从北京路沿街商店的类型进一步分析其土地利用和产业的空间关系(表3—5)。

表3—5 2002年北京路沿街企事业单位状况

北京路沿街企事业单位类型(13大类21细类)		数量(家)	比例(%)
纺织品服装和鞋帽零售	服装	103	38.01
	鞋类	28	10.33
日用百货零售	大型百货商店	3	1.11
	文体用品	20	7.38
	钟表眼镜及照相器材	25	9.23
	精品饰品	10	3.69
	化妆品	2	0.07
	床上用品	2	0.07
日用杂品零售	11(家庭自办小型商店)		4.06
食品、饮料和烟草零售	5		1.85
药品零售	5		1.85
电器零售	2		0.07
电讯产品零售	1		0.03
餐饮	29		10.70
旅馆	4(含大型酒店1座)		1.48
电影院	1		0.03
摄影馆	5		1.85
银行邮局派出所	6		2.21
其他	4		1.48
装修或招租中	5		1.85

资料来源:2002年2月25日笔者在北京路商业街实地调查。

北京路一带,餐饮业、旅馆业、金融业和其他消费性服务业配套相对齐全,而办公业已经退出临街区位,如果没有新型业态的冲击或经营方式的变革,北京路将延续传统业态空间的产业结构。在北京路繁华路段(万福路至广卫路)的271家企事业单位中,服装零售、餐饮业、鞋帽零售的比例最高,如果将服装鞋帽(包括同类型体育专卖店)商店归为一类,共占总商店数量的52.03%。该类商品流行特征明显,决定了消费者对区域的感知形象。在调查中还发现,有4.06%的用地是货品简陋的家庭式小杂货店和少量民居,相对4 500元/平方米左右的地租[①]而言,这无疑是一种土地资源的低效利用。从沿街商店结构看,北京路虽然是广州市的时尚消费区,但变化的仅仅是商店经营的内容,而非产业链的结构。

比较而言,天河路一带已不适合建设传统的大型百货店,而应向具有现代商业文化色彩的业态靠拢。而作为广州市大型商店效益良好的地段,北京路在延续既有商业模式的同时,仍可以通过优化用地结构,开发其用地潜在的效益空间。

(二) 交通系统的支撑

在业态空间的发育中,交通系统发挥重要的先导和疏导功能,直接影响经营者决策和消费者行为。

在城市交通干道方面,地铁一号线贯穿三个街段,计划于2002年底部分通车的二号线途经北京路西侧(起义路),而内环路则在上下九和天河路附近均有匝道。其他主要的交通线分别是人民路、中山路和天河路。在基本道路框架方面,三个地域各具优势。由于上

---

① 该数据来源于越秀区商业局2001年12月访谈结果。

下九路邻近市区西部出口,通过黄沙大道或内环线直接向南海、佛山、清远等地扩散,其交通区位衍生了部分批发功能,通过上文的分析还可发现上下九一带的批发业部分依托水运功能。虽然主要的研究对象是零售空间,但上下九一带多层次的交通系统,对上下九路商业环境的形成影响很大,与其他两个街段典型的零售指向有所区别。

在公交线路数量方面,北京路和天河路密集程度最高(表3—6)。

表3—6　上下九、北京路、天河路零售区公交线路数量　　单位:条

	第十甫—上下九	北京路	天河路
主要站点	第十甫、上下九	北京路、北京南	天河城、体育中心
1998年线路数量	22	51	32
2001年线路数量	29	43	45

资料来源:广东省地图出版社,1998、2001。

至1998年,北京路仍然是途经公交线密度最高的街段,其次分别是天河路和第十甫—上下九路。在三大区域中,第十甫路—上下九路的交通线路相对最少。在近三年间,天河路交通线路数量增加迅速,已经超过北京路,在实地调查中消费者对该地段的交通满意度达到57.5%,交通便捷度的提高显然推动了天河城购物中心的发展(1998年起该地段主力店人均产值排名跃升)。从这个角度看,便捷发达的支撑系统有助于促成区域的商业环境,交通便捷性的变化往往是区域零售百货业比较优势丧失不可忽视的原因。

随着商业网点改造的深入,商业街步行化势在必行(北京路2001年12月起步行化,中山路—惠福路423米路段12路公交车改线;上下九步行街也在酝酿之中,建设封闭期已于2001年12月至2002年3月试行)。但步行街建设对交通通达性影响不大,公交线

路调整大多就近挪移。如果考虑相连的西湖路、惠福路、泰康路、中山四路,北京路公交线仍为最多,交通优势仍然存在。

(三)特色的文化景观

上下九商业街是广州传统商业文化积淀最为丰厚的地域。沿街两侧,自西向东分布有:第十甫商店、陶陶居、琳琅摄影店、南信牛奶甜品店、莲香楼、趣香楼、平安大戏院、广州酒家、皇上皇腊味店、南方玉器厂、妇儿商店、纶章商场、鹤鸣鞋店、西来古岸遗址、永安百货公司等老字号(共六家)和知名商店。南北两侧街区范围内还有西来初地玉器街、源胜古玩街、耀华大街、珠玑路、杨仁中、崇俭新街、富善西街、华林寺等古代街巷和建筑。该地域以传统骑楼为载体,展示了西关的特色文化景观。上下九路业态空间的文化内核是对历史传统的继承和弘扬,兼糅合零售、餐饮、民居、宗教、休闲游憩等各种综合的服务功能。从文化特质看,零售百货并不是商业街主导性的文化景观和内涵。

北京路商业街形成以百货店为主导、专业和时尚特征突出的文化景观;其融资兴建的网上步行街,更率先开拓了广州网络经营的新概念。街道主要有三多轩(在2002年的调查中,已迁址文德路)、太平馆、李占记等老字号(亨得利钟表店已于1996年迁址人民南路),邻近的中山四路则有大学鞋店、新以泰、艳芳照相馆、致美斋等名店,在广州市首批授予的"老字号"中,北京路及中山四路占了七家(不包括分店)。但北京路的主体风格是以大型商店结合专卖店、专业店,形成服装、百货经营和休闲娱乐为主的商业流行文化,即以百货店和商业街为载体,以开放型的流行休闲方式,构成业态空间的文化特性。由于骑楼建筑的特色不如上下九商业街鲜明,以及缺乏和谐的物质环境,原有的老字号多淹没在现代的商店景观中。

天河路段是典型的以新业态为核心的商业文化。该街段缺乏传统的骑楼建筑和老字号品牌,但购物中心营造了一种舒适的全天候封闭型购物环境,加上邻域宏城广场的专业店、天河体育中心和购书中心等非高层的大型建筑,形成具有服务消费特色的文化景观。加上天河北路的大型商务办公楼和绿地广场,提供高档豪华的办公条件,一种更具现代商务功能的特色文化风貌逐渐显现。

(四)零售企业的经营

通过比较同一企业集团在不同零售区的经营措施,可以反映不同业态空间对经营者的影响。一般而言,大型零售企业具有资金和信息的优势,往往能够抢占市场先机,进驻商业环境较佳的地段。分析该类型的企业的经营状况,可以尽量减少不同企业比较研究中难以剔除的人为影响。

目前在广州市历史悠久、影响深远、规模较大、跨地域经营的零售企业集团有南方大厦集团和广州百货企业集团。为了进一步分析的需要,增加了永安集团和清平饭店集团。选取利润总额为指标(将营业利润加上企业投资净收益和营业外收支净额),可以较为真实地反映一个零售企业在某地的生存状态。由于数据难以获取,在上文进行宏观空间的效益分析时无法全面应用。

1. 上下九和天河路商业区对业态的影响

南方大厦集团以沿江西路的南方大厦百货商店为总部,属下拥有八家商场,其中的南大荔湾百货和天贸南大分别位于上下九路和天河路。这两家商场分别进驻荔湾广场和天河城广场,是在沿江路大型商店环境效益的下降、企业总部难以短期扭转经营状况的背景条件下,南大集团通过在商业繁华区开设分店的方式实施市场开拓战略的重要举措。自 1997 年以来,三家商店的利润总额分别为表 3—7 所示。

表 3—7　南大荔湾、天贸南大、南方大厦近年经营状况　单位:万元

年份	南大荔湾	天贸南大	南方大厦
1997	−87	−427	862
1998	−1 258	219	85
1999	−1 208	2 202	−71
2000	−793	4 392	89

资料来源:广州市商业委员会统计年报。

从业态类型上看,荔湾广场类似天河城(前者具有部分商住功能),具备购物中心舒适的购物环境和商店组合。但迄今为止,由于上下九商业街的业态空间不利于大型商店的生存,南大集团的经营业绩很不理想;相反,天河路分店的营业效果则十分良好,在四年内转亏为盈,利润总额超过 4 千万元,赢利年份的平均增长率为 347.8%。天河路购物中心的商业效益明显优于上下九路。同一区位的吉之岛,1997～2000 年的利润总额分别为 −1 732 万元、−774 万元、1 731 万元和 4 616 万元,经营业绩的变化与天贸南大类似,进一步证明天河路商业区购物中心的发展潜力。

以下对永安集团和清平饭店集团经营状况的分析(表 3—8),有助于解析零售区对不同业态的选择。

在上下九商业街及其附近街区,永安百货集团各商店的经营每况愈下,而饮食服务业则效益良好。清平集团的分店,大多聚集在以

上下九商业街为中心的范围,反映了企业对该地域商业环境的认同;在分店经营效果方面,上下九一带明显优于其他地段。

表3—8　永安集团和清平饭店集团经营状况　　　单位:万元

类型	企业集团商店	1997年	1998年	1999年
百货	下九路永安总店	−158	−73	−747
	下九路锦华分店	−18	−15	−430
	龙津西路龙津分店	—	—	−314
餐饮服务	清平路清平总店	131	241	22
	上九路清平分店	344		250
	长寿东何荣记分店	61		3
	宝华路清平分店	256		101
	宝华路华焱分店	14	11	9
	五羊新城清平分店	−55	−20	—
	石牌东清平分店	−23	−23	1

从大型商店的业态看,天河路的经营效益高于上下九商业街(1997~1999年,妇儿商店的利润总额分别为0.3万元、−1 199万元和53.4万元),但后者多样化的环境优势仍然十分突出。

2. 北京路和上下九商业区对经营策略的影响

广州百货集团采用多元化经营的模式,内容涉及百货批零、储运、交电、纺织、房地产、拍卖等各个领域。百货采购站(西堤二马路)、化工原料公司(文昌南路)、纺织品公司(长堤大马路)和商业储运公司(六二三)等企业主要布局于上下九一带,利用地域传统的商业基础和综合性的商业环境进行经营,以批发(含物流)方式为主。

表3—9　广百集团近年经营状况　　　　　单位:万元

	广百集团企业	1997年	1998年	1999年	2000年
零售百货	广州百货大厦	1 813	1 823	780	851
	新大新公司	61	25	63	80
	区庄新大新	−1 039	10	3	186
	纸厂路新大新	—	—	−7	
批发	商业储运公司	47	113	107	
	广州百货采购站	2 265	56	83	—

广州百货大厦和新大新公司位于北京路商业街(西湖路、中山五路与北京路的交界处),前者于1996年重组成立,后者的前身则是具有40多年历史的中山五路百货商店。与南大集团不同的是,设立分店不是广百集团的主要发展策略。透过效益指标,可以间接分析北京路零售区对经营者决策的影响(表3—9)。

广百集团较大规模的百货分店是区庄新大新,但经营状况起伏不定;纸厂路分店几乎不为人知,广百东峻更有"走麦城"之说。相比之下,北京路商业环境具有不可替代性,两大百货店与商业街相互辉映,创造了良好的效益和品牌。广百新翼的建设直接反映了企业对北京路零售区潜力的重视。如果说南大集团是一种转移和重建的措施,广百集团则是一种原地扩展的战略。企业的经营业绩、消费者的认同、交通线的配套、文化风格的形成等因素,使北京路的环境更适合大型商店的发展。

广百集团其他两个批发型企业,一直处于良好运作状态。其中,广州市商业储运公司成立于1953年,"主要提供储存、运输、贸易服务或储存、运输、贸易一体化的服务,已逐步建设成为华南地区最具规模的综合性大型储运企业"。这两个企业邻近上下九一带,从另一侧面反映了该地域业态空间的综合特点。

2001年8月,"广州国有百货业改革重组方案"出台,广州国营企业集团将逐渐实现"做大、做优、做强"的整体战略。具体商业重组方案为:"以广州友谊商店股份有限公司为核心,购并广百集团的新大新公司;以广州百货大厦为龙头,对东百集团、南大集团及三家已托管企业实施先托管后重组","储运公司将成为物流配送的龙头"。虽然随着百货集团股份的变更,大型商场可能出现更大的变数,但北京路和上下九商业街现有业态空间的属性,已奠定了商业舞台的地域风格。

3. 商业区对经营效益的时间影响不显著

下面分别以广州百货大厦和天贸南方大厦作为北京路和天河路的代表(图3—2)进行分析。通过三年间商品月销售总额的比较,发

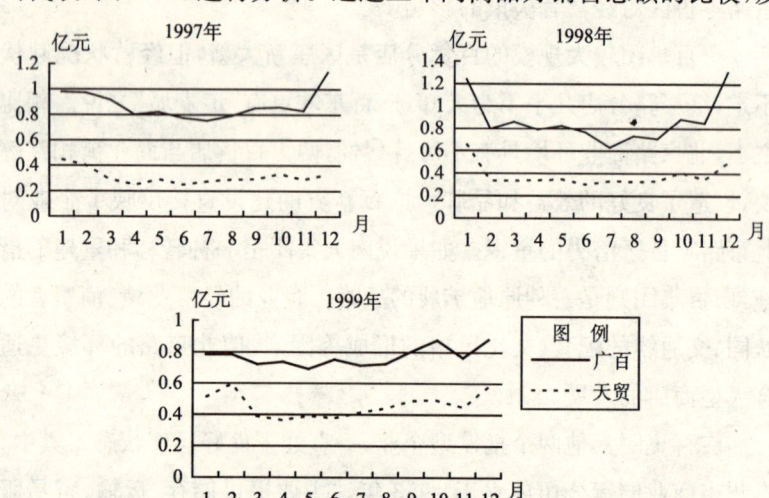

图3—2 广州百货大厦和天贸南方大厦月销售额变化比较

现商店经营的时间效益与零售区关系不大;相反,两大百货店的时间曲线型态基本类似。"五一节"、"国庆节"、"圣诞节"、"元旦"和"春节"等节日直接拉升百货店的零售额,其他月份的销售状况相对平稳。不同地域百货店时间效益相似的状况,使中心商业区的优势更为突出。

(五)小结

业态空间的差异对零售业态产生多层面的影响,以大型商场为代表的百货业仅是其中的一个部分。大型百货店效益下滑的地域并非意味着商业环境的完全恶化,服务行业效益良好的地域也并非大型商店天然的生存空间。传统商业街或现代购物中心的交通体系、配套条件以及逐渐形成的商业文化风格,对特定业态形成了一种接纳或排斥的环境,直接影响经营效益的实现。

上下九综合性商业区以传统商业街为中心,突出游憩和集散功能的主导地位。该地域的优势是坚实的商贸基础。大型商店的进入即使获得短期的利润,也不利于保持零售区中商业文化的特色,荔湾广场的建筑样式和经营状况就是一个实例。在消费者感知效果中,商业街的吸引力基本等同于大型商场,而上下九路丰富的服务行业结构本身就是一个游娱购一体化的"传统型购物中心"。另一方面,从商业业态结构中发现,上下九一带传统的批发集散优势依然存在,这种功能促使地域形成综合的环境效益。广州市国有百货业重组方案的实施和零售业第三方物流中心的建立(六二三路),可整合该地域传统的批发零售业基础,对本区来说还有极大的提升空间。

与上下九商业街不同的是,北京路业态空间对现代大型商场具有开放性。在北京路零售区,大型百货店的地位突出,是目前同类业态效益最好的地段。在商业街的影响要素中,传统文化的内涵逐渐淡化,地下交通的商业空间开发不足,这种隐忧与良好的经营效益同时存在。随着中山路购物中心文化区的兴起和老字号商业潜力的重新挖掘,北京路不应停留在原地"做大"的层面,而应转向谋求零售区间的地域协作。

天河路零售区的核心是天河城广场,该购物中心的成功运作是地域商业环境的保障。尽管该地段目前缺乏商业街,但上下九路或北京路的商业模式显然并不适合于天河路。与此同时,在业态发展方面,该区还需面临同类业态的挑战(中华广场、万国广场、东山商业城)。在未来商业环境的发展中,建议充分整合天河北路的商务功能和天河路的游憩功能,实现购物中心的商务化和主题化,以文化创新引导业态的新一轮发展。

第二节 广州市商业业态空间的效益评价

对广州市业态空间的研究最终必须面对一个现实的问题——商业效益状况。传统商业空间研究基本停留在行业地域类型划分、业态空间结构分析、网点等级规模描述等层面,资料获取的难度,影响了学术研究结论的真实性和客观性。

商业效益的影响因素复杂,变数甚多,许多因素可能与地理无关。如同类商店的介入、产品的质量等问题都可以直接影响适宜效益;商业繁华地带不乏经营不善而倒闭的案例,偏远郊区同样存在成功的企业。但一般而言,商业环境良好的地域,企业整体的效益要高于相反的地域。这种效益可以表现为单个商店的经营,也可以表现为多个行业的组合。

对比批发业,零售业态空间的产业关联性更高,地域共生特点更明显,因此研究选取零售企业为分析对象。

地均销售额指标反映城市不同区域土地的产出状况,描述的对象是空间;而人均销售额指标直接反映的是商店的经营效益,描述的对象是企业(彩图Ⅲ)。

一、零售业用地效益的差异

(一)零售业用地效益具有核心—边缘分异的特性

在业态空间上,用地效益较高的地段集中在北京路、上下九路、农林下路一带,江南大道、环市东、沙河和天河路等交通干道节点处也是效益较高的地段,而芳村区、黄埔区、海珠区南部、白云区的整体效益降低一至两个级别。在1997~1999年期间,虽然城市中心存在效益较低的状况(如东山区的服务业),但城市郊区(特别是花地湾、纸厂路和大沙地一带)的低效益状况则完全没有改善的迹象。而且,三元里、大沙地、花地湾一带的零售网点较少,缺乏完善的等级体系,很难以大型百货店为中心形成商店群。1999年,效益5.01~10万元/平方米的地段基本分布于城市中心,而郊区用地效益普遍为3.01~5万元/平方米;1997年,用地效益大于10万元/平方米的所有地段,以及效益为5.01~10万元/平方米的大部分地段也位于中心城区。1998年,北京路与上下九一带与大沙地的核缘分异更为典型。

(二) 上下九商业区综合效益最高,大型商店用地效益一般

在市属八区百货商店和其他服务行业的用地效益分布图中,上下九一带展示了良好的产业关联效益,这种态势与城市用地的开发重心基本吻合。1997~1999 年,该地域服务业集聚的密度最高,而且从第一级至第五级,不同效益的层次十分丰富(以 1999 年表现为甚)。主要的商店分布在第十甫路—上下九路、人民南路、海珠南路、大德路、惠福路和长堤大马路一带。

从其他行业的用地效益看,基本集中了两个最高值段(5.01~10 万元/平方米和大于 10 万元/平方米)的企业,优势十分明显。在同区域内部,百货零售业的用地效益较低,大多位于 1.01~3 万元/平方米的水平。特别是作为城市财政纳税大户的大型商店,区域的用地效益处于全市同等商店中的一般水平,中心地位不突出。

从产业整合的角度,上下九一带具有最高的用地效益。该区域在传统步行街和百货店的基础上,叠加了海味食品饮料专业街、纸张油墨印刷器材专业街、清平药材批发市场、黄沙水产批发市场等多种业态,集聚形成一种全市综合性最强的商业环境。这一点可以解析为何该商业区吸引消费者范围最广的现象。虽然大型商店用地效益不突出,其他行业用地效益良好,但前者对整体商业空间的支撑作用是不容忽视的。综观全市各区,不论是效益等级层次,还是产业共生关系,上下九一带都是综合效益最好的地域。

(三) 大型商店用地效益的峰值位于北京路零售区

1999 年用地效益超过 5 万元/平方米、1997 年超过 10 万元/平方米的大型商店基本位于北京路,具体而言则是新大新公司和广州

百货大厦。虽然该零售区同样存在低效益商店,但仍然是高效益聚集的空间,主要分布在北京路、文德路、教育路和中山四路一带。

对消费者行为取向分析的结果表明,该零售区中高消费阶层集中、消费者对食品质量和交通满意度较高、客源地层次丰富等状况,都与以上分析结论相符合。将大型商店的销售额按地均标准计算,用地效益与一般的百货店差异缩小。例如,1997年海珠购物、王府井、天贸南大、购书中心和南方大厦同样处于1.01~3万元/平方米的水平,大型商店之间的用地效益差异不明显,而江南大道、五山一带一般的百货店用地也处于同等的效益,相比之下,北京路地段的高效益现象显得更为突出。

简言之,低效益商店具有空间遍在性,而高效益商店大多具有空间聚集性,北京路零售区的用地效益符合这种典型的空间特征。

(四)中心城区其他商业区维持较高的效益水平

在东山区,1997年的东山百货、友谊商店、区庄新大新,以及1999年的东山百货,用地效益居于第二层次的水平;而同期天河区的吉之岛属于第三层次水平,大型商店用地效益基本属于前列位置。相对而言,农林下路零售区产业空间联系密切,而天河区则以天河路零售区的大型商店最为突出。

中心城区用地效益较好的商店,具有临干道型的特点。在先烈东路的节点区位,具备良好的产业配套条件,主要缘于该地段沙河服装城和百货店的综合作用。与上下九一带类似,批零商业共生的地域,形成综合型的商业空间。而大沙地石化路的零售业,基本是服务于当地的工业建设,不具普遍性。

二、零售业经营效益的差异

零售业经营效益是从另一角度对业态空间的考察,采用人均销售额指标,避免由于商店规模因素造成的影响。与地均销售额比较,该指标更贴近商店直接的经营状况,可以间接反映商业区的经营效益。将历年全市销售总额超亿元的大型商店进行统计排序,选出最具有代表性的前三位商店(表3—10)。

表3—10 1990年以来零售总额前三位的大型商店排序 单位:万元/人

年份	1990	1991	1992	1993	1994	1995	1996	1997	1998	1999	2000
1	东山百货	东山百货	东山百货	东山百货	东山百货	东山百货	东山百货	万客隆	万客隆	万客隆	吉之岛
2	南方大厦	友谊商店	友谊商店	新大新	新大新	广百大厦	广百大厦	新大新	百佳超市	吉之岛	万客隆
3	永安百货	华夏百货	广百大厦	广百大厦	广百大厦	新大新	新大新	天贸南大	好又多	好又多	好又多
1	24.3	25.2	23.8	45.8	43.2	47.2	61.7	143.9	136.6	127.5	142.4
2	11.1	15.9	20.8	37.0	40.3	43.6	50.0	54.2	101	111.1	141.9
3	11	14.3	19.8	36.5	37	42.4	46.0	49.9	71.9	92.0	138

资料来源:广州市统计局,1991～2001。

注:左侧列中的数字表示商店人均销售额的位序。

(一)高效益大型商店在空间上的阶段性聚集与转移

1990～2000年,在人均销售额最高的前三位商店中,反映了一种效益的空间聚集。20世纪90年代的中前期,东山百货大楼绩效最好;后期的集聚点逐渐向万客隆和吉之岛转移,在排名第二位和第三位的商店中,上下九、环市东、北京路、天河路等零售区都有典型的阶段性集聚功能。

另一方面,高效益商店的区位也处于动态的转换之中。首位效益点向三元里和天河东部转移,其他高效益区位自旧城三区向天河区和郊区转移。

单个商店的高效益可能具有一定的偶然因素,但当这种现象呈现一种时空的聚合时,就必然反映不同商业区的地位。广州市区大型商店高效益区位的阶段性转移,直接反映了零售区整体效益的分异状况。

(二)大型商店经营效益影响零售区的效益

广州市区高效益商店的空间转移主要表现为:在较长的时期内,农林下路东山百货一直是最佳效益网点,但1997年以后,却完全退出前三甲的位置(2000年处于全市第九位);1990年上下九至长堤一带商店影响力很强,1991~1992年环市东友谊商店的效益上升明显;1993~1996年北京路两大百货店共同构建了区域的优势平台,效益上则互有高低;1997年以后天河路、三元里和棠下多种业态的效益开始显现,单体百货店基本让出"领头羊"的角色(1999年和2000年排名第四位仍是天河广场中的天贸南大)。

长堤一带由于主力百货店经营效益的下跌,影响了业态空间的整体效益,相对地位不如20世纪80年代显著。上下九零售区综合的商业基础仍然存在,如果能够改善经营措施或者成功注入新业态,区域的聚商功能可以重新提升。

环市东一带一度曾称为广州的"华尔街",商务办公特点鲜明。

在消费者与经营者的调查中发现,该零售区的特色风格逐步弱化,商业地位有相对下降的趋势,友谊商店经营效益的状况佐证了前文分析。虽然友谊商店和区庄新大新的绝对销售额很高,但人均指标不突出,加上大和百货、沙河百货等商店业态结构雷同,对比零售业用地效益的状况,该商业区整体效益一般。

20 世纪 90 年代后期东山百货经营效益的地位下降,部分原因是王府井百货大楼的开业(1996 年)分散了购买力。随着中华广场的进驻和东山商业城的开业(2002 年 2 月),地铁线引导地下商业活动的开拓,其业态构成和空间结构极具区域竞争力,农林下路零售区的环境效益前景良好。虽然农林下路、陵园西路、流行前线等商业街的效益很难统计,但根据消费者行为取向以及用地效益的分析所得的结果,同样支持这一结论。

天河路一带主力店的整体效益良好,除了经济指标外,其品牌优势也有助于无形商业资本的积累。

(三)商店经营逐渐从单业态的空间竞争转化为多业态的复合竞争

图 3—3 表示以大型商店为代表的各零售区效益的变化过程,横轴和纵轴代表空间方向,图中各商业区的位置代表其地理区位的空间关系,重点标志的商业区代表最高经营效益商店的位置。

20 世纪 90 年代前中期,各零售区的经营处于百货店的空间竞争阶段,旧城区零售百货呈现一种此起彼伏的格局。进入 20 世纪 90 年代后期,购物中心、仓储式商场两种新业态迅速崛起(大型超市业态中百佳一枝独秀),在空间上向郊区离心扩散,零售区的竞争进入一种业态转换和空间重组的复合竞争阶段。从经济指标来看,在 11 年的发展中,独立百货店最高经营效益是 1997 年新大新公司达

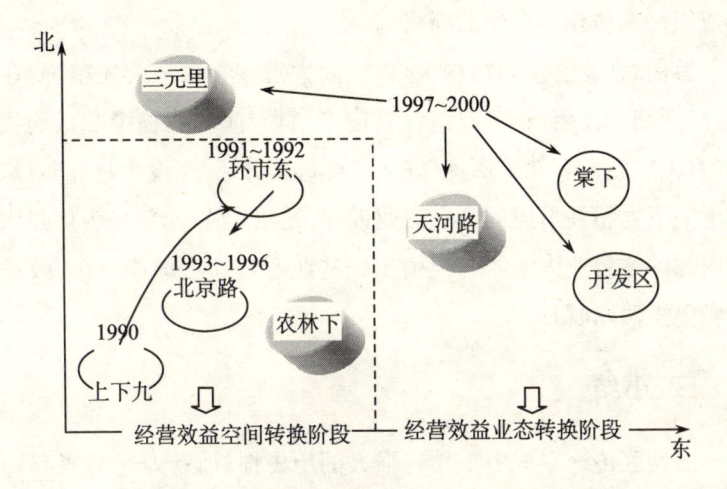

```
        北
         │
         │    三元里
         │              ←────── 1997~2000
         │    ┌─ 1991~1992 ────────────┐      棠下
         │    │   环市东  ↘             │
         │    │                ↓        │
         │    │   1993~1996            天河路
         │    │    北京路   农林下       │       开发区
         │  1990 ↓                      │
         │    上下九                    │
         │    └──────────────────────────┘
         └──── 经营效益空间转换阶段 ─── 经营效益业态转换阶段 ────→ 东
```

图 3—3　市区大型商店经营效益的时空变化

到的 54.2 万元/人，而 1997 年以后，仓储式商场、购物中心中的主力百货店效益普遍超过 100 万元/人，新业态成为一股重要的变革力量。

单业态的空间竞争具有封闭性，高效益仅仅在"黄金旺地"的内部空间传递。而多业态竞争更加开放和复杂，直接打破市区和郊区的藩篱，降低了大型零售网点的地理门槛。

当然，仓储式商场与其说是郊区零售业的成功，不如说是一种新型经营模式的奏效。城市郊区的商业配套设施少，从产业关联、人口密度和文化创新等方面看，业态空间远未成熟，广州市零售业没有达到进入郊区化的发展阶段。反观运营成功的好又多公司，利用其在郊区形成的品牌，主动采取向城市中心渗透的经营策略；而购物中心也与百货店、商业街等合成更大的"板块"进行竞争。从而表明，在新业态扩散的同时，广州零售业继续向心聚集，并通过业态和空间整合形成组团式协作和竞争的新格局。

目前,在业态空间结构上,以江南大道零售区最为完整,商业街(江南西路和江南大道)、百货店(南丰商场、海珠购物中心)、购物中心(万国广场)、仓储式商场(好又多前进路分店)高度聚集,随着珠江北岸上下九拓展形成的滨水商业带,两处相互呼应,将成为广州市区西南部的零售业大组团。但由于一些业态是新近形成,对其效益的检验仍需假以时日。

三、小结

旧城区传统零售中心具有强大的历史惯性,新业态的兴起则对城市中心区和郊区零售空间形成复合的推拉力,使整体格局的演变更趋多元化。

在许多经验性判断和文献研究的结论中,广州市商业重心具有东移的趋势。通过对影响业态空间多要素的分析认为,广州市各商业区处于一个业态和空间的重新整合过程。上述对业态空间效益的分析从侧面支持同一结论。寸有所长,尺有所短,传统商业区某些优势丧失,新的优势重新聚集;个别新业态迅速崛起,但整体业态空间难以一蹴而就。既有文献对商业中心的迁移的判断,大多基于大型商店出现的表象。从仓储式商场在郊区成功后向城市中心渗透的举措,反映出城市中心区对大型商店的凝聚力继续表现出强化的趋势。

中心商店的地位具有明显的阶段性,而随着零售业结构的整合,其位置将不是一枝独秀的传统样式,互补和协作才能使一个零售区走向更高层次的竞争。

第四章 广州城市中心区商业业态空间的结构形式

第一节 商业服务业设施的空间分布特征

一、商业服务业设施空间分布的基本情况

(一) 商业服务业设施的类型和规模等基本情况介绍

通过实地调查和统计分析,研究范围内的商业服务业网点的个数共计6 294个,网点的密度高达629个/平方公里。在三大商业服务业网点类型中,零售商业、居民服务业和餐饮服务业之间的比例关系大致等于3:2:1。其中,零售商业网点数量最多,共计3 155个,达到总量的一半以上,占50.13%;居民服务业网点数量共计2 019个,达到总量的1/3左右,占到总量的32.08%;餐饮服务业网点数量共计1 090个,占总量的17.32%(附表2)。

从商店服务业的经营规模看,大部分的商业服务业网点的经营面积在100平方米以下(含A、B、C三类),所占比重高达78.25%。这些小规模的商业服务业设施大部分与居民的日常生活密切相关,具有低层次、经常性的服务性质,包括以下几种主要的类型:零售商业中的食杂店、便利店、穿戴用品店、特色专业店,餐饮服务业中的快

餐店,以及居民服务业中的修理业、代理服务业等。中等规模(含D、E、F三类,指大于100平方米而小于1 000平方米)的商业服务业设施数量比重为19.44%,主要包括餐饮服务业中的正餐餐厅、居民服务业中的美容服务、金融服务等几种类型,其特点是具有较大的服务人口规模以及较高层次、非经常性的服务特征,其服务对象往往也具有流动性较强的特点。大规模(含G、H两类,指大于1 000平方米)的商业服务业设施数量不多,比重仅有2.30%,主要是零售商业中的超级市场、大型专营市场、综合商场,以及居民服务业中的旅馆业。这些商业服务业设施往往是形成某一类商业中心区的核心,在城市商业网点结构中具有十分重要的功能和地位;它的服务范围大,服务人口多。

通过数学分析,商业服务业设施的经营面积和数量之间还具有明显的负指数函数的关系:即随着经营规模的不断增大,商业服务业设施的数量不断减少,而这种数量减少的趋势随着规模的增大而不断减缓(图4—1)。可见,规模较小的商业服务业设施类型,对于经

$y=5081.5e-0.5694x$
$(R^2=0.9733)$

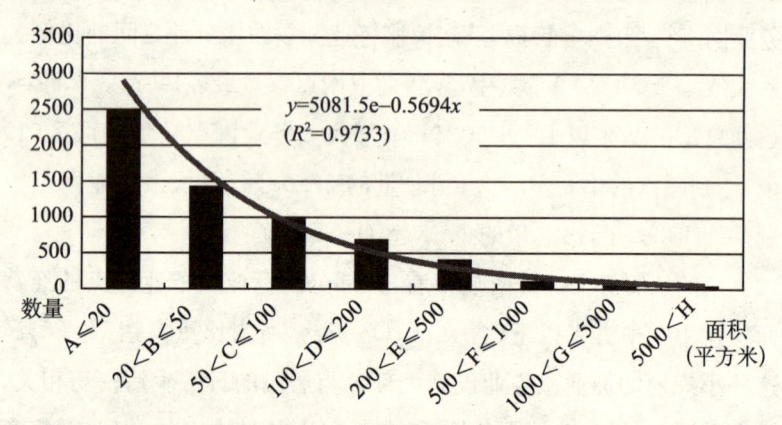

图4—1 商业服务业设施的面积和数量关系分析

营面积的考虑是相对敏感的,或者说付租能力是相对有限的;而规模较大的服务设施,其规模效益是比较显著的。

$$Y = 5081.5e - 0.5694x(R^2 = 0.9733)$$

(二)商业服务业设施空间分布的基本情况

1. 商业服务业设施的现状空间分布

从图4—2我们可以看出,天河城市中心区范围内的商业服务业网点的空间分布是十分紊乱的,整体上呈现出既集中又分散的空间分布格局(图4—2)。整个商业服务业网点的空间分布主要包括三种类型。一是沿道路呈线状集中分布,指沿城市主要道路和街道两侧呈线状分布。这在黄埔大道、石牌西路表现极为明显;二是在某一区域范围内均匀分布,指在发展成熟的居住区内成片布局的商业设施。这在天河南街道的几个社区中表现最为突出;三是在空间上零星分布,指零星点缀在区域范围内的相对孤立的商业设施。

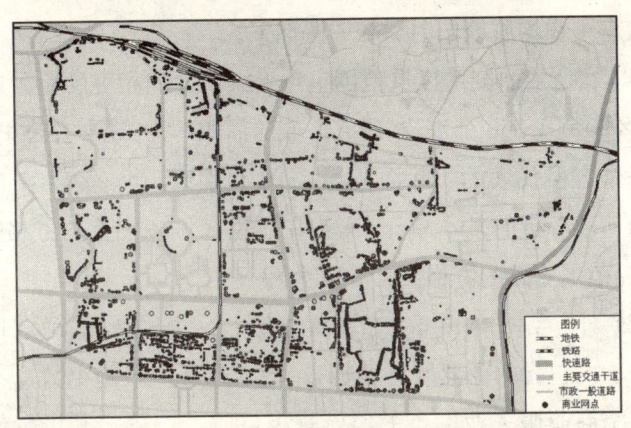

图4—2 天河城市中心区商业服务业设施的空间分布现状

2. 商业服务业活动强度的空间分布

城市商业地域结构研究,是商业地理学中探讨商业活动地域组合机制的基础理论研究。城市商业服务业网点,是一个密度高、分布既集中又分散的独特地理系统。我们要认识这种复杂的地理系统,必须首先从地域单元结构入手加以分析。

商业服务业网点的密度空间分布是指单位面积上的地域单元所分布的商业网点的数量。它反映了商业服务业设施的空间分布,一方面可以直接显示商业网点在空间分布上的地域差异和地域结构,另一方面可以作为判断城市商业区空间范围和空间分布格局的一个重要指标。但是,由于商业服务业设施的数量并不能完全代表商业服务业活动的强度,因此,我们还必须考虑商业服务业设施的经营规模。采取商业服务业活动强度的概念,主要是考虑商业设施经营规模对其活动强度的影响,力图更加全面、客观地反映城市的商业活动空间结构。

信息图和均质地域的划分方法如下。

(1) 在所要研究的区域范围上罩上大小面积相等的长方形方格网($45\times30=1\,350$ 个)。本研究区域的面积约为 10 平方公里,本节选取每个方格代表的实际面积为 1 公顷,即以 100 米×100 米的地块作为地域分析的基本单元,覆盖在研究区域范围上的方格有 986 个(研究范围之外的方格共计 364 个)。

(2) 对方格网内的每一个单元格进行赋值。首先,确定每一个单元格子内包含的商业服务业网点(商业服务业设施个数)。然后,根据每个商业服务业网点的经营规模(即权重)确定其贡献值。最后,对方格网内所有商业服务业网点的贡献值进行累计,并对所在的方格进行赋值(赋值公式:Y=1*A+2*B+4*C+8*D+16*E+32*F+64*G+128*H)。

(3) 确定每个单元格的商业服务业活动密度等级,提取商业活动的基本地域单元。由于研究范围内用地类型复杂,局部地域由于是绿地、高等教育用地、道路交通用地、未利用土地等,商业网点密度为零或者很低,为保证数据处理的可信度,本节将商业活动强度值高于10的地域单元作为商业活动的基本单元。这样,研究范围内的商业活动基本地域单元共计445个,在研究范围内的覆盖率为45.13%左右(表4—1)。

表4—1 信息图方格网中各方格的赋值及所占比重

商业活动等级	无	低	较低	中	较高	高	合计	研究范围外
方格赋值	0	0~10	10~50	50~100	100~200	200~500		
方格数量	454	87	189	123	100	33	986	364
所占比重(%)	46.04	8.82	19.17	12.47	10.14	3.35	100	—

(4) 根据商业活动的基本地域单元绘制信息图(图4—3)。

3. 商业服务业空间分布的基本特征分析

(1) 商业服务业活动强度在空间上有既集中又分散的特点。在信息图方格网中,没有商业服务业网点的方格占到总量的46.04%,而强度大于50的方格数量仅占总量的25%左右。可见,大部分的商业服务业活动分布在有限的地域空间之中。但是,在商业服务业活动的基本地域单元中,商业服务业网点的空间分布却出现了相对均衡化的现象。为了研究商业设施的空间分布集中程度,利用信息

198 大城市商业业态空间研究

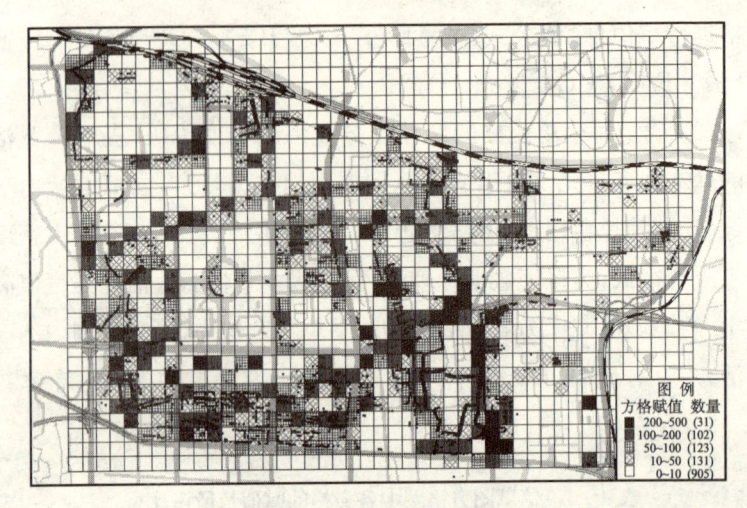

图 4—3　天河城市中心区商业服务业活动的空间密度分布

图例：方格赋值 数量
200~500 (31)
100~200 (102)
50~100 (123)
10~50 (131)
0~10 (905)

图中的方格作为基本地域单元进行罗伦兹集中指数①的分析,得出研究范围内方格网中的商业服务业网点的空间分布集中程度为70.10%,属于相对集中分布的类型。另外,只对商业活动基本地域单元进行罗伦兹集中指数分析后,得出的集中分布指数则仅有43.58%,属于相对分散的分布类型(图4—4)。

(2) 商业区的范围界线和空间等级结构不明显,商业区出现连片布局的现象。在信息图方格网中的所有商业活动基本单元格,孤立分布的单元格(指周边八个方格都不是基本单元格)只有8个,仅占基本单元格总数的1.8%;而连续分布的单元格(指周边方格都是

---

① 罗伦兹集中指数是一个用于评价一系列数据的集中程度,特别适用于评价区域空间分布的集中或分散程度。罗伦兹集中指数的计算公式是:$L=(A-R)/(M-R)*100\%$。其中,A 表示实际分布的累计频率和,M 表示最集中分布的累积频率和,R 表示最分散分布的累计频率和。其结果为1时,表示完全集中;结果为0时,表示完全均匀分布。图中两曲线围合的区域面积大小表示研究对象空间分布的集中程度。

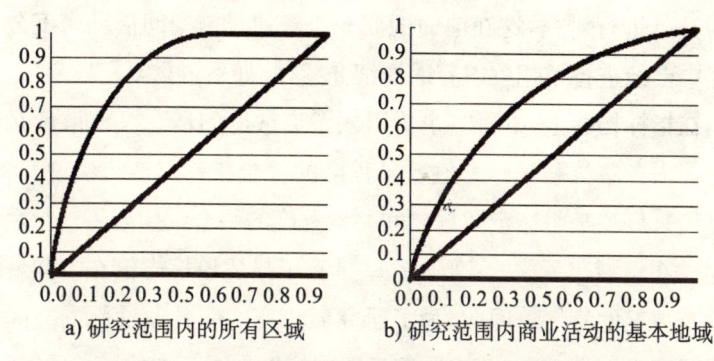

a) 研究范围内的所有区域　　b) 研究范围内商业活动的基本地域

图 4—4　商业服务业活动强度空间分布的罗伦兹曲线

基本单元格)达到 41 个,占基本单元格总数的 9.2%。作者对信息图中基本单元格之间的连接情况作了统计分析,累计共有 4 168 个基本单元格是相互连接的,每个基本单元格周围八个格子中是基本单元格的平均有 4.68 个。这比均匀分布的理想状态情况下高出 1.55 个之多。

(3) 大规模商业服务业设施是主导城市商业空间结构的主要因素。从彩图Ⅳ我们可以看出,商业服务业活动密度等级高的地域单元格与大规模的商业服务业设施在空间分布上是基本一致的。大规模的商业服务业设施往往是形成商业区和影响城市商业空间重要的商业设施以及最基本的景观识别性标志,许多商业服务业网点就是围合在大型商业设施的周围而形成综合商业区的。

二、商业服务业设施的空间分布类型

(一)商业服务业设施空间分布的数据指标和基本特征描述

1. 指标构建和数学方法

商业服务业设施的空间分布同样可以采用信息图方格网的方法

作为基础进行研究,这在前面的商业服务业设施空间活动密度分布研究中已经进行了相关内容的详细介绍,此处不再重复。

在指标构建上,本研究主要引入了离散度的概念。离散度是反映总体内各单位某一标志值差异程度的综合指标。换句话说,离散度是用来反映某组特定数据之间差别程度的一个量。如果这组数据是建立在地域单元之上,那么它就具有了描述该标志值在空间地域上分布情况的特性。因此,为了研究城市商业服务业设施的空间分布特征和类型划分,本节选取信息图方格网作为基本地域单元,用基本单元格内分布的商店数量作为标准值进行商业服务业设施空间分布的离散度分析。在离散度的衡量方法选择和指标构建上,本研究主要选取了以下几项指标。

(1) 标准差

标准差也叫均方差。它是测量离散度的最重要指标之一,也是最常用的指标。它是总体各标准值与其算术平均数离差平方的算术平均数的平均根。标准差反映了数据之间的离散度绝对值,因而可以用来刻画商业服务业设施空间分布的网点数量差异。计算公式为:

$$\sigma = \sqrt{\frac{\sum (x - \bar{x})^2}{n}} \qquad (3\text{—}1)$$

其中,σ 指标准差,x 为某类型商店在某一地域单元格内的商业网点数量,$\bar{x}$ 为某商店类型在全部商业活动基本地域单元的平均网点数。

(2) 离差系数

离差系数,又称差异系数,它是以标准差与其相对应的算术平均值相比而得到的一个相对指标。离差系数的优点在于,它消除了标准值自身水平高低的影响,因而可以减少由于不同商店类型的网点

数量不同而引起的误差,有利于对不同网点数量的商业服务业设施进行空间分布聚散程度的比较。计算公式为:

$$C_v = \frac{S}{\bar{x}} \times 100\% \quad (3—2)$$

C_v 为离差系数,S 为标准差,$\bar{x}$ 为某商店类型在全部地域单元的平均网点数。

(3)罗伦兹集中指数

罗伦兹集中指数是一个用于评价一系列数据的集中程度,特别适用于评价某一标准值在区域空间分布的集中或分散程度。计算公式是:

$$L = (A-R)/(M-R) * 100\% \quad (3—3)$$

其中,A 表示实际分布的累计频率和,M 表示最集中分布的累积频率和,R 表示最分散分布的累计频率和。其结果为1时,表示完全集中;结果为0时,表示完全均匀分布。

(4)地区特化率

地区特化率指某一行业的特化系数>1的商业地域单元占全部商业地域单元的比率。该指标同样用于衡量商业服务业设施的空间分布集散程度,更重要的是可以用来考量各商店服务级别的高低。计算方法为:

$$地区特化率 = \frac{某商店类型 LQ > 1 的商业地域单元}{全部商业地域单元} \quad (3—4)$$

其中,LQ 为特化系数,计算公式为:$LQ = Q_i / Q_f$。式中,Q_i 为 I 单元拥有的某行业网点数,Q_f 为某商店类型在全部地域单元的平均网点数。

(5)商业地域密度

商店地域密度是指某类型商业服务业设施在其分布的地域单元

的平均密度,其值大于1。该指标主要用来反映商业服务业设施在其分布的地域空间范围内的网点密度。计算公式是:

商业地域密度＝商业服务业网点数量／分布有该类型商店的地域单元格数量

2. 数据指标和商业服务业设施空间分布的基本特征描述

通过实地调查获得研究范围内每一个商业服务业设施的具体位置并落实在数字化图上,利用 MapInfo 软件构建信息图方格网并得到每一个商业活动基本地域单元格所分布的商店数量和类型。最后,作者采用 Access 数据库管理软件、Excel 办公软件等将这些数据进行处理和分类统计,计算得出每一类型商业服务业设施的五项离散度指标值(附表3),用以进行商业服务业设施的空间分布特征、空间分布类型和职能类型的研究。

至于商业服务业设施空间分布的基本情况,第一节已经作了商业服务业活动空间总密度分布的分析研究,对天河城市中心区的商业空间结构有了初步的认识。在此,本研究选择几个与后面分析研究有关的指标对商业服务业设施的特征进行描述。

(1) 商业服务业设施空间分布密度类型:指某商店类型的网点数与商业活动基本地域单元之间的比值,它反映的是一种质点数量的分布密度或规模。本研究按照分布密度将商业服务业设施的空间分布密度类型划分为五大类,即高密度型、偏高密度型、中等密度型、偏低密度型和低密度型(表4—2)。其中,商业网点数量最多、空间分布密度最大的高密度型商业服务业设施主要是与居民日常生活服务密切相关的商店,包括士多店、一般快餐、一般服装和美容美发四种。它们在商业活动基本地域单元上的平均分布密度高达0.845个／

公顷,商业网点数量高达 1 798 个,占总商业网点数的 28.57%。

表 4—2　商业服务业设施的网点密度

标准	类别	平均值	分布范围	商业服务业设施类型
网点密度	高密度型	0.845	>0.50	士多店、一般快餐、一般服装、美容美发
	偏高密度型	0.304	0.25~0.50	中档餐厅、茶烟酒、办公用品、洗衣缝纫、房屋租赁、银行保险、保健美体、五金交化、电器维修、面包糕点、西餐厅
	中等密度型	0.156	0.10~0.25	电信服务、水果店、家居装饰、理发店、低档餐厅、文印、饰品、车辆维修、家政服务、冲印、报刊、化妆品、鲜花、粮油副食、药品、凉茶、医疗卫生、高档餐厅
	偏低密度型	0.061	0.03~0.10	小型书店、连锁便利店、音像制品店、特色爱好、体育用品、健康食品、连锁快餐、彩票投注、眼镜店、酒店、超市、大型专业市场
	低密度型	0.016	<0.030	大型专业商场、购物中心、百货商场、超市、家用电器、综合医院、西式快餐、旅行社

注:非主要的商店类型未列入。

(2) 空间出现概率:指具有某种商业活动类型的标准地域单元数量与商业活动基本地域单元的比值。由于本研究范围所有类型的商业服务设施的地域单元平均网点数都没有超过 1,因此,地区特化率指标也可以用来衡量商业服务业设施的空间出现概率,说明商业服务业设施的便捷性服务程度。本研究按照空间出现概率,将商业服务业设施的空间分布类型划分为五大类,即高概率型、偏高概率型、中等概率型、偏低概率型和低概率型(表4—3)。

表4—3 商业服务业设施的空间出现概率

标准	类别	平均值	分布范围	商业服务业设施类型
地区特化率	高概率型	0.369	>0.30	士多店、一般快餐、美容美发
	偏高概率型	0.226	0.20~0.30	中档餐厅、银行保险、茶烟酒、一般服装、保健美体、洗衣缝纫
	中等概率型	0.142	0.10~0.20	鲜花、化妆品、饰品、报刊杂志、冲印、文印、办公用品、西餐厅、房屋租赁、车辆维修、五金交化、面包糕点、电器维修、家居装饰
	偏低概率型	0.066	0.04~0.10	酒店住宿、肉菜市场、眼镜店、连锁快餐、音像制品、彩票投注、高档餐厅、药店、医疗门诊
	低概率型	0.019	<0.040	大型专业商场、购物中心、百货商场、超市、家用电器、综合医院、西式快餐、旅行社

注:非主要的商店类型未列入。

总体上,空间出现概率指数反映了商业服务业设施与居民日常生活的关系程度和服务的便捷程度。概率高者,为居民日常生活服务关系密切,反之亦然。空间出现概率与商业设施空间分布密度整体上具有很强的相关性,特别是商业网点数量多的商业类型,如士多店、一般快餐店和美容美发店等。但是,由于空间分布上的差异,某些类型的商业设施由于空间上的不均匀分布或者形成了专业化服务区的原因,出现了空间出现概率偏低的现象,如一般服装、办公用品等。空间分布密度和空间出现概率可以从整体上判断商业设施的空间分布特点,有利于分析商业设施的空间分布类型。这种方法的结论将用于商业服务业设施的空间分布类型判断和分析研究中。

表4—4　商业服务业设施空间分布集中程度及市场区竞争关系分析

商店类型	商业地域密度	等级	特征分析	主要商店类型
合作型商店	>3.0	高	空间分布高度集中,分布在具有特殊特征的区域,形成专业市场区;商品服务的专业性、选购性强;共享市场区和消费群	电子产品(电子市场)、服装、特色爱好(体育用品、休闲活动用品等)、菜籽店
活跃性竞争商店	1.5~3.0	较高	空间分布相对集中,共同营造商业环境;商品服务专业性不强,可比较性、选购性较强,但"一站式"消费明显;市场区、消费群相互渗透和介入	快餐店、水果店、粮油副食、士多店、办公用品、餐厅(低、中档)、西餐厅、美容美发、电器维修、电信服务、服装专卖
互补性竞争商店	1.2~1.5	中等	空间分布相对分散;商品服务专业化,但选购性差,一般具有相对固定的消费群体;市场区具有寄生、互补的特征	五金交化、烟茶酒、旅行社、面包糕点、保健美体、眼镜店、药店、银行保险
垄断性竞争商店	1.0~1.2	低	空间均衡分布,有相对固定的目标市场;商品服务差异性小、选购性差;市场区相互独立、相互分离	肉菜市场、连锁快餐店、彩票投注站、报刊杂志亭、超市、书店、冲印、家政服务、文印服务
			空间上零星、孤立地分布;商业服务专业性强,选择性差;市场区模糊,消费者空间活动能力强	大型专业市场、购物中心、百货商场、特产店、加油站、酒店、高档餐厅、医院、妇婴用品

注:电子市场主要由大型商业设施构成,因此该指标解释效果差,被主观列入第一类型。

(3) 商业地域密度:用来描述商业服务业设施在其分布的空间范围内的集中分布程度,因此可以用来判断同类型商业服务业设施的空间组合关系。其数值越高,说明单位地域上分布的同类商业服务业设施的数量越多,空间密度越大,商店之间的关系合作多于竞争。同样,该指标也就可以用来考察同类型商业服务业设施之间市场区的竞争合作关系以及对应的空间表现形态。

根据商业地域密度等级,本研究对同类型商业服务业设施在空间分布上的市场区关系进行研究,将商店类型划分为四大类。它们分别是合作型商店、活跃性竞争商店、互补性竞争商店和垄断性竞争商店(表4—4)。其中,垄断性竞争商店根据具体的商业服务业设施的实际特征进行了细分,一类是同类型的商店市场区竞争激烈,空间上均匀分布,具有根据市场规模进行空间配置的特点;另一类是服务对象空间流动性强,市场区的空间界线模糊,一般是城市高等级职能的商业服务业设施。

(二)商业服务业设施空间分布的类型划分和特征描述

基于以上的数据指标和对商业服务业设施空间分布、组合关系的初步分析,接下来采用更为综合、科学的聚类分析方法对商业服务业设施的空间分布特征及类型进行全面、细致的继续研究。

1. 指标和方法

为了更好、更全面地反映商业服务业设施的空间分布特征,本节选用了标准差、离差系数、地区特化率和商业地域密度四项指标作为聚类分析的变量(罗伦兹集中指数与地区特化率的相关度高,被剔除)。这主要是考虑了不同类型商业服务业设施的空间离散度绝对值和商业活动地域的活动密度,又注意到网点数量规模对商业服务业设施空间分布集散度的影响。

为了克服变量测量单位的影响,在计算相似测度之前,本研究对变量首先作了标准化的处理,把变量变成均值为0、方差为1的标准化变量。在聚类分析之前,作者对所选取的指标因子进行了相似性测度,这里仍然选用了距离测度中的平方欧式距离(Euclidean Distance)方法。

2. 结果

通过以上所选择的方法,利用SPSS软件进行聚类分析,得出86种类型的商业服务业设施空间分布类型(集散度特征)的聚类分析结果——谱系树状图(图4—5)。根据86个案例间的相似性程度特征,选择以距离系数4.0为界,对86个商业服务业设施划分为以下五种类型(另外,本研究还以距离系数1.7为界,对第一组商店类型进行了二级分类)。

经分组后,五组商业服务业设施空间分布类型的集散度指标平均值如表4—5所示。

3. 类型划分

根据商店空间分布类型各种离散度指标的平均值、分布的大小范围以及等级,本研究总结出商业服务业设施的五种空间分布类型,它们分别是均匀分布型、偏均匀分布型、零星分布型、偏集聚型和高度集聚型(表4—6)。

(1) 均匀分布型,是指在空间上广泛存在,又相对独立、均匀分布的商业服务业设施。该类型商店一般追求目标市场和服务范围的

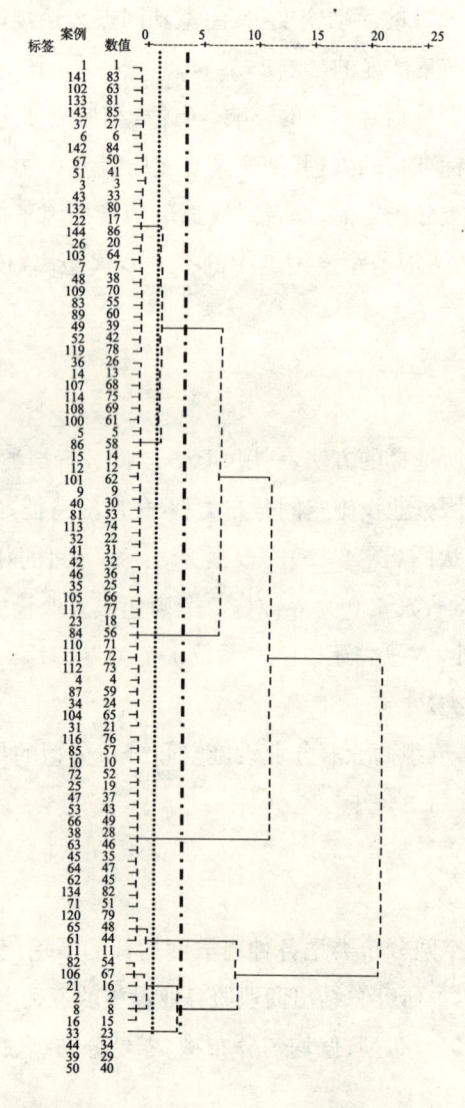

图 4—5 商业服务业设施空间分布
类型聚类分析结果——谱系树状图

表4—5　五组空间分布类型商业设施的集散度平均值和范围大小

组别			第一组	第二组	第三组	第四组	第五组
指标名称	说明						
	商店数量		44	15	16	4	7
标准差	商业活动空间分布密度的差异度	均值	0.284	0.744	0.121	1.903	1.020
		范围	0.136~0.488	0.587~0.988	0.061~0.373	1.21~2.676	0.338~1.515
		等级	较低	较高	低	高	中
离散系数	商业活动空间分布的密度程度	均值	4.677	2.845	10.595	2.267	9.510
		范围	2.539~7.300	2.059~4.299	8.627~16.28	1.811~3.280	4.606~16.346
		等级	中	较低	高	低	较高
罗伦兹指数	商业活动在空间分布上的集中程度	均值	0.946	0.874	0.992	0.805	0.972
		范围	0.855~0.983	0.806~0.937	0.986~0.998	0.732~0.898	0.908~0.998
		等级	中	较低	高	低	较高
地区特化率	商业活动在空间分布上的覆盖度	均值	0.062	0.175	0.011	0.332	0.056
		范围	0.019~0.165	0.105~0.258	0.004~0.024	0.218~0.444	0.004~0.165
		等级	中	较高	低	高	较低
商业地域密度	商业活动地域内商业设施的集中程度	均值	1.150	1.581	1.087	2.673	3.256
		范围	1.000~1.632	1.262~1.946	1.000~1.769	1.935~3.741	1.989~5.500
		等级	较低	中	低	较高	高

表 4—6 商业服务业设施的空间分布类型及特征分析

	标准差	离散系数	罗伦兹指数	地区转化率	商业地域密度
指标及其代表的意义	(一)商业活动空间分布差异度(市场区、服务半径)	(二)商业活动的空间分布密度,出现概率(对于消费者来说的便利程度)	(三)商业服务在空间分布上的集中程度	(四)商业活动在空间分布上的覆盖度	(五)商业单元内的地域集中程度
第一组:均匀分布型					
空间分布特征	(一)相对独立、固定的市场区	(二)分布密度不高,服务便利程度一般	(三)相对均匀分布,职能等级低或一般	(四)广泛分布	(五)孤立布局
Ⅰ组:稀疏均匀分布型					
主要商业类型	肉菜市场(01)、住宿(141,143,142)、医院(102,103)、休闲娱乐设施(133,132)、妇婴用品(37)、休闲饮品(06)、手机商场(67)、超市(51,52)、服装专卖(43)、眼镜店(22)、旅行社(144)、首饰钟表(26)、小型电器(48)、西式快餐(83)、学生饭堂(89)、宠物用品(49)、加油站(119)、古董藏品(36)				

续表

第四章 广州城市中心区商业业态空间的结构形式

		空间分布特征				
II组:密集均匀分布型						
	空间分布特征					
	主要商业类型	报刊杂志(14)、摄影冲印(107)、家政服务(114)、车辆维修(108)、文印服务(100)、凉茶店(05)、高档餐厅(86)、小型书店(15)、连锁便利店(12)、卫生门诊(101)、健康食品(09)、音像制品(40)、连锁快餐(81)、彩票投注(113)、鲜花礼品(32)、化妆品(41)、药品(42)、纯净水店(46)				
第二组:偏均匀分布型						
	空间分布特征	(一)分布差异度较大,市场区重叠,竞争激烈	(二)分布密度较高,服务较为便利	(三)较均匀分布,职能等级一般	(四)广泛分布	(五)局部较为集中
	主要商业类型	家居装饰(35)、理发店(105)、电信服务(117)、饰品店(23)、餐厅(84、85、87)、电器维修(110)、洗衣缝纫(111)、房屋租赁(112)、面包糕点(04)、五金交化(34)、保健美体(104)、烟茶酒(31)、银行保险(116)				
第三组:零星分布型						
	空间分布特征	(一)零星分布、市场区范围大	(二)分布密度低,服务的便利性差	(三)完全集中,职能等级高	(四)零星分布	(五)孤立存在
	主要商业类型	购物中心(71)、百货商场(72)、大型专营商场(61、62、63、64、65、66)、大型超市(53)、游乐场(134)、表(45)、音乐器材(47)、通讯器材(38)、特产店(10)、皮具皮袋(25)				仪器仪

续表

		空间分布特征				
第四组:偏集聚型	空间分布特征	(一)分布差异度大,市场重叠竞争严重	(二)分布密度高,服务具有极高的便利性	(三)非常分散,服务职能等级较低	(四)广泛分布	(五)相对集中
	主要商业类型	土多店(11)、一般快餐(82)、美容美发(106)、一般服装(21)				
第五组:高度集聚型	空间分布特征	(一)分布上集聚成群,市场区共享	(二)分布密度低,服务的便利性差	(三)非常集中,职能等级较高、专业化	(四)局部分布	(五)高度集中
	主要商业类型	办公设备(16)、电子产品(44)、体育用品(33)、特色爱好(39)、水果店(02)、粮油副食(08)、菜籽店				

最大化,并尽可能地避免由于市场区的分割竞争导致市场分量不足,从而引起利润率下降、重复投资等不利后果。因此,它们在空间分布上一般根据人口规模或市场规模有规律地、相对均衡地布局,后来者的市场可介入性较小。

该类型商业服务设施的特点是为居民提供最基本的生活保障和最便利的服务设施。同时,它必须具有一定规模的服务人口(规模门槛),市场区在空间上重叠较少(图4—6)。其中,最典型的商业服务业设施是与居民居住区配套的肉菜市场、超级市场、医疗门诊和医院等商业网点。这些设施一般是政府在城市规划过程中,根据居住区人口规模要求开发商进行配建,以提供居民生活的最基本服务和保障。另外,在市场作用下,具有连锁、加盟店特点的商业服务设施,为了提高网点的服务范围和质量,往往也具有该类型的空间布局特点。它们一般要求空间分布上相对均匀,市场区合理分配,如连锁便利

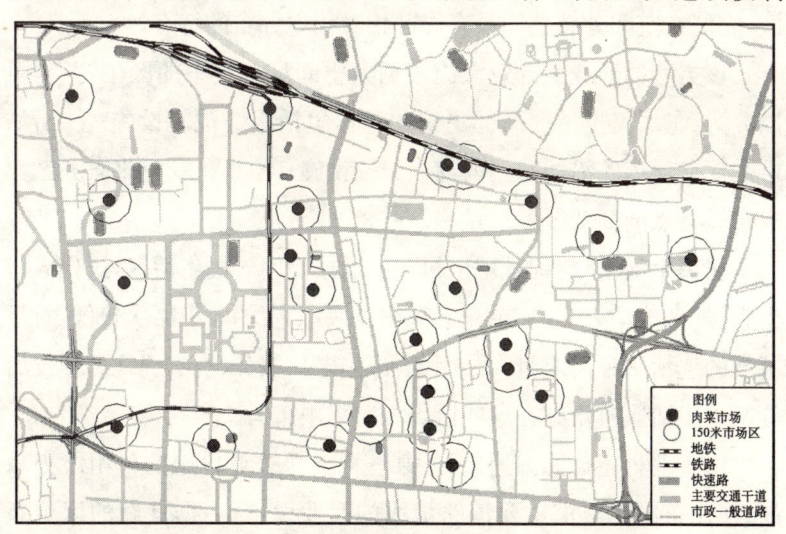

图4—6 肉菜市场的空间分布特征和市场区特征

店、报刊杂志亭、连锁快餐店、彩票投注站、凉茶店、药店等。在这类商业服务业设施中,根据商业网点的数量和空间分布的密度,还可以将该类型细分为稀疏均匀分布型和密集均匀分布型两类。稀疏均匀分布类型的商业网点数量相对较少,要求的服务人口规模较大,市场区空间范围和消费群体相对较为明确。密集均匀分布类型的商业服务业设施,其商业网点的数量相对较多,而且受人口规模或人口流量的影响明显,存在市场区重叠的现象(彩图Ⅴ)。

(2) 偏均匀分布型,是指在空间分布上广泛存在,但在某些地域中存在明显的空间聚集现象的商业服务业设施。该类型商店以居民服务业和餐饮服务业为主,职能等级属于中等。为了满足人们生活服务配套便利性的需要,它们在空间上广泛存在;另一方面,由于该类型商店的消费群体的空间分布和活动路径存在空间分化的特点,或者是由于该类型商店的区位特征显著、形成了专业化的商业服务区,它们在空间分布上还具有局部相对集中分布的特点。

该类型的商业服务业设施根据其空间局部集中的区位特点,可以分为:①居民生活区局部集聚的基本生活服务配套设施;②沿城市主要交通道路沿线布局的商业服务设施;③具有专业化服务区集中布局特点的商业服务业设施。

居民生活区,特别是城中村和发展成熟的居民生活区,居住人口密集,外来流动人口多,单身家庭比重大,消费的等级层次较低,对最基本的生活服务需求量大。因此,许多电信服务、洗衣缝纫和理发店等基本生活服务设施在这些区域相对集中布局。

由于地租竞标能力的差异,某些商业服务业设施的付租能力较高,往往布局在城市主要道路沿线的商业设施,占据良好的区位条件。例如,房屋租赁、银行保险、烟茶酒商店等设施的服务职能等级较高,利润空间较大,服务范围较广,地租竞标能力强,主要布局在城市主要道路沿线或中央商务区中,因此也具有局部集中的特点。

另外,某些商业服务业设施在空间上的集聚,可以形成专业化服务功能区的综合优势,从而具备了在空间上局部集中的分布特点,如电器维修、中档餐厅、西餐厅等商业类型(彩图Ⅵ)。

(3) 零星分布型,是指在空间上零星、孤立分布的商业服务业设施。该类型商业服务业设施规模化、专业化服务特色明显,职能等级较高,具有强大的市场吸引能力和广泛的空间影响范围。在城市市区,该类型商业服务业设施的商店网点数量少、比重低,在空间上形成零星、孤立的分布状态。但是,由于该类型的商业服务业设施规模大,职能等级高,是形成城市商业空间结构的重要标志系统和核心商业设施(彩图Ⅶ)。该分布类型的主要商店类型包括城市的综合购物中心、百货商场、大型专营商场(书城、电器城、汽车城、家居城等)和大型超市。

另一方面,随着城市规模和中心商业服务功能的不断增强,同类型的大型商业服务业设施在市中心区也出现了空间集聚的现象,形成了由大型商业服务业设施共同组合而成的城市商业中心区(天河城广场、正佳广场和宏城广场组合而成的天河购物中心区)、专业市场区(天平洋电脑城、颐高电子广场、南方电脑城等组合而成的IT市场区)或主题商业综合体(电子城、摩登百货和天河娱乐城等)。

(4) 偏集聚型,是指在空间上广泛分布,商业网点的平均密度高,但在其分布的区域中密度差异度大。该类型商店的布局追求服务的便利性,在空间上广泛地分布,按道理应是均匀或分散分布为多。但是,由于城市中某些区域的人口规模、人口流动量等客观因素的影响明显,人口密度大,人流量和购买力集中,设店有利可图,也导致了在某些区域的集聚分布。因此,该类型商店在不同的商业活动地域中,网点的数量差异明显。

该类型的商业服务业设施主要包括四种,分别是士多店、一般餐饮店、美容美发和一般服装店(彩图Ⅷ)。由前面的分析可知,士多店、一般餐饮店和美容美发店都属于高密度分布型和高概率出现型的商业服务业设施。这些商业设施功能服务等级较低,属于居民日常生活最基本的商业服务业。它们在区域上广泛分布,并在人口密集的城中村、人流量集中的交通道路沿线居民居住区中高度集聚。一般服装店在空间上也是广泛分布,但在特定区域中形成了专业化特色明显的商业服务区,如服饰商场等。

(5)高度集聚型,是指在空间上局部分布,并在地域上高度集聚的商业服务业设施,经常形成专业化的商业服务区。高度集聚型商业服务业设施往往是"独立生存"能力差,必须依托其他商业设施或者同类商店集中分布形成相应的规模效应,从而实现共享客源或者营造特色的购物环境和市场区。

该类型的商业服务业设施主要有两种类型。一种是依附在社区肉菜市场附近的水果店、粮油副食。此类商店规模小,服务等级低,它们在空间上高度集聚的目的都是为了分享肉菜市场区的消费群体。另一种是专业市场区,如电子市场、办公设备专业区、体育用品专业区等。它们在空间上的集聚可以形成专业化的商业市场,增强知名度和顾客吸引力,也可以为顾客提供专业化的产品及信息服务(彩图Ⅸ)。

三、商业服务业设施的交通区位特征

空间区位是商业服务业设施空间分布和商店选址永恒的主题。

人文地理学以人地关系为核心,研究人类活动的空间分布规律。其中,空间区位和影响因素是其重要的研究内容。遗憾的是,由于个人的能力有限和资料的匮乏,本研究只能适当选取对商业空间影响较大、地理空间特征明显的因素——城市交通网络对商业服务业设施的空间区位特征进行研究。

(一)商业服务业设施空间分布的主要影响因素

商业空间是城市复杂系统中的一个有机组成部分,它的形成和发展是多种因素综合作用的结果。城市的产业关联、用地发展、交通网络、行为方式和历史文化是影响城市商业业态空间结构的主要因素。城市商业业态空间就是在这些要素的共同作用下形成的。

城市商业服务业的发展和空间布局与交通网络有着十分密切的关系,大部分的商业网点直接依托交通网络布局发展。交通网络由不同等级规模的道路所组成,本身是一个复杂的、不均匀的空间系统。因此,在空间上交通网络导致不同的区位具有不同的交通便捷性。这必然影响消费者的购物出行和购物欲望,同样影响着商业服务业设施的交通可达性和服务的便捷性。商业服务业设施的空间布局受城市交通网络结构的影响非常明显。

(二)城市交通网络对商业服务业设施空间布局的影响

广州市天河城市中心区内部的交通网络主要包括路面交通和地下轨道交通两种方式。路面交通由城市对外交通干线、城市主要交通干道、城市的一般市政道路(即居住区对外连接道路)和邻里道路四个等级构成。其中,城市主要交通道路是该区域交通网络的主骨架,它与对外交通干线共同构成该区域"六纵四横"的方格网路网格局,是该区域商业空间结构的主导因素。

为了研究城市交通网络对商业服务业设施空间布局的影响,以及商业服务业设施的交通区位特征,本研究利用 MapInfo 软件,以各等级道路中心线分别作缓冲区(缓冲区是指离对象某一特定距离以内的所有区域),对落在该区域的商业服务业设施进行统计分析。

1. 城市主要交通道路对商业服务业设施空间布局的影响

城市主要交通道路,包括"六纵三横",分别是广州大道、体育西路、体育东路、天河东路、石牌西路和石牌东路等六条纵向交通线,以及黄埔大道、天河路和天河北路等三条横向交通线。它们对城市的商业空间结构和商业服务业设施的空间布局影响最为明显,主要表现为:城市主要交通道路沿线的商业活动强度相对较高,商业服务业设施在城市主要交通道路出现了明显的线状集结的空间布局特征,以及绝大多数的大型商业服务业设施在城市主要交通道路沿线布局。

表4—7 城市主要交通道路沿线的信息图方格网赋值及所占比重

商业活动等级	无	低	较低	中	较高	高	合计	研究范围外
方格赋值	0	0~10	10~50	50~100	100~200	200~500		
全部方格数量	454	87	189	123	100	33	986	364
所占比重(%)	46.04	8.82	19.17	12.47	10.14	3.35	100	—
城市主要交通道路沿线	125	27	69	52	5	18	342	96
占沿线方格比重(%)	36.55	7.89	20.18	15.20	1.46	5.26	100	—
占全部方格比重(%)	27.53	31.03	36.51	42.28	51.00	54.55	34.69	

注:为了减少道路路面宽度对方格赋值的影响,这里的缓冲区采取距道路中心线100米。

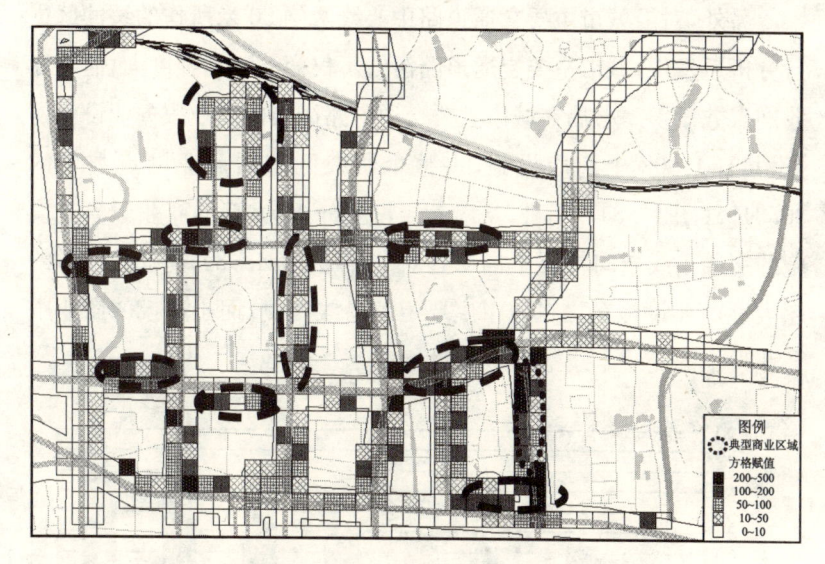

图 4—7 城市主要交通道路沿线商业活动密度分析

为了考察城市主要交通道路沿线的商业活动强度,本研究沿城市主要交通道路中心线两侧 100 米范围作缓冲区,得到缓冲区中的信息图方格网共有 342 个,占总数的 34.69%。从图 4—7 上可以看出,虽然受到道路路面面积的影响,但城市主要交通道路沿线地域单元格的商业活动活跃程度仍然较高。其中,商业活动密度高的地域单元格比重也较整体水平要高出许多(表 4—7)。值得一提的是,占全部商业活动地域单元格 34.69% 的城市主要交通道路沿线,却集中了 50% 以上的高密度、较高密度商业活动地域单元格(分别是 54.55% 和 51.00%)。在这些地域中,一般分布有城市高等级的商业服务区,如天河路的天河城段、岗顶段,天河北路的时代广场、中心广场等等。可见,城市的主要交通干线沿线是城市重要的商业服务区,主导着城市的商业空间结构和空间发展。

另外,对沿城市主要交通道路中心线两侧50米所作的缓冲区进行分析后发现,城市主要交通道路沿线不仅商业活动强度大,而且商业网点数量多。布局在城市主要交通道路沿线的商业服务业设施网点,共有1 908个商店设施,占整个研究区域内商业网点数量的30.31%(图4—8)。另外,从经营规模上分析,大型的商业服务业设施的交通干线指向特征更加明显(图4—8、表4—8),有78.43%的超大型商业设施布局在城市主要道路沿线两侧,而小规模的商业服务业设施的交通干线指向并不明显。

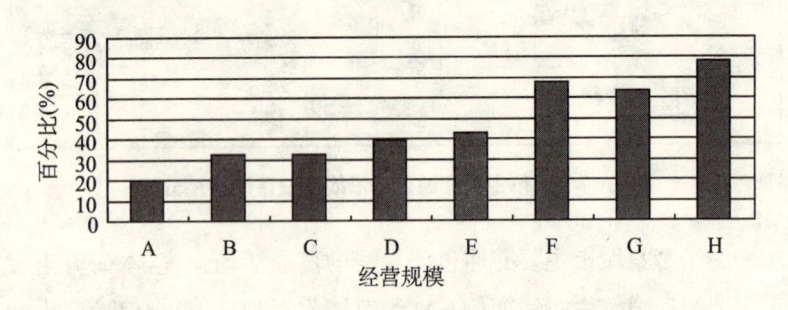

图4—8 城市主干道沿线的商业服务业设施经营规模

表4—8 城市主要交通道路沿线商业服务业设施的经营规模

规模等级	A	B	C	D	E	F	G	H
区域内网点数量总数	2 490	1 437	992	689	413	115	94	51
沿线网点数量	492	467	320	273	178	78	60	40
所占比重(%)	19.76	32.50	32.26	39.62	43.10	67.83	63.83	78.43

2.城市一般市政道路对商业服务业设施空间布局的影响

城市的一般市政道路,指城市内部的次级交通路线或是分布在

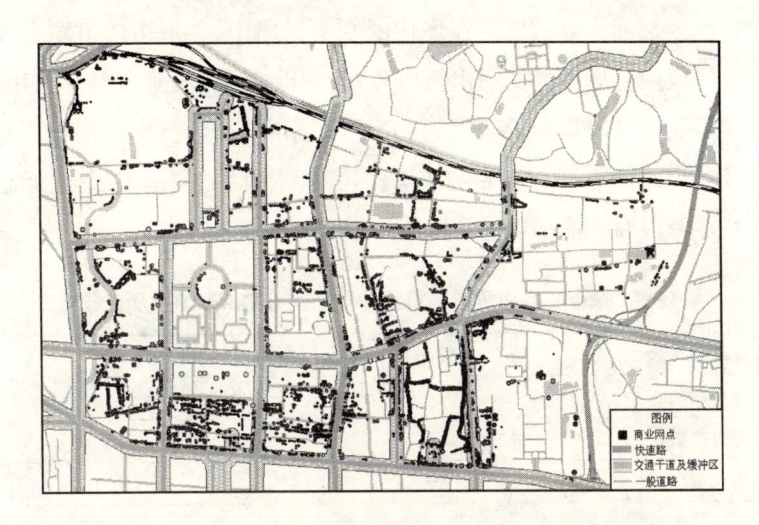

第四章 广州城市中心区商业业态空间的结构形式 *221*

图 4—9 城市主要交通道路沿线商业服务业网点的分布

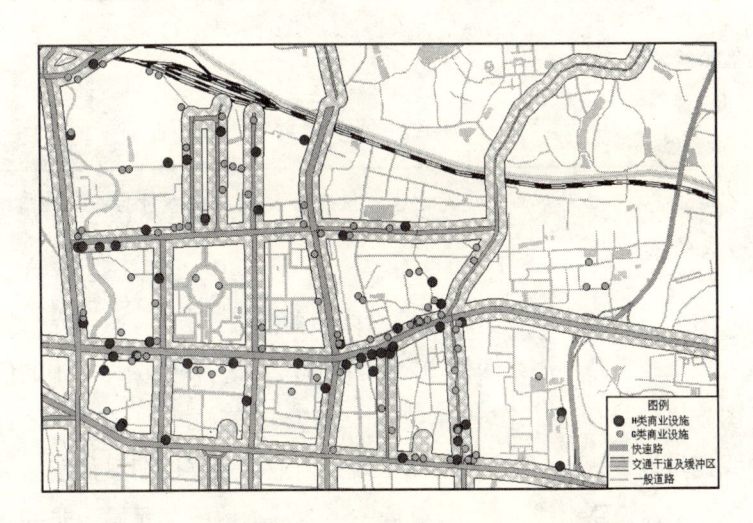

图 4—10 城市主要交通道路沿线大型商业服务业设施的分布

居住区内部的主要道路。在城市的交通网络中,一般市政道路主要为居住区内部居民的交通出行服务,起到承接城市交通干线的作用。市政道路的这种职能特点,决定了它对城市的商业空间结构和商业服务业设施的空间布局影响主要停留在基础商品和基本服务,但它仍然是城市商业活动较为活跃的地带(图4—9~10)。

表4—9 城市一般市政道路沿线的信息图方格网赋值及所占比重

商业活动等级	无	低	较低	中	较高	高	合计	研究范围外
方格赋值	0	0~10	10~50	50~100	100~200	200~500		
全部方格数量	454	87	189	123	100	33	986	364
所占比重(%)	46.04	8.82	19.17	12.47	10.14	3.35	100	—
城市一般市政道路沿线	142	31	95	69	43	12	392	113
占沿线方格比重(%)	36.22	7.91	24.23	17.60	10.97	3.06	100	—
占全部方格比重(%)	31.28	35.63	50.26	56.10	43.00	36.36	39.76	

注:为了减少道路路面宽度对方格赋值的影响,这里的缓冲区采取距道路中心线40米。

为了考察城市一般市政道路沿线的商业活动强度,本研究沿城市一般市政道路中心线两侧40米范围作缓冲区,得到缓冲区中的信息图方格网共有392个,占总数的39.76%(表4—9)。在图4—11中我们可以发现,一般市政道路沿线的商业活动强度明显低于城市的主要交通道路沿线。其中,有近一半的基本地域单元属于非基本商业活动地域单元(即方格赋值为0~10),占到市政道路沿线单元格总数的44.13%;中、低水平的活动强度的单元格比重也相对较高,占到41.83%。

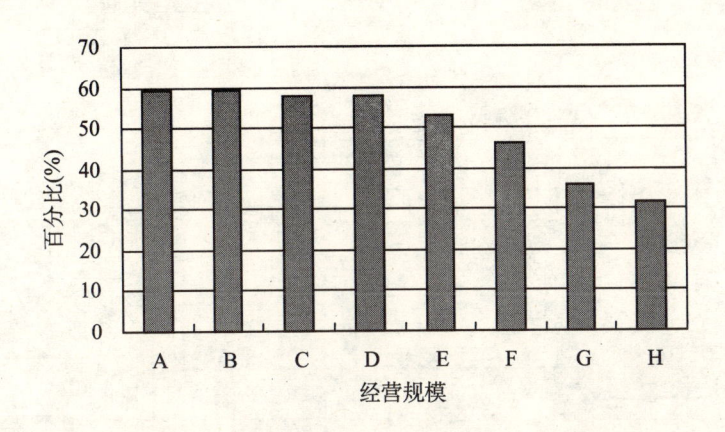

图4—11 城市一般市政道路沿线的商业服务业设施经营规模

但是,我们也应该注意到,一般市政道路沿线布局的商业服务业设施网点数量高达3 622个,占整个研究区域内商业网点数量的57.55%。可见,一般市政道路沿线形成的商业活动空间也是城市商业活动空间的重要组成部分。其中,一般市政道路沿线中、低水平商业活动强度的地域单元格分别占到整个研究区域的50.26%和56.10%,是城市基础商业活动的空间主体,比较典型的是天润路、龙口东路、龙口西路、体育西横街、天河南一路、天河南二路、陶育路和天河东横街等所形成的居民基本生活服务区(图4—12)。可见,城市一般市政道路沿线的商业活动强度较城市主要交通道路明显降低,但它却是居民基本生活服务的主要活动空间。

商业设施的经营规模特征上,一般市政道路沿线布局的商业类型以中、小型的商业活动设施为主,而且也是城市中小型商业网点布局的集中区域,所占的比重均超过50%(图4—11、图4—13、表4—10)。

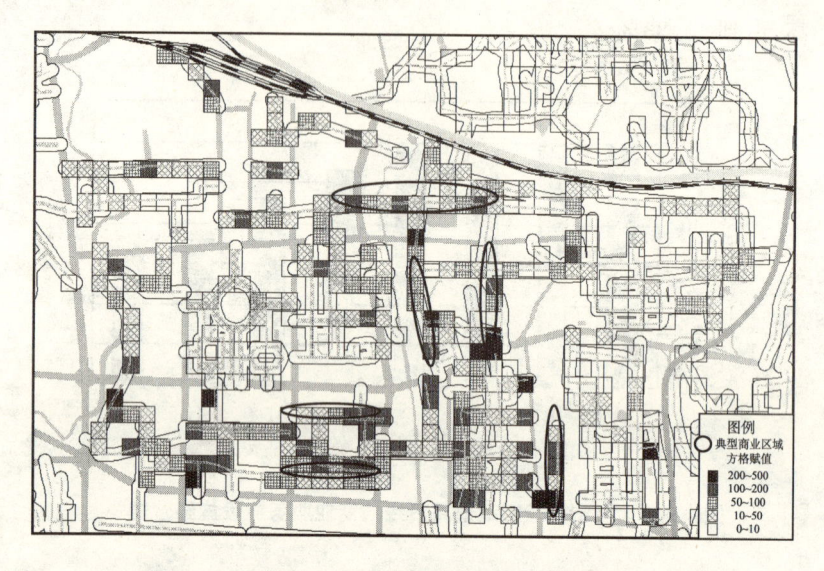

图 4—12 城市一般市政道路沿线商业活动密度分析

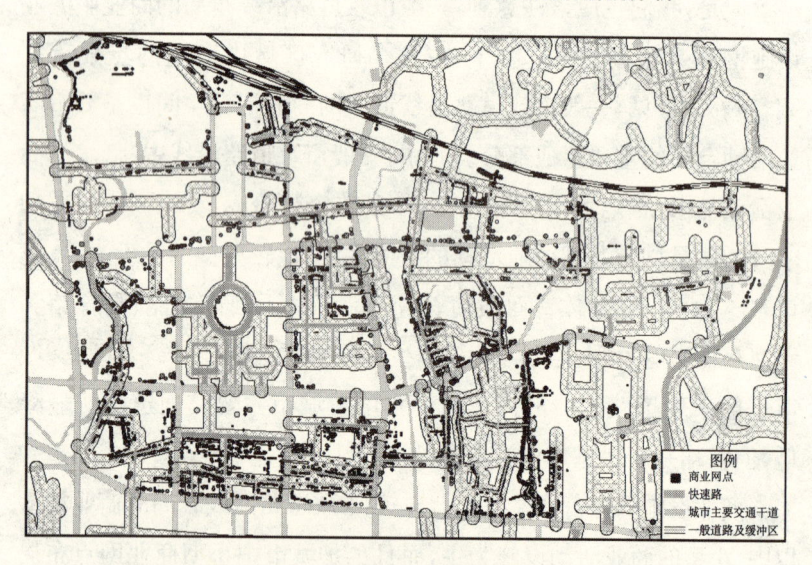

图 4—13 城市一般市政道路沿线商业服务业网点的分布

表 4—10 城市一般市政道路沿线商业服务业设施的经营规模

规模等级	A	B	C	D	E	F	G	H
区域内网点数量总数	2 490	1 437	992	689	413	115	94	51
沿线网点数量	1 479	852	572	398	218	53	34	16
占总数比重(%)	59.40	59.29	57.66	57.76	52.78	46.09	36.17	31.37
占自身比重(%)	40.83	23.52	15.79	10.99	6.02	1.46	0.94	0.44

3. 其他交通方式对城市商业服务业设施空间布局的影响

交通网络虽然是商业服务业设施与居民购物空间活动的纽带，但有些交通基础设施却由于其运输空间和过程的封闭性，交通基础设施沿线的交通通达性反而不好，成为商业网点布局的盲区。这在天河城市中心区中表现得非常明显。例如，华南快速干线和广园东路都是城市对外交通快速路，采用封闭式的管理模式，对城市的商业空间起到了隔离的作用。在这些交通路网的沿线，由于交通通达性、居住环境和商业环境较差，往往形成城市商业服务业的盲区。

地铁是现代化城市的重要交通方式。广州市地铁一号线南北贯穿天河城市中心区，在该研究区域区间内布局有三个地铁站，分别是广州东站、体育中心站和体育西站(天河城)。广州地铁一号线于1998年底建成通车，它对广州市天河城市中心区的商业空间结构的影响主要集中在体育西站，其作用主要表现为促成天河城市级商业中心的不断成熟和规模的不断发展。

(三)商业服务业设施的交通区位类型

根据商业服务业设施在不同等级交通设施沿线布局的百分比，将商业服务业设施的交通区位类型划分为以下四种类型(表 4—11)。

表 4—11　商业服务业设施的交通区位类型

类型	划分标准	主要的商店类型
无等级交通指向型	A+B>70% 且 |A−B|<30%	1. 高等级服务:招待所、一般酒店、旅行社、票务服务、电信服务、医疗卫生、冲印、车辆维修、房屋租赁、彩票投注； 2. 餐饮:连锁快餐、中档餐厅、西餐厅； 3. 专业商品:特产店、书店、办公设备、饰品店、烟茶酒、五金交化、家居装饰、古董藏品、婴儿用品、保健化妆品、药店、宠物用品； 4. 一般商品:面包糕点店、凉茶、休闲饮品店、便利店、报刊杂志、中型超市。
干线指向型	A>50 且 |A−B|>30%	1. 大型商场:大型专营商场、大型超市、购物中心、百货商场； 2. 餐饮:西式快餐、高档餐厅； 3. 高等级商品:服装专卖、首饰钟表、皮具皮袋、眼镜店、电子产品、仪器仪表、电器商店、通讯器材； 4. 高等级服务:银行保险、高级酒店； 5. 其他:加油站。
街道指向型	B>50 且 |A−B|>30%	1. 一般餐饮:一般快餐、低档餐厅； 2. 一般日常用品:熟食品、鲜花礼品、音像制品、小型超市； 3. 便利服务:文印服务、单车维修； 4. 专业市场:菜籽店。
非交通指向型	A+B<70%	1. 基本的日常食品、用品:肉菜市场、水果、牛奶、粮油副食、健康食品店、士多店、配水商店、服饰店； 2. 配套餐饮:学生饭堂； 3. 日常生活服务:电器维修、洗衣缝纫、理发、美容、保健、俱乐部； 4. 专业市场:体育用品、特色爱好。

注:A 指商业服务业设施在城市主要交通干线沿线 50 米范围内布局的比重,B 指商业服务业设施在城市一般市政道路沿线 25 米范围内布局的比重。

1. 无等级交通指向型的商业服务业设施

无等级交通指向型的商业服务业设施是指沿城市主要交通干道和一般街区道路沿线布局的商业网点超过总数的70%,并且没有明显的道路等级倾向。该类型商业服务业设施在空间区位上要求具有良好的通达性和商业环境,往往布局在人流量非常集中的地段。其中,报刊杂志、凉茶店、连锁便利店等商业类型的这种区位特征尤为明显(图4—14)。

2. 干线指向型的商业服务业设施

干线指向型的商业服务业设施是指沿城市主要交通干道布局的商业网点比一般市政道路明显要多,而且超过总数的50%。该类型商业服务业设施在空间区位上要求具有良好的通达性和商业环境,往往是城市人流量高度集中的结点。该类型的商业服务业设施主要包括各种大型商场、高等级的餐饮服务、高等级的商品销售以及高等级的商务办公服务(图4—15)。由于职能等级较高,该类型的商业服务业设施的付租能力较强,交通区位条件优越。其中,银行是最典型的商业设施类型。

3. 街道指向型的商业服务业设施

街道指向型的商业服务业设施是指沿城市一般市政道路沿线布局的商业网点比城市主要交通干道明显要多,而且所占的比重超过总数的50%。该类型的商业服务业设施职能等级相对较低,付租能力相对有限,交通区位的要求不会很高(图4—16)。

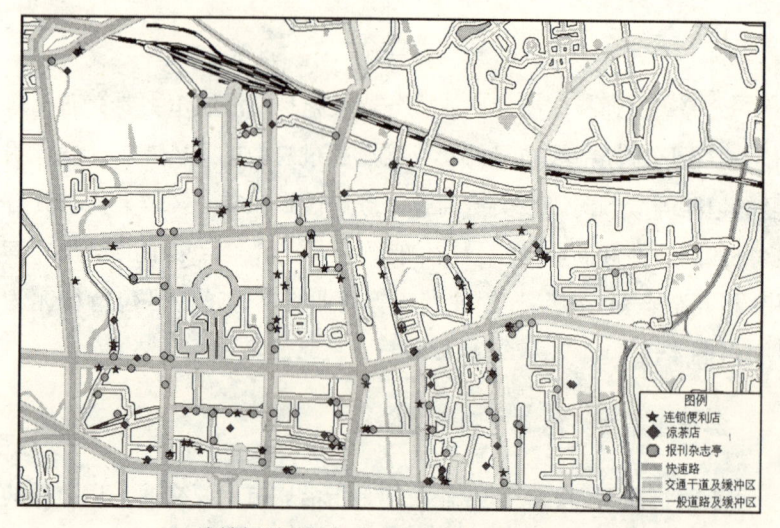

a) 连锁便利店(★) 报刊杂志(●) 茶店(◆)

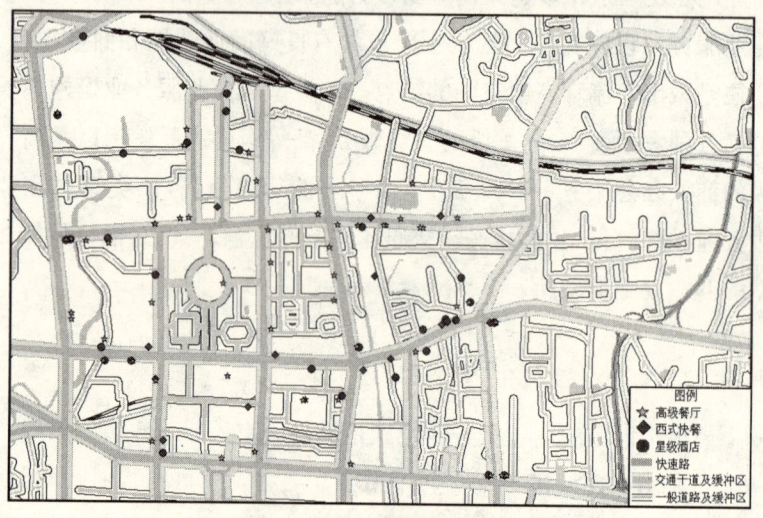

b) 连锁快餐店(★) 房屋租赁(◆) 烟茶酒(●)

图4—14 无等级交通指向型的商业服务业设施空间布局

第四章 广州城市中心区商业业态空间的结构形式 229

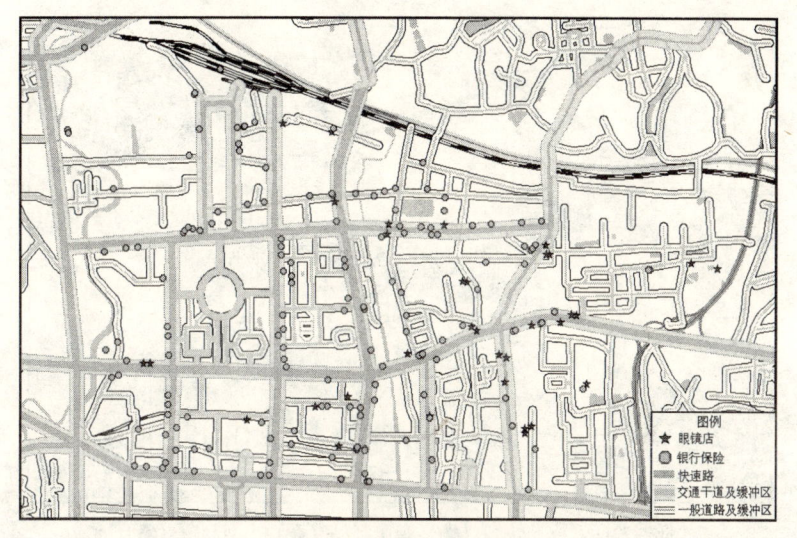

a) 眼镜店(★) 银行保险(●)

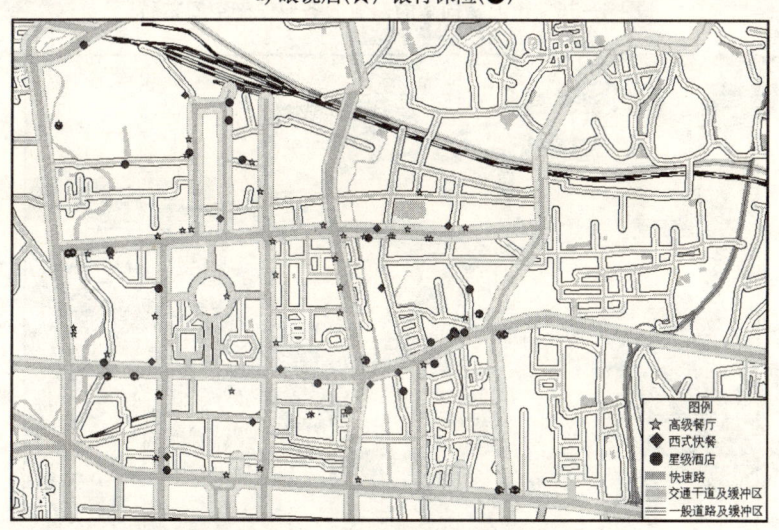

b) 高级酒店(★) 西式快餐(◆) 星级酒店(●)

图4—15 干道指向型的商业服务业设施空间布局

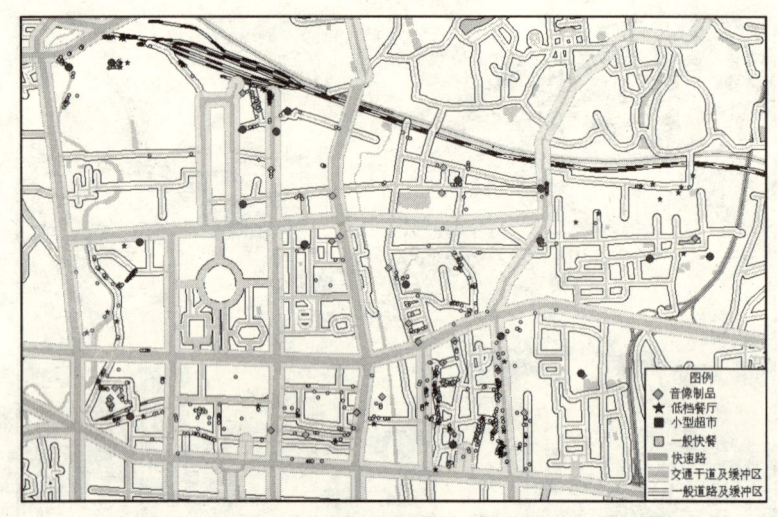

低档餐厅（★）快餐（●）音像制品（◆）小型超市（●）
图 4—16　街道指向型的商业服务业设施空间布局

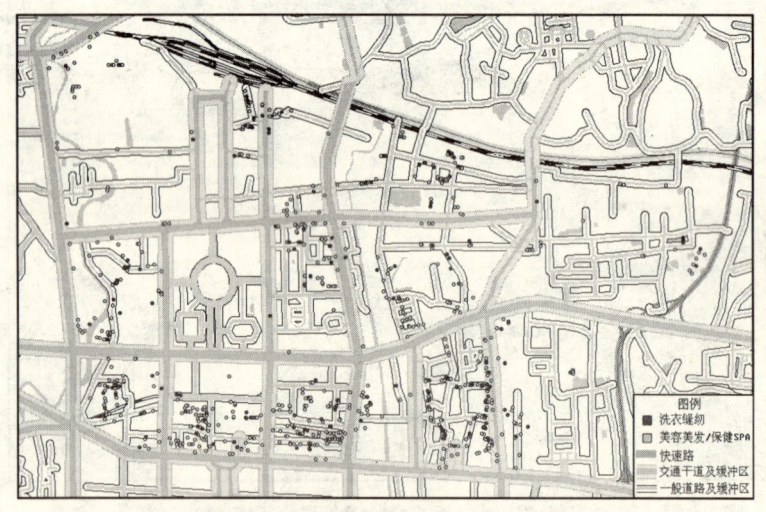

洗衣缝纫（●）美容美发保健SPA（●）

图 4—17　非交通指向型商业服务业设施空间布局

4. 非交通指向型的商业服务业设施

非交通指向型的商业服务业设施是指除以上明显具有交通指向的商业类型之外的其他商业服务业设施。该类型的商业服务业设施提供的主要是居民生活起居基本需求的商品服务，一般是围绕在社区的肉菜市场周边布局，也有散落于居住区内部的商业活动(图4—17)。另外，专业化的市场区也具有此类型的交通布局特点。

第二节 商业区的职能类型和空间结构

一、商业区的确定和职能特征

商业区一般指城市中商业服务业活动密集而且活跃的地区。它在空间景观上具有集中连片的形态特征，在功能上具有"中心地"的职能特点、特定的服务范围和消费群落，在结构上是由多个商业服务业设施组合而成的地域空间。

商业区作为商业服务业设施在地域空间上的集结，既是大部分商业服务业设施存在的载体，也是构成城市商业空间结构的基本组合单元。因此，研究城市的商业空间结构，同样需要对城市的商业区加以研究。而商业区的研究，主要包括范围界定、职能类型划分和空间结构剖析等方面的内容。

(一)商业区的确定和空间界限

商业区的范围界定，一直是城市商业地理学研究的基础，也是一个十分关键但又相对困难的问题。从商业区集聚规模和集聚程度两个角度出发,根据商业服务业活动强度的地域空间分布,在充分考虑现实因素对商业区形成和空间范围的影响基础之上,通过实地调查进行主观判断,确定天河城市中心区的主要商业区及其空间界限。具体步骤如下。

1. 步骤一:判断商业区的空间分布

城市中的商业区往往是商业服务业活动活跃、密集的地域,在空间景观上具有集中连片的特点。本研究利用商业服务业设施信息图(图4—18)中商业活动的基本地域单元来模拟城市商业区的地域空间分布,初步判断城市商业服务业活动分布的主要地域和商业区的空间分布情况。

2. 步骤二:考察商业区范围的影响因素

城市中的商业区往往是由多个商业服务业设施在某一地域上密集布局而成。它一般需要良好的交通条件以提供足够的人流和客流,也需要相对完整和封闭的购物活动空间以提供舒适、安全、便捷的购物环境。因此,本研究客观考虑了城市内部主要交通干线、社区内部街区道路、自然景观和构筑物等几个现实因素对商业区的确定和范围界限的影响。其中,城市内部主要交通干线主要是考虑它对商业区购物环境的破坏以及在空间上形成的隔离作用等方面所造成的影响;城市居民生活区内部的街区道路主要是考虑它对社区居民在邻里关系、社区购物环境形成中的作用,因此对社区的商业氛围和购物环境营造具有重要的作用;自然景观和构筑物主要是考虑物质空间上的阻隔或分割的作用(图4—18)。

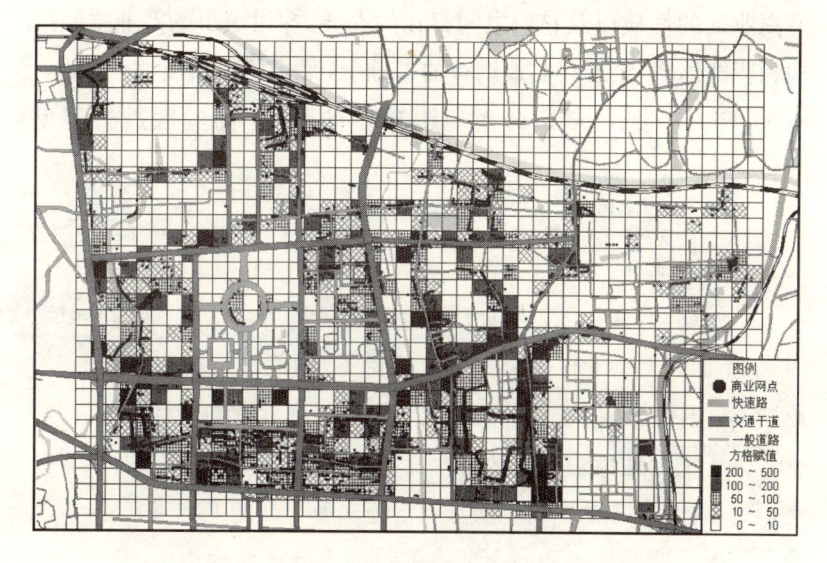

图 4—18　天河城市中心区的道路网系统对商业区的影响

3. 步骤三：界定商业区的空间范围

城市中的商业区都具有其自身的商业服务功能和特点，其区位布局和组合结构上也略有差异。本研究根据商业区内部商业服务业设施的类型结构、组合特点和空间区位特征，结合城市商业区空间布局的景观形态，根据现场的调查对商业区及其范围进行主观判断。

（二）商业区的类型划分和职能特征

传统商业中心区的划分主要采取的是市级、区级、居住区级商业中心等几种等级类型，但这种分类过于粗糙，没有考虑不同等级商业中心在空间区位上的分离，也没有注意到商业区职能专业化、综合化，等级结构扁平化的发展趋势。为了更好地揭示不同等级、不同类型商业区的性质以及它们之间存在的差异,探讨城市的商业空间结构和职能体系,笔者在实地调查的基础上,采用层次聚类法(Hierarchical Cluster Procedures)对以上确定的 96 个商业区进行类型划分。

1. 指标选取

众所周知,商业区的功能决定了商业区的等级层次和空间区位。因此,本研究对商业区的类型划分遵循了"职能决定类型和结构"的原则,通过商业区的职能分类来研究城市的商业空间结构特征。

为了更好地反映商业区的职能特征,本研究既考虑了商业服务类型的不同,还考虑了商业服务业设施服务特征的差异,最终选取了商业区内不同职能类型商店所占数量的百分比作为指标。其中,健康服务、休闲娱乐和其他服务业由于影响度小被剔除。

因此,聚类分析选取了以下 12 个变量:①食杂店所占的比重;②便利店所占的比重;③服饰用品店所占的比重;④特色专业店所占的比重;⑤超级市场所占的比重;⑥大型商场(含大型专营商场和综合商场两类)所占的比重;⑦快餐店所占的比重;⑧正餐餐厅所占的比重;⑨美容保健服务所占的比重;⑩修理业所占的比重;⑪生活服务业所占的比重;⑫旅馆业所占的比重。

2. 聚类方法选择

由于本研究选取了各职能类型百分比作为指标因子,因此无须进行数据的标准化处理。但在聚类分析之前,作者对所选取的指标因子进行了相似性测度,选用了距离测度中的平方欧式距离(Euclidean Distance)方法。在聚类方法的选择上,为使案例数量较少的

第四章 广州城市中心区商业业态空间的结构形式

类聚在一起,本研究采用了社会科学领域应用较为广泛的沃尔德离差平方和方法(Ward's Method)。

另外,由于天河城商业区和岗顶 IT 市场区的大部分商店是由大型商业设施组成,其职能特征和空间范围相对较为明晰,而商业服务业设施数量所占百分比反映的商业区职能特征可能不全面。因此,这两个商业区进行单独处理。

3. 结果分析

通过以上所选择的方法,利用 SPSS 软件进行聚类分析,得出 96 个商业区的聚类谱系树状图。本研究结合实际情况,以距离系数 4.0 为界,对 96 个商业区分为以下 7 组。同时,对各类型商业区的职能特点和商业组合结构进行统计,对典型商店进行描述(表 4—12、表 4—13)。

表 4—12 商业区类型划分和特征总结

类型		个数	商业区名称	职能特征	典型商店
第一组		26	城市综合服务区	综合性的日常生活服务	超级市场、连锁便利店、连锁快餐店
第二组		23	社区基本服务区	综合性的基本生活服务	肉菜市场、士多店
其中	Ⅰ	9	城中村	综合性的基本生活服务	士多店、蔬菜水果店、快餐店、电信服务
	Ⅱ	12	城市社区	综合性的基本生活服务	肉菜市场、士多店
	Ⅲ	2	高等学校	综合性的基本生活服务	肉菜市场、士多店
第三组		6	服饰商业区	以服饰为主的综合服务	服装店、饰品店
第四组		12	办公服务区	为商务办公服务的综合服务	银行、餐厅

续表

类型		个数	商业区名称	职能特征	典型商店
第五组		2	专业服务区	以售后服务为主的专业服务	专业服务店（如售后服务店）
第六组		23	特色商业服务区	以某一类服务为主的综合服务	特色商店及组合（如宾馆、餐厅、商旅）
其中	Ⅰ	3	餐饮特色服务区	以餐饮服务为主的综合服务区	美容、快餐
	Ⅱ	14	住宿特色服务区	住、吃、旅等为主的特色化服务	宾馆、餐厅、商旅、俱乐部、美容院
	Ⅲ	6	美容特色服务区	美容、餐饮为主的特色化服务	美容、快餐
第七组		4	专业市场区	某一类商品为主的商业职能	专业店

下面我们对七组商业区的职能类型进行总结归纳。

第一组:共26个,属于城市综合服务区,类似于居住级的商业中心。该类商业区几乎包括所有的商业服务类型,职能最为综合,商店类型也非常多样,档次中等。它既为周边社区的居民提供日常的生活服务,也为在该区域上班的工作人员或途经该地区的人流提供便利服务。在这些职能中,该商业区类型以日常生活服务的职能为主,主要包括了便利店、专业店、餐饮业和生活服务业四大类,它们的比重都超过了10%。在商店组合上,典型的代表性商店类型是面包糕点、凉茶、连锁便利店、各种类型的专业店、美容保健、快餐、正餐、地产、金融服务等。

第二组:共23个,为社区基本服务区,类似于小区级商业中心。该类商业区职能类型和商店类型相对多样,但它的职能主要是提供一些生活必需品和基本的生活服务。在这些职能中,该商业区类型以基本的生活服务为主,主要包括了食杂店、便利店、专业店、快餐店

表4—13 七组商业区的商业服务业设施组合情况一览表

组别	属性	合计	食品店	便利店	服饰	专业店	超市	商场1	商场2	快餐	正餐	医疗	美容	修理	代理	娱乐	旅馆	其他
第一组 26个	比重（%）	100	6.01	11.46	3.87	23.54	0.53	1.78	0.00	7.58	7.76	1.96	7.48	4.62	20.59	1.04	1.29	0.26
	数量	48.31	3.04	5.38	1.96	10.73	0.27	0.58	0.00	4.38	4.12	0.77	3.85	3.12	9.08	0.42	0.54	0.08
	典型商店		面包1.0 土多2.3 凉茶0.5 便利0.7 佐料0.5 文具1.3		服装1.8	烟酒1.5 五金1.8 家居1.2 化妆0.8			—	普通3.7 连锁0.5	中档2.3	医疗0.8	美容2.0 保健1.5 理发0.4	电器1.5 洗衣1.1 车辆0.5	地产2.7 金融2.2 电信1.0 文印1.0 商务0.3		旅馆0.5	
第二组 23个	比重（%）	100	18.51	12.34	7.97	18.28	1.13	0.34	0.00	10.47	3.30	1.41	9.36	7.21	8.23	0.52	0.33	0.39
	数量	93.48	15.13	12.43	9.17	14.96	0.57	0.13	0.00	10.48	3.13	1.57	9.52	7.52	8.13	0.43	0.22	0.09
	典型商店		肉菜0.8 水果9.4 熟食4.6 面包1.3 凉茶3.1 副食1.6	土多9.4 报刊0.9 书店0.8 文具0.7	服装5.8 饰品2.5	烟酒3.3 五金2.0 家居2.5 音像1.4 药店1.3 鲜花1.2	小型超市0.4		—	普通7.7 连锁0.3	低档1.5 中档1.3	医疗1.6	美容5.7 理发2.1 保健1.3	洗衣4.3 电器1.9 车辆1.3	电信2.8 地产0.8 文印1.4 相馆1.2	—	—	—

续表

组别	属性	合计	食品店	便利店	服饰	专业店	超市	商场1	商场2	快餐	正餐	医疗	美容	修理	代理	娱乐	旅馆	其他
第三组 6个	比重(%)	100	5.80	2.80	40.03	13.08	1.28	2.64	0.00	4.76	5.41	0.72	8.05	2.42	10.53	0.45	0.84	0.00
	数量	89.83	5.50	3.33	34.33	12.00	0.67	1.67	0.00	5.50	5.83	0.67	7.50	2.17	9.50	0.50	0.67	0.00
	典型商店		凉茶1.3 面包1.0 饮品1.0	土多1.8 报刊0.8	服饰30.0 专卖1.3 饰品0.8 首饰0.8	烟酒2.2 家居2.0 化妆2.0 礼品1.3	大型超市0.3	手机1.2 服装0.3	—	普通5.0 西式0.5	西餐厅3.7 中档1.7 低档0.3	医疗0.7	美容3.7 保健2.0	洗衣0.8 电器1.3	地产3.2 文印2.0 相馆1.3 银行0.8	娱乐0.5	旅馆0.7	—
第四组 12个	比重(%)	100	2.16	3.43	3.63	7.13	1.00	0.81	0.55	6.39	32.43	1.56	7.64	3.26	21.86	2.74	4.02	1.39
	数量	24.75	0.58	1.17	0.83	1.75	0.33	0.33	0.25	1.83	8.00	0.33	1.83	0.83	5.33	0.58	0.67	0.08
	典型商店		—	面包0.4 便利0.5	—	烟酒0.7	—	—	—	快餐1.1 连锁0.6	中档3.7 高档2.0 西餐2.3	—	美容1.0 保健0.8	车辆0.5 洗衣0.3	银行2.7 地产1.1 商务1.0	娱乐0.6	旅馆0.7	—
第五组 2个	比重(%)	100	0.81	59.32	0.00	12.37	0.81	0.00	0.00	1.61	0.00	0.00	0.00	0.00	5.20	0.00	0.00	0.00
	数量	49	0.5	31	0	5.5	0.5	0	0	1	0	0	0	0	2.5	0	0	0
	典型商店		—	办公设备29.0	建材2.5 仪器1.5	—	—	—	—	—	—	—	—	电器7.5	—	—	—	—

第四章 广州城市中心区商业业态空间的结构形式

续表

组别	属性	合计	食品店	便利店	服饰	专业店	超市	商场1	商场2	快餐	正餐	医疗	美容	修理	代理	娱乐	旅馆	其他
第六组 23个典型商店	比重(%)	100	2.77	18.07	1.44	11.90	0.36	1.08	0.15	13.50	16.47	1.50	11.51	4.08	11.24	1.58	3.65	0.06
	数量	34.30	1.13	6.52	0.83	4.04	0.09	0.30	0.13	4.09	5.96	0.43	3.30	1.43	4.09	0.48	1.43	0.04
	典型商店 组Ⅰ		—	土多1.7	—	烟酒1.0 五金1.3	—	—	—	快餐0.0	低档3.0 中档1.0	—	美容1.0	车辆1.0	—	—	—	—
	组Ⅱ		—	土多5.6 便利0.6	服装1.2	烟酒1.0 五金0.9	—	—	—	连锁0.7 快餐2.6 西餐0.3	低档2.5 中档3.1 高档0.9 西餐1.4	医疗0.8	美容1.8 保健0.4	车辆0.9	银行1.4 票务1.0 地产0.6	娱乐0.8	高档1.1 中档0.6 招待0.6	—
	组Ⅲ		—	土多2.2 便利0.5 文印1.0	—	配水1.3 五金0.8	—	—	—	快餐2.0 低档0.5 西餐0.8	中档0.8	—	美容3.7 保健2.8 理发1.2	洗衣0.7 电器0.7	地产0.7 银行0.7	—	—	—
第七组 4个典型商店	比重(%)	100	1.04	2.95	0.00	87.12	0.00	0.00	0.00	1.39	1.04	0.00	2.08	1.67	2.71	0.00	0.00	0.00
	数量	26.25	0.5	1	0	22	0	0	0	0.25	0.5	0	1	0.25	0.75	0	0	0
	典型商店		—	土多0.5	—	专业22	—	—	—	—	—	—	—	—	—	—	—	—

注：① 斜体加下划线指在商业区类型中的最大比重。② 由于采用分别平均的统计方法，因此比重和数量不存在对应关系。

和居民服务业等几种类型。其中,食杂店、便利店、专业店和快餐店这四种基本的生活服务商店数量达到了50%左右。在商店组合上,典型的代表性商店是肉菜市场、水果、熟食、士多、快餐、缝纫、理发、电信服务等。由于该类型商业区的服务职能和等级层次较低,其服务对象主要是针对附近居住区的居民。因此,它的商店组合结构和商店等级类型也与其周边居住区人口特征密切相关。根据社区结构的不同,该类型商业区还可细分为城中村基本商业服务区(共9个:1301、0708、0103、1415、1406、0505、0506、0703、0606)[①]、城市社区基本商业服务区(共12个:0303、0104、0501、0607、1012、0403、0903、1205、0504、0603、1208、0210)和高等学校基本生活服务区(共2个:0601、1106)三种亚类。

第三组:共6个,属于服饰商业区,即以服饰为主体的综合商业区,类似于传统的市级商业中心区。该类型商业区以服饰销售为主要职能,服装店的数量占到总量的40.03%;同类型产品的商店也较为多见,如饰品店、化妆品、手表首饰、家居和床上用品等,占10%左右。由于购买服装属于挑选型的购物方式,购物时间较长,往往融合了休闲活动、餐饮服务等内容,因此,该类型商业区在提供服装销售职能的同时,还附带有其他类型的商业服务功能,主要包括餐饮服务(休闲饮品、咖啡厅、西餐厅、快餐、中餐等)和基本的便利服务(点心、饮料、士多、快餐、银行等)。在商店组合上,典型的代表性商店大型的服饰专业市场、服装店、专卖店、饰品店、珠宝首饰店、快餐、餐厅、休闲饮品店、咖啡厅、西餐厅等。

第四组:共12个,城市的办公服务区,属于高等级的商业服务功

---

① 数据为商业区的编码,前两位代表地块编码,后两位代表商业区编码。

能区,是服务型城市出现的新型商业空间,也是城市中央商务区(CBD)的重要组成部分。这种商业区一般集有吃、住、购、玩、办公于一体,一方面为公司的生产和商务活动提供配套服务,另一方面也为白领阶层的日常生活提供基本的便利服务。该类型商业区以高层次的服务功能为主体,主要包括餐饮、金融服务(特别是银行)、旅馆住宿业等职能类型,其服务业设施的数量占总量的80%以上。商业区内一般还配套有少量的其他类型的商业服务网点,以连锁便利店最为典型,但零售商店的单位数量比重较小。在商店组合上,典型的代表性商业设施包括百货商场、高档餐厅、西餐厅、便利连锁店、酒店住宿、美容保健服务、商务、银行等。

第五组:共2个,是专业服务区,是具有专业服务功能的商业区。该类型商业区是天河城市中心区独有的商业空间,它们的出现显然受到岗顶、天河科技街两个大型IT市场区的辐射影响。专业化服务区的主要功能是IT产品生产厂家外派在广州的代理和维修服务,并以计算机、打印机等办公设备的售后服务和耗材配送服务功能为主。这些商业设施功能一般具有销售、库存、维修等多种职能,既可以直接零售,又能够为IT市场区的销售提供后期的仓储服务,还能够为产品的组装和售后提供服务。在商店组合上,专业服务区的商店类型非常相似,以办公设备、电脑维修、耗材配送等商店为主。

第六组:共23个,属于特色商业服务区。此类商业服务区指具有某一特色的商业职能,但在整体上又具有综合的服务功能,因此该类型的特征相对不明显。根据商业服务区的不同特色和对聚类分析结果的再处理(取距离系数为2.5),该类商业区可以细分为三种亚类。①是以餐饮为主的特色服务区(共3个)。该类型商业区提供较为低级的商业服务功能,以中低档的快餐、正餐服务为主。②是酒店、住宿特色服务区(共14)。该类型商业区一般提供较高等级的商务服务,以几家高级宾馆、酒家为主体,配合一定数量的美容保健、休闲娱乐、餐饮、商务等服务设施,形成一个相对独立的商业服务群落。③是美容保健特色服务区(共6个)。该类型商业区以餐饮服务、美容保健等服务为主体而形成的商业聚落,特色并不十分明显。

第七组:共4个,称为专业市场区。该类型商业区以销售某一类专业商品为主的许多商店在空间上高度集中而形成,其商业职能单一、专业性强,消费群固定并且空间距离的承受能力强。这四个专业市场区分别是天河体育中心的体育用品专业市场、广州体育学院的体育用品市场、天河大厦的渔具专业市场以及省农科所的菜籽市场。

二、天河城市中心区的商业区空间结构

根据以上的商业区范围和类型的划分,接下来我们进一步研究商业区的空间分布和职能结构(图4—19)。

可以看出,广州市天河城市中心区的商业区空间结构表面上是杂乱无章、随意分布的,丝毫没有克里斯塔勒中心地理论中所提的"等六边形网络结构"的迹象。但仔细一看,还是有一定的规律可循的:整个商业空间出现了商业区沿城市交通道路"牵藤引瓜"式的叶片状生长模式,呈网状结构。可见,由于城市道路引起的交通便捷度差异和城市的用地功能分区,现实生活中的商业中心区出现了空间布局的不均匀分布,商业区的空间形态发生了严重的扭曲变形,而商业区的综合服务功能结构呈现出专业化的趋势和空间分离的效果。因此,我们必须改变传统商业中心区研究中"等级+结构"的思想,而应该从不同类型商业区的区位特征看商业空间的组合结构,即"'类型+区位'+'组合+结构'"。

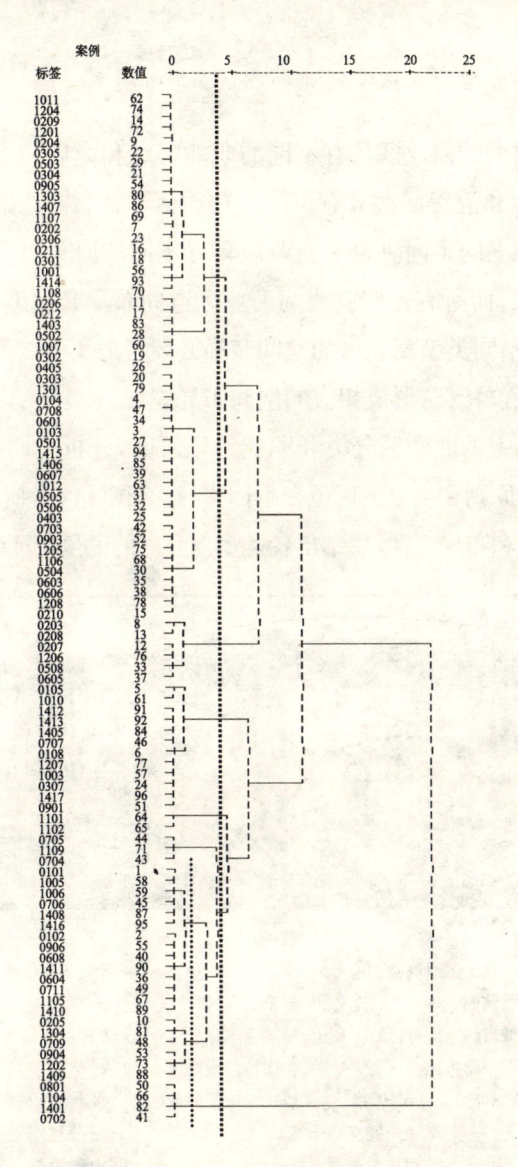

图 4—19 广州天河城市中心区商业区的聚类分析结果——谱系树状图

(一)各类型商业区空间布局的区位特征

不同类型的商业区具有不同的职能特点和商店的组合结构,不同的消费群和消费层次具有不同的购物活动、消费方式和购物环境特征。功能上的不同决定了商业区具有不同的服务对象、服务特征和等级层次,而所有这些就成为商业区空间布局必须遵循的区位原则。因此,不同类型商业区的空间布局必须考虑不同的影响因素,具备不同的区位特征,形成相应的空间布局规律。

通过以上的商业区分类和职能特征研究,分析不同类型商业区的空间布局原则和主要的区位影响因素,结合图4—20所展示的商业区空间特征和布局规律,总结出各类型商业区的区位特征(表4—14)。

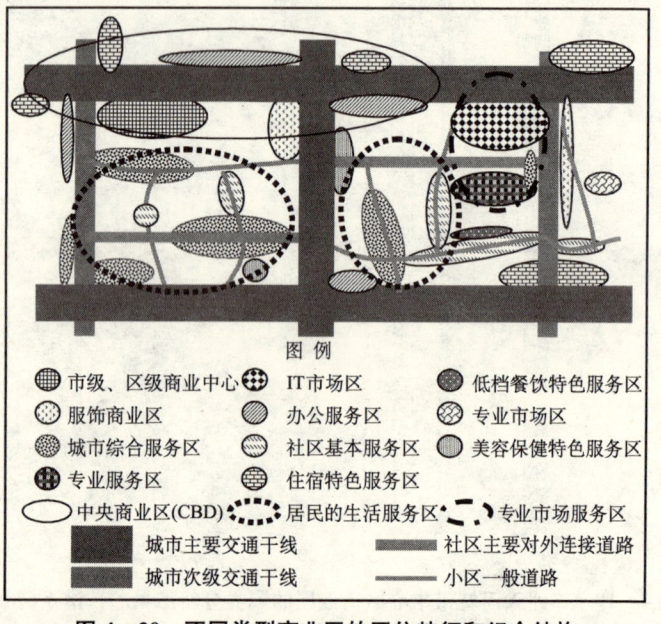

图4—20 不同类型商业区的区位特征和组合结构

表4—14 不同类型商业区的空间特征分析

类型	个数	商业区名称	布局原则	影响因素	区位特征
一	26	城市综合服务区	既强调与社区居民的邻近性,也考虑服务范围的最大化	社区居民、流动人口等服务人口规模,交通便捷度和服务范围,付租能力一般	靠近居住用地功能区,社区对外连接道路或城市主要道路,一般商业区
二	23	社区基本服务区	为消费群体提供最为便利的商品和服务	相对固定的、具有一定规模的服务对象,联系上的便捷性,付租能力低	居住区内部,社区内部道路或对外连接道路,低层次的商业区
三	6	服饰商业区	尽可能共享消费者和提供挑选型的购物环境	大规模的消费群体,同类型商店的空间集聚,付租能力一般	城市主要交通道路、人流量集中,城市道路沿线的商业区,一般商业区
四	12	办公服务区	提供高层次的生产、生活配套服务	高档的购物环境,服务的便捷性,付租能力强	专业化的商业服务设施或者写字楼大厅,形成相对独立的商业空间,中央商务区或者是写字楼云集地区,城市主要道路沿线,高档商业区
五	2	专业服务区	提供专业市场的后期服务	为大型专业市场提供配套的后期服务,付租能力一般	在大型专业市场附近,居住区内部或者偏僻的市场区
六	23	特色商业服务区			
其中	3	Ⅰ 餐饮	为附近居民和流动商贩提供低层次的快餐餐饮服务	服务的便捷性,付租能力低	社区基本服务区附近,低档商业区
其中	14	Ⅱ 住宿	为商务旅游者提供综合性的服务	交通的便捷性,综合服务,安全因素	城市主要道路沿线,相对独立的商业空间
其中	6	Ⅲ 美容	为消费者提供良好的休闲、美容服务	便捷性和亲切性,隐蔽性	社区附近,社区内部
七	4	专业市场区	为特色消费者提供专业化的商品	专业化,同类商店的空间集中	依托相关机构,专业市场区

第一组：城市综合服务区，主要是为周边社区的居民提供日常的生活服务，也为社会人员提供便利服务。它在空间布局上既强调与社区居民的邻近性，也要考虑商圈服务范围的最大化。因此，该类型商业区的空间区位主要是布局在城市居民居住区内部的对外连接道路两侧、人流量相对集中的区域。

第二组：社区基本服务区，主要是为附近居民提供生活必需品和基本的生活服务。它在空间布局上特别重视为消费群体提供最为便利的商品和服务。因此，该类型商业区一般位于城市居住区内部的街区小路（也有布局在对外连接道路）两侧，表现出与消费群体的空间邻近性和服务便利性的区位特征。

第三组：服饰商业区，主要是为区域居民提供耐用消费品——服饰，以及消费者购物过程中的配套服务。一般来说，该类型商业区在空间布局上要求人流密集、同类型的服装商店高度集聚，主要存在两种布局方式：在城市购物中心附近，分享人流；在人流量大的城市交通干线两侧。

第四组：办公服务区，主要是为公司的生产和商务活动提供配套服务。它在空间布局上要求与办公写字楼具有邻近性，也要考虑商业环境的档次。因此，该类型的商业区一般布局在办公写字楼的商业大厅或者是楼群中的沿街店铺，主要是沿城市交通干线两侧布局，并位于城市商务办公活动密集的区域。

第五组：专业服务区，主要是为大型专业市场提供配套的后期服务。它在空间布局上要求与大型专业市场邻近，为商家和消费者提供服务。由于对商业环境和人流量的要求不高，加上付租能力的限制，该类型商业区一般布局在大型专业市场附近的居民区内或者相对偏僻的地区形成专业市场区。

第六组：特色商业区，主要是具有某种特色职能的综合服务区。其中，酒店特色服务区提供综合性的商务旅游服务，往往围绕某一高档、星级酒楼在城市主要道路沿线集结布局，形成相对独立的商业空间。餐饮特色服务区主要是为附近居民和流动商贩提供低层次的快餐餐饮服务，因此一般布局在社区的基本服务区附近。美容（餐饮）专业服务区主要是为附近居民提供休闲、美容和保健服务，也吸引周边的居民前来消费，其空间布局一般位于居住区内部。

第七组：专业市场区，主要是为某一特定消费群提供特色商品。此类商业区要求商品的专业性强、挑选余地大，强调个性化的服务。因此，在空间区位上，它往往依托专业化的机构或活动设施，在空间上集中布局。

(二)天河城市中心区商业空间的组合结构模式

传统商业中心区等级层次的空间结构在城市内部现实的商业空间中并不明显，而克里斯塔勒中心地理论所提的"城市商业中心地等六边形网络结构"则基本上是不存在的。不论是天河城市中心区商业区的空间结构，还是各类商业区本身的形态特征以及功能特点，都说明城市内部的商业区不是以"点"集中、独立布局的形式而存在；商业区的等级层次关系也不明显，它们之间更多的是职能类型上的区别；空间结构更不是以商业中心区为节点的规则网络结构。因此，我们要想研究现实的城市商业空间结构，就必须首先根据商业区的职能特点和区位特征，明确商业区的空间布局规律；其次，从商业区的职能和组合结构的角度划分城市的商业空间。

1. 天河城市中心区商业空间的构成

天河城市中心区的商业空间主要由三大类型的功能区组成，它们分别是中央商业区(CBD)、大型的专业市场区和居民的生活服务区。

中央商业区(CBD)指以天河体育中心为核心的周边商圈，包括市级的商业中心区(天河城、正佳广场、购书中心等大型商业设施集聚区)、服饰商业区(维多利广场等)、办公服务区(市长大厦、中信广场、时代广场等)、住宿特色服务区(景星酒店、嘉逸豪庭酒店等)等商业区类型。这些商业区一般布局在城市的主要交通道路沿线，如天河北路、天河路等，并在天河中央商务区的硬核地带(Hard Core, 指天河体育中心周边、广州东站附近)高度集聚。但是，许多酒店服务区(如华威达酒店、岗顶酒店等)、办公服务区等高等级职能的商业区还是出现了空间上的分离，具有零星分散、独立布局的特点。

大型的专业市场区主要指岗顶的 IT 市场群，主要包括太平洋电脑城、南方电脑城、天河电脑城、颐高数码广场等多个大型专业市场，以及为该市场群配套的专业服务区。这些大型的专业市场沿天河路岗顶段沿线"一"字排开，高度集中；而配套的专业服务区则位于市场群背后的居住内部或低等级道路沿线。

居民的生活服务区指各居住区(可以按城市主要道路分成 13 个地块或居住区，其中不包含天河体育中心地块)的商业服务区，主要包括城市综合服务区和社区基本服务区两种商业区类型。这些居民的生活服务区基本是按照居住区规模数量进行配套的，但也受到社区居民结构、人口流量等因素的影响。

2. 天河城市中心区商业区空间组合结构的几个特征

我们可以总结出城市商业空间结构的几个规律。

首先,不同类型商业区的数量不会因为职能层次出现等级数量的比例关系。商业区的数量和空间布局只与它的服务对象、服务范围和市场规模相关,不会按照商业区的比例关系配置。例如,由于天河城市中心区是广州市新的中央商务区,因此该区域内的办公服务区、酒店特色服务区等高等级商业区数量高于许多其他较低层次的商业区。

其次,城市的商业空间是由多个不同类型的商业区组合而成,它们在空间上并不一定连接在一起。例如,城市的中央商业区由办公服务区、酒店特色服务区和餐饮服务区等多种商业区类型构成,而且它们在空间上既有集中布局的形式,也存在着空间分离的现象。

最后,高等级的商业职能出现了专业化的发展趋势,而低等级的商业职能正朝着综合化的方向发展。高等级的商业职能随着人民生活水平的提高和新型消费品的出现,其内涵不断得到扩充,如休闲娱乐业、餐饮服务区、特色商品等。另一方面,低等级的商业职能随着城市居民生活方式和购物方式的不断改变,其空间布局更加集中和综合化,如有些城市综合服务区和社区基本服务区已经难以辨别,而且它们在职能上多有重叠。

(三)商业服务业设施的空间分布类型与城市的商业区空间结构

城市的商业空间结构是由不同类型的商业服务业设施组成,商业服务业设施的空间分布影响决定着城市的商业空间结构。我们知道,商业区是由多个商业服务业设施在某一地域空间上集中布局而形成。因此,构成商业区的主要商业服务业设施的空间分布特征必然影响商业区的空间布局和结构特征。反过来,商业区的空间分布特征同样影响着商业服务业设施空间分布特征。

利用商业服务业设施类型,对商业区与商业服务业设施的空间分布类型进行匹配分析(附表4),可以得出以下主要结论。① 高度集聚型的商业服务业设施是构成城市专业市场区的主要商业类型,它们在空间上的局部集中反映了专业市场区在空间上的零星分布。② 零星分布型的大型商业服务业设施是构成城市高等级商业服务区的核心设施,因而它们也是主导城市办公服务区、专业服务区、服饰商业区、酒店住宿服务区在空间上零星分布的主要因素。偏集聚型的商业服务业设施在这些商业区中更多的是扮演主要商业功能的配套服务功能。③ 城市综合服务区、社区基本服务区基本上是与居住区、人口相配套的,因此在空间上是相对均匀布局,或者因用地功能分区出现局部集中的现象。它与广泛均匀分布、偏均匀分布、偏集聚分布型的商业服务业设施在空间上存在着明显的对应关系,互相之间可以进行很好的解释。但是,它们在空间分布上还是受到了零星均匀分布类型的肉菜市场、超市等大型、基础服务设施的空间引导。

可见,商业区相对于商业服务业设施的空间分布特征,总体上来说是相对零乱、缺乏规律的。商业服务业设施的空间分布类型只能部分解释商业区的空间结构(专业化特色明显的商业区解释能力较强),但同时我们也发现了一个更加重要的特点,商业区存在着不同商业服务业设施的空间组合和结构问题。

三、典型商业区的内部结构特征

在许多西方城市中,零售商业主要经历了三个典型的发展阶段:传统商业街、百货商场和购物中心。在我国,国内零售市场在 20 世纪末开始对外开放,马上掀起一场零售商业革命。新型的商业设施,如大型超市、百货商场、连锁便利店等,不断冲击传统的零售商业和商业空间。可见,新型的商业业态类型对于城市的商业区内部结构、城市的商业空间结构的演化具有明显的影响作用。

然而,国内商业地理学对商业空间的研究集中于商业服务业设施和商业中心区的区位布局、等级结构、类型结构等方面,对于商业服务业设施与商业区之间的关系研究明显不够,很少有人从商业业态和商业设施地域组合的角度研究城市中的商业区内部组合结构和城市的商业空间演化。

通过以上商业服务业设施空间分布特征和商业区空间结构的研究,我们对天河城市中心区的现状商业空间结构有了一个较为基本的认识。接下来,作者对不同类型商业区内部的商业服务业设施的组合结构、业态特征和区位布局特点进行研究,力图更加全面、客观地反映城市的商业空间结构。本研究尝试将商业业态延伸到商业空间结构、商业设施空间组合结构等领域,试图揭示商业设施业态类型演化和组合结构变化对城市商业空间结构所带来的影响。

(一)市级的商业中心区

城市市级的商业中心区,一般指在城市商业服务业体系中职能等级最高、规模最大、商业类型最多的全市性商业服务中心。我国传统概念上的城市商业中心区一般以百货商场为核心所形成的,以服饰、电器等商品销售为主的市级商业区。然而,随着城市规模的不断扩大,人们生活方式、交通出行方式的改变,特别是大型购物中心(Shopping Mall)①的出现,城市中的市级商业中心区今非昔比。商业区内部的商店类型、商业设施规模和服务职能都发生了根本性的变化。

在研究区域范围内,城市市级的商业中心主要指天河商业中心区,即以天河城、正佳广场为核心的周边商业区。

1. 商业服务业设施的空间组合特征

天河商业中心区整体上位于广州市天河体育中心的南面,在天河路和体育西路交叉路口沿线布局,占地面积约为 0.25 平方公里。在商业服务业设施的空间组合上,规模化、集中布局是其最大的特征,即大型商业设施在商业中心区中的集中布局。该商业区在半径不到 500 米的空间范围内有八家超大型的商业服务业设施在此"扎堆",功能上相互竞争、互有补充,形成城市最高等级的商业综合服务区(图 4—21)。在这些商业服务业设施中,主要包括两家综合购物中心、五家大型的专营商场和一家高档餐厅(表 4—15)。原来,该商业中心区的空间组合结构主要是以天河城为核心,沿天河路、体育西路扩散的空间格局。随着正佳广场的日渐成熟,该商业区将有可能演化成为双核心(甚至是多核心,2008 年太古汇广场将建成)的带、片状商业空间结构。

---

① 购物中心(Shopping Mall)的概念,按照美国购物中心协会的定义,购物中心是指由开发商规划、建设、统一管理的商业设施;拥有大型的核心店、多样化商业街和宽广的停车场,能满足消费者的购买需求与日常活动的商业场所。该概念介绍到中国后在理解上存在一定的差异,我国国家质量技术监督局于 2000 年 5 月 19 日发布的国家标准《零售业态分类》中,对购物中心的定义为:"企业有计划地开发、拥有、管理运营的各种零售业态、服务设施的集合体。"

第四章 广州城市中心区商业业态空间的结构形式 253

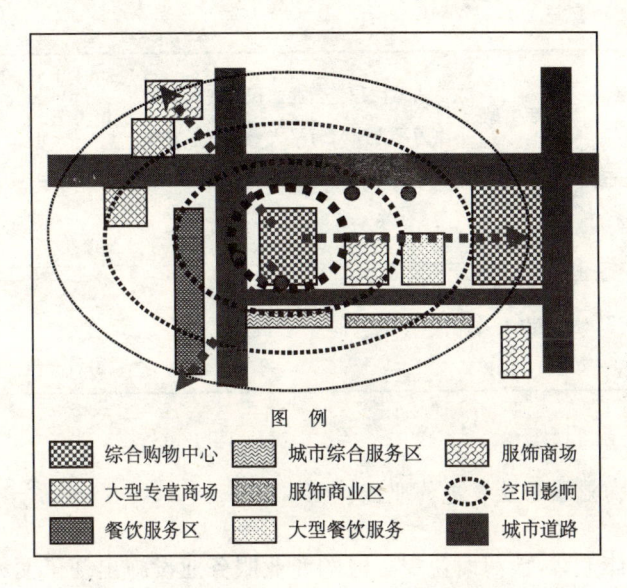

图例
- 综合购物中心
- 城市综合服务区
- 服饰商场
- 大型专营商场
- 服饰商业区
- 空间影响
- 餐饮服务区
- 大型餐饮服务
- 城市道路

图4—21 城市中心商业区商业设施空间组合结构

表4—15 天河城市商业中心区主要的商业服务业设施

商业设施名称	商店类型	占地面积（万平方米）	营业面积（万平方米）	建筑面积（万平方米）	2004年销售额（亿元）	日平均客流量（万人）
天河城	大型购物中心	21	10	16	40	30
正佳广场	大型购物中心	5.7	30	42	—	80
购书中心	大型专营商场（书店）	—	1.5	—	2.44	—
苏宁电器	大型专营商场（电器）	—	0.8	—	—	—
维多利广场	大型专营商场（服饰）	—	2.9	14.4	—	—

续表

商业设施名称	商店类型	占地面积（万平方米）	营业面积（万平方米）	建筑面积（万平方米）	2004年销售额（亿元）	日平均客流量（万人）
宏城广场	大型专营商场（服饰）	5.8	5	—	—	—
潮流站	大型专营商场（服饰）	—	1.1	—	—	—
锦绣河山	高档餐厅	—	—	—	—	—

2. 商业服务业设施的职能特征

总体上看，天河商业中心区的商业服务业设施出现了两种主要的发展趋势：一是综合化，二是专业化。综合化反映了城市高等级商业服务在城市中心地区的集中布局和综合服务的特点，专业化则体现了高等级商品服务概念的不断延伸和分工经营。

综合化是两个综合购物中心的共同特征，它们几乎包括了城市中所有较高等级的商业服务业职能(图4—22)，具有"将商业大街搬进了购物中心"的说法。随着人们生活水平的提高和消费品类型的增加，高等级、高层次的商品服务业日益丰富，市级的商业中心职能也更加综合多样。其中，刚刚开业不久的正佳广场，具有零售、娱乐、餐饮、会展、康体、休闲、旅游、商务八大功能，商业服务业经济活动比例分别为餐饮18%、娱乐30%、零售52%[①]。可见，大型购物中心的商业服务业职能已经非常综合，集零售、餐饮、服务、娱乐、文化等多

---

① http://www.zhengjia.com.cn/index.jsp。

种商业服务功能于一体,完全包括了传统商业街、百货商场的所有商业职能,成为城市高等级职能的综合服务区。

层数	天河城广场	正佳广场	维多利广场
+7	百货(电器)、数码产品、通讯器材、西餐厅	娱乐(电影院、游戏厅)	—
+6	肯德基、美食坊、连锁快餐、餐厅(中、西)、娱乐	家居、餐厅	中式餐厅
+5	百货(运动)、文化廊、咖啡、玩具、家居、娱乐	家居、文具、图书、玩具、娱乐、小吃	西式餐厅
+4	娱乐、电器、通讯器材、家私、家居、茶艺	家电(永乐)、IT产品、运动保健用品、餐厅	儿童用品、家居精品、数码通讯
+3	百货、服饰、家居、咖啡厅	百货、妇婴用品、服饰、宠物用品、药店、汽车用品、餐厅(中、西)	运动休闲
+2	百货、超市、服饰、药店、咖啡厅	百货、服饰、家居、化妆品、皮具、药店	皮具、服饰
+1	超市、银行、服饰、美发、手表、珠宝、眼镜	珠宝、手表、眼镜、银行、精品百货、咖啡厅	名牌服饰
-1	大型超市:吉之岛	M层:旗舰超市、前卫精品、时尚玩意、游乐区、西式快餐、寿司	宏城超市
-2	停车场	(-1层)大型超市:百佳	—
-3	停车场	停车场	—

图 4—22 天河商业中心区三大商业服务业设施的内部职能结构

专业化是指大型专营商场的特点,如购物中心、苏宁电器、维多利等,这些设施以百货商场的形式展示着同一类型的商品,为消费者提供挑选性强的商业服务区;同时,也指购物中心内部商业服务业设施的专业化分工、专营化的特点。这些专业化的商业设施或是围绕在购物中心周边,或是布局在购物中心内部,以某一商业服务业职能为主,为城市居民提供专业化的商品服务。

3. 商业服务业设施的经营业态和内部结构布局

购物中心是由经营管理者统一管理下的众多零售店的结合体及中心所提供的多种附属设施组成的综合型、多功能商场。在购物中心中，经营者一般采用"主力店＋专业店＋专业市场＋配套餐饮＋配套娱乐＋配套服务"的商业设施组合结构（表4—16）。其中，主力店是购物中心中最典型的商业业态类型，一般是由著名的百货商场和大型超市构成。专业店指服装、饰品、化妆品、皮具皮袋、首饰珠宝等穿戴用品店，而且以连锁、专卖店为主；专业市场包括家用电器、电子产品、通讯器材、妇婴用品、运动用品、文化用品、家居装饰、药店等类型；配套餐饮以连锁快餐店、西式快餐、西餐厅、各地特味、食街为主；娱乐设施包括游戏电玩、电影院、游戏厅等。

表4—16 广州几大购物中心的"百货＋超市"组合模式

购物中心		天河城广场	正佳广场	中华广场	中旅商业城
百货店	名称	天贸南大	友谊商场	中华百货	北京华联
	层数	（二）（三）7	（二）3	1—（四）6	1—9
超市	名称	吉之岛	百佳	吉之岛	百佳
	层数	－1	M	2—3	－1

资料来源：谢巧玲、夏洪胜，2003。

在购物中心内部，商业服务业设施的空间布局一般采取垂直分布的形式，按不同商店业态、服务类型进行（图4—23）。地下层除了布局停车场之外，一般还有大型超市和食街，为顾客提供最为便捷的日常生活服务。地面大堂的商业区位最为优越，一般是布局服装专卖店、钟表首饰、皮具皮袋、化妆品、药店等高等级商业设施和银行、

第四章　广州城市中心区商业业态空间的结构形式　257

便利店等配套服务设施。各个专业店之间相互独立，自主经营，整体上看就是"室内的商业大街"。第二、三层往往是由百货商场所占据，并布局有服饰、餐厅等商店。第四、五层人流量相对较少，以专业市场服务为主。第六、七层则以餐饮、娱乐设施为主，提供购物休闲、旅游餐饮等服务。

以上	酒店商务办公写字楼
+7	餐饮+娱乐设施
+6	专业市场+餐饮
+5	百货+专业市场
+4	百货+专业市场
+3	百货+服饰
+2	百货+服饰
+1	服饰专业店
-1	超市、食街
-2	停车场
-3	停车场

图 4—23　购物中心商业设施布局结构

(二)专业市场区(岗顶 IT 市场区)

专业市场区指由众多销售同类型的商品或提供同类型服务的商业网点在空间上集中的地域。天河城市中心区中，专业化市场规模最大、影响力最强的要数天河路岗顶段的 IT 市场区。

1. 商业服务业设施的空间组合特征

岗顶 IT 大中型电脑专业市场主体位于广州市天河路与中山大道的交界处，即岗顶站附近。其核心地段沿天河路南侧布局，在长度不到 400 米的路段上却集聚了广州市，甚至是珠江三角洲区域范围内规模最大、营业额最多的几大电脑 IT 市场。它们分别是太平洋电脑城(一期、二期)、南方电脑城、天河电脑城、颐高数码广场等五家超大型电脑专营市场(图 4—24)。这些大型的专业化商业设施，空间布局上紧密相连，沿城市主要交通干道"一"字排开，很少有其他类型的商店设施存在(较为典型的仅有麦当劳和中国建设银行两家配套服务设施),形成专业化特色非常明显的市场区核心部分。在该核心区附近,交叉口附近沿石牌西路还分布有许多中小型的同类商品市场,如机箱城、音箱城等。

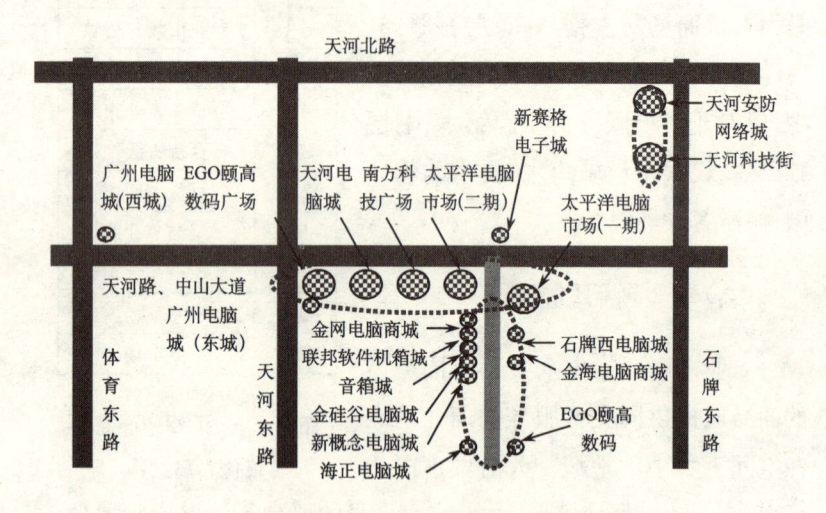

图4—24 天河路岗顶段IT市场区及其影响范围分析

2. 商业服务业设施的职能特征

在职能特征上,岗顶IT市场区的专业化特征非常明显,以电子产品的销售和售后服务为主。各大型IT专营商场主要以销售、展示电子产品为主,也有配套的厂家代理、装机服务,但它们之间没有明显的功能分异,同性竞争明显。附近的中小型专业市场则以电子产品的配套商品为主,如音像、打印机耗材、机箱等产品为主。而散布于附近居住区的售后服务点或厂家指定维修点,则承担起商品库存、部分零售、售后服务、产品维修等职能。

3. 商业服务业设施的经营业态和内部结构布局

这些大型的专业市场在业态组合上极具特色，以众多不同类型的电子产品商店或代理经销点组合而成，商店之间独立经营，由商场管理部门负责统一管理。除品牌展示区以外，各个销售点一般规模较小，往往具有主导商品特征，但又尽可能地销售多种类型的产品（图4—25）。在销售时，商店之间还可以"互通有无"，甚至是相互代理，形成综合化、相互合作的销售网络。商店的经营销售链，则基本上是由"零售展示商店（商场内部，包括零售商、代理商等）+装机维修服务（展示区内或电脑城写字楼区）+厂家指定维修站（电脑城写字楼区、附近街道、居住区中）"组成（图4—26）。这些大型的电子专营商场在内部布局上没有明显的规律，但大部分的同类型产品一般会安排在同一展区中布局，如散件市场、整机市场、数码产品类、电脑

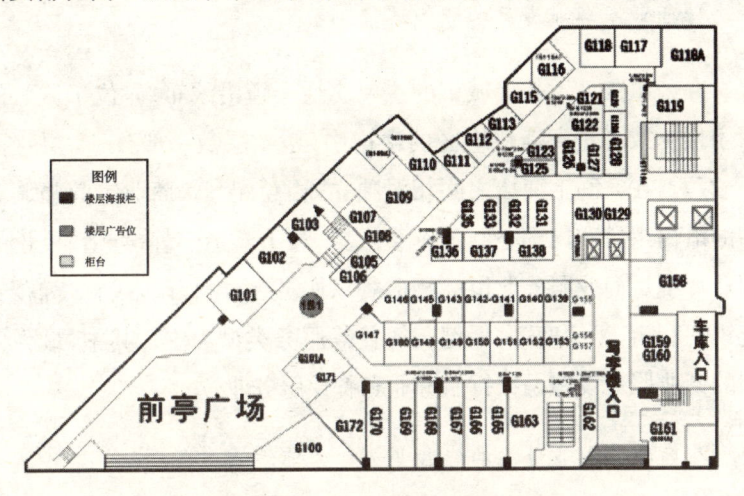

图4—25 太平洋电脑城二期首层平面图

（资料来源：http://es.pconline.com.cn/zone.jsp?zone=49）

外设类等。

(三) 办公(白领)服务区

办公服务区指布局在写字楼区中的为公司的生产和商务活动、白领阶层的消费活动提供配套服务的商业功能区。这种类型的商业区是随着城市中央商务区的不断发展而新近出现的,主要为办公和白领阶层服务的职能等级、消费水平较高的商业区。在研究范围中,体育中心周边地区是广州市中央商务区的核心地区,商务活动频繁,写字楼密集,布局有较多专门为办公服务的商业区,主要是沿天河北路沿线布局。

楼层	业态
以上	办公写字楼
+5	装机维修服务
+4	装机维修服务
+3	散件市场
+2	电脑、数码市场
+1	电脑、数码市场

图4—26 大型专营商场的内部布局结构

1. 商业服务业设施的职能特征

办公服务区一般沿城市的主要交通干道沿线布局,位于城市的写字楼裙或者是高档住宅区的楼裙中(楼裙层数一般4～5层)(图4—27)。在空间上商店之间相对独立,相互配套。商业空间强调商店的沿街组合和内部空间的垂直配置,注重营造宁静、舒适、放松的商业环境。商业服务业以高档的餐饮服务、金融保险业、百货商场、连锁便利店、酒店商务、保健美容业等服务类型为主。其中,最为典型的商业服务设施是银行服务业和餐饮服务业。

2. 商业服务业设施的经营业态和内部结构布局

办公服务区各商业服务业设施由于职能类型不同,其需要的商业环境和空间区位各不相同。为居民和办公提供一般便利性的服

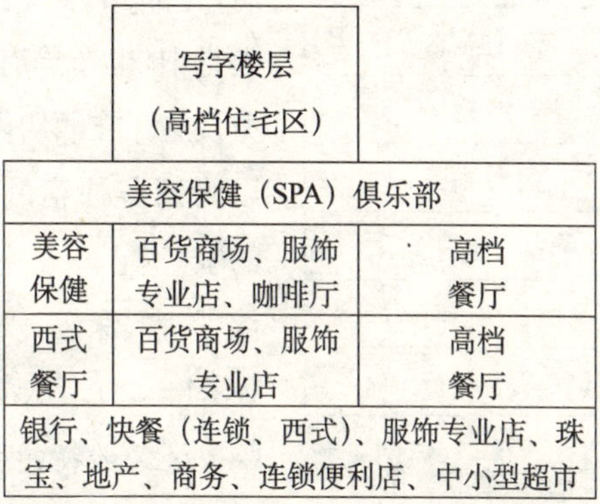

	写字楼层	
	（高档住宅区）	
美容保健（SPA）俱乐部			
美容保健	百货商场、服饰专业店、咖啡厅	高档餐厅
西式餐厅	百货商场、服饰专业店	高档餐厅
银行、快餐（连锁、西式）、服饰专业店、珠宝、地产、商务、连锁便利店、中小型超市		

图4—27 办公(白领)服务区的商业空间结构分析

务,如银行保险、超市、连锁便利店、地产、快餐店(中、西)、西餐厅等商业网点一般布局在楼裙中的底部,既面向楼群内部和沿街道路,具有为城市和写字楼提供服务的双重职能特点。楼裙大厅中则以大、中型的百货商场为主力店,配套有服饰专业店、珠宝首饰、化妆品店等高档商品的专卖区。楼群内部则以高档次的餐饮业、美容保健业、俱乐部等特色服务为主。

(四)住宿特色服务区

住宿特色服务区指以酒店住宿服务为核心,配套有相关服务功能的商业区。该类型商业区一般依托某一两个高档的星级酒店,并在酒店中配套高档餐厅、美容保健、休闲娱乐、快餐店、银行、商务服务等功能。在空间组合结构上,这些商业服务业设施一般都布局在同一栋建筑物中,并按职能类型不同出现不同的楼层分工。在沿街的店铺中,一般布局与城市居民生活相关的商业服务设施,如银行、快餐

以上	住宿
+5	住宿
+4	住宿
+3	美容、休闲娱乐
+2	高档餐厅、西餐厅
+1	连锁快餐、银行、商务

图 4—28 酒店住宿服务区的商业空间结构分析

店、礼品店、鲜花店等。在酒店大堂中，也布局有商务票务等服务设施。在酒店内部2~3层，则以为商务住宿的客人提供相关的服务配套为主，一般包括餐饮、美容、保健、娱乐设施等服务（图 4—28）。从整体上看，住宿服务区一般特色明显，具有独立的商业用地和构筑物，形成一个相对独立、完善的功能服务区。

(五)居民基本生活服务区

前面已经介绍过，城市居民的基本生活服务区指的是为居民的日常生活提供基本的商品和服务、在空间上靠近居民生活区的商业区。虽然居民基本生活服务区的职能性质类似，但由于居住区开发建设时间、商业设施规划和商业经营业态等方面的原因，这些基本生活服务区却表现出明显不同的商业服务业设施经营类型和内部空间组合结构。我们可以根据居住区用地特征将居民基本生活服务区划分为以下三种商业区结构类型。

1."城中村"居民基本生活服务区

城中村是广州市天河区一种典型的居住区形式。它是由传统郊区农村聚落演化而来，具有以下几个方面的特征：① 建筑空间上以独立的农民私房杂乱无序地、紧密地布局在一起，缺乏统一规划；② 人口以本村原居民和外来流动人口为主，人员复杂，生活需求层次较低;③ 道路交通、商业服务设施缺乏统一规划、配置,服务等级较低。

城中村居民基本生活服务区在职能上以最基本的商品、生活服务为主要职能,以基本食品店、一般日常用品、一般便利服务、快餐餐饮服务、美容保健服务、电信服务等为主体。商业服务业设施规模小(0~50平方米的商业设施居多),等级层次低,服务质量相对较差,一般是由村民对其私房底层改建而成的。在空间布局上,由于城中村缺乏统一规划的商业中心或商业街,它们的基本生活服务区一般以肉菜市场为核心,沿社区内部一般道路紧密布局(图4—29)。肉菜市场一般是城中村基本生活服务区的核心商业设施,周边布局有成排的水果临时摊担和粮油副食商店。

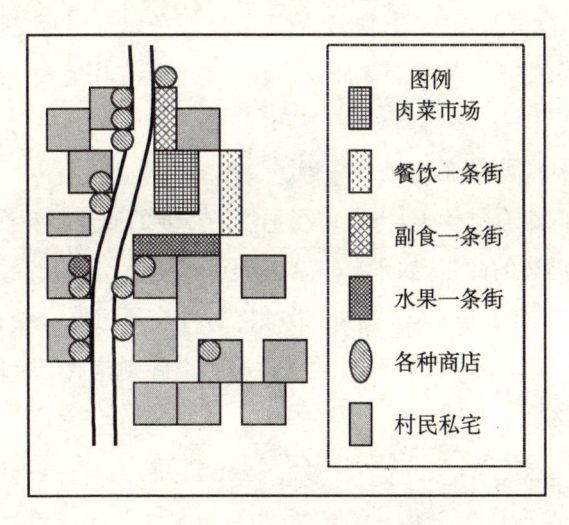

图4—29 城中村居民基本生活服务区布局结构

2. 一般社区居民基本服务区

一般社区居民服务区指具有统一规划建设、以多层住宅建筑为主的居住区。该类型居住区一般由一个地块组成，包括几个相对独立的居住小区，实行统一的物业管理。居住区内大部分人具有相对稳定的工作和家庭生活，收入水平中等，生活需求多样化。这些社区一般是指20世纪80～90年代开发建设的居住区，居住人口数量稳定，商业环境发展成熟。

一般社区居民基本生活服务区往往布局在社区的对外连接道路上，为该地区居民提供基本的日常食品和配套的便利服务等职能。商店类型以肉菜市场、食杂店、中小型超市、零售便利店、专业店等零售业为主，配套有西餐、中餐、快餐等餐饮服务以及银行、摄影冲印、文印等日常生活服务功能。商业设施基本布局在住宅楼中的沿街楼裙中，沿街呈"一"字排开（图4—30）。商业设施规模中等，以50～100平方米的居多，服务档次一般。

在空间组合结构上，肉菜市场仍然是重要的商业服务设施，它与围绕在其周边的商店，如水果、粮油副食、小百货等食杂品共同构成社区基本的零售商业区。另外，沿社区对外交通道路沿线布局的各种专业店、餐饮服务设施和日常生活服务设施则构成了社区的基本服务功能区。

3. 新近出现的居民基本生活服务区

新近出现的居民基本生活服务区指具有统一规划、以高层、超高层住宅为主的、新近开发建设的居住区。各类型的居住区一般具有多个楼盘，实行独立的、统一的物业管理，商业服务业设施市场开发

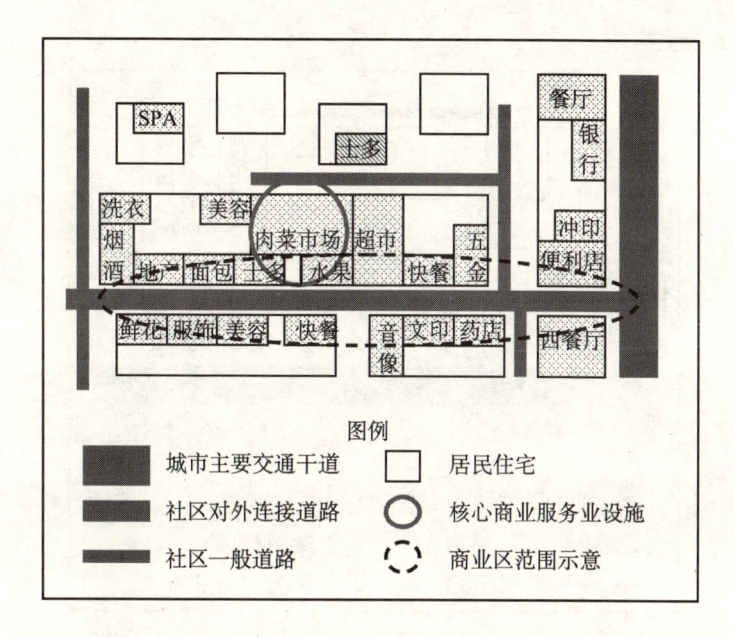

图4—30 城市一般社区居民基本生活服务区布局结构

相对成熟。这些居住区一般是20世纪末21世纪初才开始开发建设的,社区居住人口有不断增加的趋势,人口收入水平、消费层次较高,居住小区内部一般不配置商业服务业设施。

这些社区的商业服务区一般布局在城市主要交通道路沿线或社区对外交通道路的交叉口附近。职能上仍然以基本的商品和配套的基本服务为主体,但包括了许多更高层次的服务功能,如银行、家居、地产、专业市场(以电器、手机等为主)等。这些商业服务业设施一般规模较大、档次较高,在超高层建筑的楼裙中布局。

在空间组合结构上,大型超市是最为核心的商业服务设施,它不仅提供肉菜、粮油、日常生活用品、服饰等生活必需品,它还具有百货

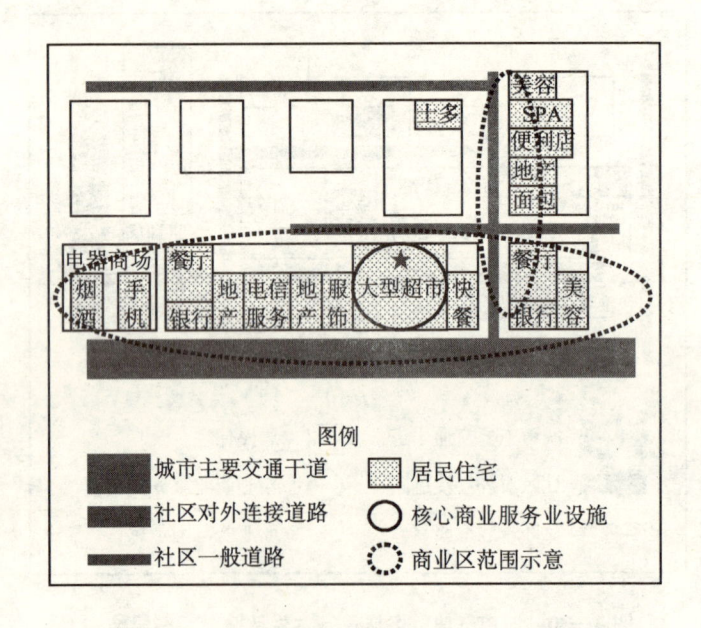

图 4—31　城市现代居民基本生活服务区布局结构

商场的特点。一般在一楼大厅中设置有一般服饰、服饰专卖店、连锁快餐、西式快餐、眼镜店、冲印服务、健康食品、化妆品等商业设施,为居民提供全方位、一次性购足的消费服务,也具有"将社区商业街搬进了超市"的特点。以大型超市为核心,沿着城市主要道路布局的商业设施一般还有大型专营商场、手机市场、电信服务厅、银行、地产、连锁快餐、正餐餐饮等较高等级的服务设施(图 4—31)。其中,大型专营商场、手机市场、美容保健服务等一般还会在楼裙的 2~3 层中布局,形成立体化的现代商业空间结构。

四、小结

(一)商业区职能类型的再认识

城市的商业区类型已经由原来的"中心地职能等级结构"(市级、区级、居住区级和小区级等商业中心区)向"职能类型组合"(办公服务区、酒店特色服务区等)转变。传统的商业中心区分明的等级层次关系在现实中已经变得模糊,商业中心区等级结构也已经无法完整地描述现实的城市商业空间结构。

在过去,城市中最重要的商业服务功能主要是百货商场中的服饰、电器等商品的销售服务。然而,随着人们生活质量和消费层次的不断提高,高等级的商品和高职能的服务已经变得更为丰富、复杂,而且富有特色和个性,出现了多种新的商品和服务类型,如休闲娱乐、西式餐饮、IT产品、摄影、渔具等特色爱好。现今的市级商业中心,一方面出现了职能更加综合化的趋势,融合了休闲旅游、餐饮娱乐等功能,表现为大型购物中心的出现,如天河城和正佳广场等;另一方面,也出现了专业化分工的空间分化趋势,许多新近出现的高等级商品和服务由多个专业性较强的市场区分担,表现为专业化市场区的出现,如岗顶的IT市场区、天河体育中心的体育用品市场区等。可见,高等级的商业服务功能足以分别形成不同类型、不同职能的商业服务区,并在空间上出现"地理中心的偏离"和"商业中心的分离"。

另外,由于生活方式和消费习惯的转变,人们日常生活中的购物变得更为综合,对服务的要求更加便利。在与居民日常生活服务息息相关的商业区,出现了职能综合化的发展趋势,等级层次的概念已经变得非常模糊。在同一空间范围内,城市综合服务区和社区居民基本生活服务区甚至出现相互取缔的现象。

(二)商业区空间区位的再认识

在过去,我们将商业区称为商业中心区,一方面凸显商业区的中心性职能,另一方面表达了商业区在服务腹地中的地理中心区位。然而,现实生活中我们看到的商业区却常常出现了中心偏移,高等级职能的商业区尤为明显。这一方面与现实中的道路交通、自然物、人工构筑物的影响有关;另一方面,它也与商业区的专业化职能、空间竞争关系密切联系。商业区的专业化发展,要求它们靠近目标消费群或者营造专业化的购物环境,必须形成相对独立的商业空间。它们的空间分布,只能通过地租竞争来确定它们的空间区位,有些商业区就必须牺牲便捷度最高的地理中心区位。另外,商业区空间结构的形成,是一种市场化的竞争过程。它必然存在以牺牲消费者利益的方式来追求服务范围的最大化。这在地理学中霍特林(Hotelling,1929)曾经有过类似的经典描述,即霍特林过程。

在居民日常生活服务体系中,社区居民基本生活服务区的"中心地"集结特点依旧明显,但职能向高级化和综合化的方向发展;而城市综合服务区的"中心地"集结特点已经不是很明显,它们主要是沿社区主要道路沿线布局,也有向居民生活区不断渗透的趋势。

可见,商业区空间结构的研究,我们绝不能简单地根据人口分布和空间需求来判断商业空间,而是要根据商业区职能特点以及由此决定的区位特征来判断。

(三) 商业区空间结构的再认识

天河城市中心区内部商业空间结构的等级层次关系已经变得模糊,除了市级商业中心区(天河城商圈)、专业化市场区(如岗顶的 IT 市场区)之外,其他商业区难以判别其等级层次的高低,它们的不同更多地表现为职能上的不同。可见,城市的商业空间结构不仅仅是等级结构这么简单。它是由不同等级和职能类型、具有不同区位特征的商业区在地域空间上组合而成。因此,城市的商业空间结构根本上就是职能的组合形式,而且等级层次的概念已经变得模糊。首先,商业区以职能分工的形式形成不同的空间分布特征。其次,几种类型、多个商业服务区在地域上集中构成某一综合性的商业服务空间。最后,这些商业服务空间才组合成为城市的商业空间结构。

可见,商业空间结构是以商业区职能为基础,通过在地域上的不断组合而形成不同的商业服务空间,最终形成城市的商业空间结构,它并不存在明显的等级结构关系。

(四) 商业区内部结构的再认识

天河城市中心区内部不同类型的商业区,不仅职能类型上存在着差异,而且在商业区内部商业服务业设施的类型、经营业态、布局形式和空间组合结构等方面都表现出明显的差异。商业区内部的商业服务业设施的经营业态和组合结构,对城市商业空间结构的影响日益明显。它不仅促成了新的商业区、商业空间的形成,同时也影响着城市原来的商业空间结构模式和居民的购物消费习惯。

大型购物中心(天河城、正佳广场)"百货+超市"的模式把"商业大街搬进了室内空间";大型的 IT 专营商场(岗顶的多个电脑城)在空间上的集聚是新近出现的商业空间;大型超市(万佳、百佳、好又多等)营造了新型的居民生活服务区,不断改变着居民的购物行为;连锁便利店(7-Eleven等)、连锁餐饮(都城、快客立等)则更加适应城市的快节奏和便捷性服务的需求……可见,商业业态是影响城市商业空间结构的重要因素;新型的商业设施,则影响着城市商业区原有的功能结构和空间组合结构。另外,建筑形式和居住方式的转变,对城市的商业空间结构也构成了明显的影响。城市中心区建筑物向高度发展,促成了城市职能在地理空间上出现功能混合和垂直分化。城市商业区往往布局在住宅楼裙、办公楼大厅的空间现象越来越明显。最后,消费者的购物行为和商业空间结构一直处于不断的互动、相互影响之中。个性化的消费需求要求商业区朝着更加综合化的方向发展,而快速的生活节奏则需要商业服务区位更加便捷、商业服务功能更加综合。另外,营造良好的室内购物环境、强调购物过程体验已经成为新的购物时尚。

第五章 结 语

第一节 结 论

一、关于广州市商业业态空间的形成机理

第一,广州市城市空间在近十年的发展中,形成向天河区、白云区、海珠区扩张的态势,许多大型商店此起彼伏,但业态空间并未相应出现多中心分散的格局,反映了其发育与形成的复杂机理。广州市商业业态空间的形成是一种多要素综合作用的结果:产业关联、文化属性、行为取向等无形的因素,与历史区位、土地开发、交通建设等可视的要素一起,共同影响并促成了城市商业业态空间。业态空间是一个有机的整体,每一个组成部分的影响都不容忽视,系统的方法论更利于认识城市商业的本质。

第二,在广州市零售空间形成的过程中,不同因素的影响方式差异明显。政府决策行为、房地产开发和城市交通的建设直接促使新商业区萌芽或原有商业区的机械延伸,具体反映在旧城改造、内环路和地铁线建设、用地开发等对天河区、白云区和海珠区商业建设的影响上。产业配套程度、消费行为取向和商业文化风格则间接影响了商业区的生长潜力,在旧城区商业区中反映最为明显。在批发空间的形成中,对外交通和地价是批发市场集聚的直接影响因素。

第三,根据市区各个商业区的特点,将商业业态空间的形成分为

三种类型:成熟区综合要素驱动型、发展区主导要素整合型、发育区主导要素驱动型。成熟区以旧城区为代表,其形成动力来自于多个要素的综合作用;发展区以天河区为代表,其形成动力来自于若干主导因素的整合作用;发育区以海珠区、黄埔区、白云区和芳村区为代表,单个因素的主导作用更为明显。在旧城区,拥有厚实的历史文化基础,购买力高度聚集,随着20世纪90年代旧城改造和交通干线的建设,产业配套环境不断完善,成为经营者投资和消费者出行意向最强的区域,该类型以上下九综合商业区、北京路零售区表现为主。天河路零售区是发展区业态空间的代表,房地产开发、商务办公的发展、地铁线建设和商业文化创新等,都是促使天河路一带大型商店迅速崛起的主导因素,影响业态空间的各种要素处于整合时期。在发育区中,单个因素对商业区形成的影响较明显,如江南大道一带的房地产开发、交通干线延伸,三元里一带仓储式商场文化的出现等。但整体上处于业态空间的发育期,各个因素的影响尚未走向整合阶段。

二、关于广州市商业业态空间的结构

第一,在地域结构方面,广州市近十年的城市建设强化了旧城区的零售业基础,同时促进了郊区的批发业的发展。在广州市区,历史形成的零售业态空间没有发生质变性的更替,北京路和上下九仍然是消费重心,天河路、农林下路未来崛起的速度最快。主体零售业空间的发展,进入一个向心集聚的新阶段。批发市场现状仍将维持西密东疏的空间结构,地域结构稳定,未来逐渐向边缘离心扩展。市区业态空间以旧城区为中心,形成零售→批发的地域圈层结构。

第二,在业态结构方面,在以商业街和百货店为主的传统商业文化区、以购物中心为代表的现代商业文化区、边缘仓储式商场文化区的地域背景下,业态进入新的重组时期。上下九路的步行街形式、北京路－农林下的百货店和购物中心结合形式、江南大道的多业态组合形式,逐渐成为地域的主要竞争力。以大型商店为核心,零售区在此起彼伏的发展态势下,逐步走向多样性和特色化,单中心迁移式的结论是片面的。广州市区在业态和空间的重新组合中,将逐渐形成上下九至海珠广场、北京路至农林下路两大商业发展轴,以及江南大道的商业组团。从市区大型商店经营效益的指标反映,城市商业的空间竞争,从单一业态的竞争进入多业态与空间复合竞争的阶段,单体百货店的影响日渐式微。

第三,在等级结构方面,上下九综合商业区的空间内涵丰富,具备批发、零售、游憩、餐饮等多种功能,区域服务功能较强,而且商业用地综合效益最高,普遍超过 5 万元/平方米;北京路零售区时尚休闲、零售功能突出,在吸引高消费阶层、消费者对商品质量评价、交通满意度评价等方面优势明显,具有典型的城市服务功能,是大型商店用地效益最高的区域(10 万元/平方米)。在市区九个零售区中,上下九和北京路商业区可定为具有市级影响的商业区;从 20 世纪 90 年代以后的大型商店的经营状况、零售业态的发展状况、消费者评价等方面看,天河路零售区和农林下路零售区是具有跨区影响力的商业区;其他零售区基本属于区内服务水平。这种等级分类,基本符合商业用地效益核心－边缘的分异特征。在批发业态空间中,除了上下九一带外,广清立交－增槎路和机场路批发市场群是区域影响力最强的专业批发区,其他批发市场在区位、规模、成交额等方面都相对次之。

第四,在主要的商业区与业态的关系中,上下九一带表现为对大型商店发展的制约,这种制约并非意味着阻止该业态的进入,而是实现商店经营效益的成本门槛很高；北京路零售区以现代商业街和大型商店共存为特色，但存在历史体制的羁绊；天河区发展弹性较大，业态类型的效益优势明显，其隐忧是零售区的结构型态相对单一。

三、关于广州市商业业态空间的影响因素

第一，在广州市近十年的发展中，与商业关系密切的产业分别是第二产业、金融保险业、交通运输邮电通讯业、社会服务业和第一产业。在具体土地利用方面，商业与其他产业用地具有共生开发、同步开发、滞后响应等多种形式的联系，零售空间发展的阶段性很明显。

第二，城市的消费结构和消费者的行为，不但影响零售区的地域格局，而且影响其未来的竞争方式。消费者对既有商业中心的评判和消费意向，有利于传统商业中心地位的巩固和新兴业态的生存。而消费者对非商品消费和多目的消费需求的增加，则不利于传统百货店业态的发展。在批发空间方面，经营者对公路交通的高依存度，使批发市场西密东疏的空间结构相对稳定。

第三，文化因素对城市商业业态空间变化的影响具有两重性，既推动变革又维持现状。白云区和天河区新业态创造的商业文化，推动业态空间的离心扩展；而旧城区传统的商业文化，则倾向于维持其商业中心的地位。

四、关于城市中心区商业服务业设施的空间分布规律

第一，商业网点的空间分布特征。

商业服务业设施是构成城市商业网点最基本的实体单元。它在空间上的布局和组合结构，决定着城市的商业区类型和商业空间结构。天河城市中心区的商业网点受到多种因素的综合影响，其空间

分布整体上是相对杂乱的,没有明显的地域结构特征。土地利用的性质决定了商业网点主要集中在商业用地和居住用地等用地类型上,交通便捷性和可达性吸引着大量的商业网点聚集于城市道路沿线,并出现了一定程度的空间分化。总体而言,天河城市中心区的商业网点具有"既局部集中又内部分散"的空间分布特征,即"在局部地域出现集中布局,而在商业活动地域内部却又相对分散"。

商业服务业设施由于具有不同的职能特征和服务类型,它们在空间分布上存在着商业网点密度、空间出现概率和商业地域活动强度等数据指标上的差异,反映了商业服务业设施在空间布局上具有不同的商业服务网点数量、空间组合规律和竞争合作机制。这些指标特征,构成了商业服务业设施空间分布类型划分的判断基础。

第二,关于商业服务业设施的空间分布类型。

由于商业服务业设施自身的职能特点和组合机制差异,它们在空间分布上各具特色,形成五种不同类型的空间布局模式:均匀分布型、偏均匀分布型、零星分布型、偏集聚型和高度集聚型。商业服务业设施空间分布类型的差异,取决于商业服务业设施的商业网点数量、空间分布的均匀程度、商业地域的活动强度等空间分布特征。

均匀分布型的商业服务业设施一般具有最基本的生活服务职能,商品服务差异化不明显、挑选性差,商店之间的市场区竞争激烈,空间分布上趋于均匀。偏均匀分布型商业服务业设施往往受到某种因素的影响,具有较为明显的空间布局取向,如服务对象、交通区位、商业集聚等;空间上分散布局,但在某些地域相对集中。零星分布型的商业服务业设施由于同类型的商业网点数量少,整体上呈现出零星孤立布局的形式,以大型商业服务业设施为主。偏集聚型商业服务业设施由于消费群数量规模大,商店之间的竞争关系不明显,市场区存在重叠,以基本的生活服务为主。高度集聚型商业服务业设施由于个体商店的独立生存能力有限,需要依托某一基础商业设施或其他同类商店的合作,在某一地域空间上聚集组合而成。

第三,关于商业服务业设施的区位特征。

商业服务业设施的空间布局,受到城市土地利用和产业布局、交通网络和居民购物方式等多种因素的综合作用。交通网络是影响商业服务业设施空间布局的重要影响因素,也是商业服务业设施空间特征表现最为明显的区位因素。不同的交通设施由于其便捷性、营造的商业环境不同,出现了不同等级和职能特点的商业服务区。一般消费需求层次较高、商店付租能力较强的商业设施具有交通干线指向的特点;而与居民日常生活服务联系紧密、职能等级较低的商业服务设施则具有一般市政道路指向,或者是无交通指向的空间区位布局特点。

五、关于城市中心区的商业空间结构

第一,关于商业区的界定和职能类型的划分。

现在城市的商业区已经区别于传统的"商业中心区"概念。过去那种"职能综合、地理空间集中连片"、一般可划分为"三大类型五个等级"的市级、区级、居住区级商业中心等级结构已经发生了职能分化和空间分离。商业区必须根据其职能进行新的类型划分和空间特征研究。

本研究坚持"职能决定类型和结构"的分析原则,得出城市中的商业区主要包括以下几种类型。① 区域性的、具有综合功能的城市商业中心区;② 具有专业化商品特色的大型专业市场区;③ 专门为办公和白领阶层提供高层次消费和服务的办公服务区;④ 以服饰销售为主的服饰商业区;⑤为城市居民提供综合的日常生活服务的城市综合服务区;⑥为居民日常生活提供基本的物品和服务的社区居民基本生活服务区;⑦由专门提供某一类商品的多家商店在空间上集聚形成的专业市场区;⑧主要为商务旅游者提供住宿、餐饮等服务的住宿特色服务区。

第二,关于商业空间的组合结构。

城市的商业空间结构已经不是传统的等级结构那么简单,而是由许多不同类型和职能的商业区在某一区域组合形成一定的商业服务空间,并由这些商业服务空间最终组合形成城市的商业空间结构。城市的商业区整体上出现了综合化和专业化的发展趋势,在空间上出现"地理中心偏离"和"商业中心分离"的现象,这导致了城市的商业空间结构是一种典型的组合型结构。

广州市天河城市中心区的商业空间结构主要由中央商业服务区、大型专业市场区和居民的生活服务区三种商业服务空间构成,每种商业服务空间内部又包含有不同类型的商业区。

第三,关于商业区的内部结构。

新的消费空间和经营业态正改变着传统的商业空间结构模式。商业区的内部结构包括了商业服务业设施的组合结构、职能特征和内部空间结构三个方面的内容。不同类型的商业区之间由于职能类型的不同,拥有不同类型的商业设施和空间组合;而商业服务业设施经营业态的不同,则影响商业区的空间布局和区位特征、商业区内部的商业设施类型和组合结构。随着居民生活方式和零售经营业态的不断发展,城市的商业区正悄然发生变化,不仅改变着城市的商业空间结构,而且也将影响着人们的生活和购物方式。

城市市级的商业中心具有大型购物中心、大型专营商场在城市中心区扎堆的发展趋势。其中,购物中心以"百货+超市"为主力店,配以"专业市场+专业店+餐饮娱乐设施"构成综合化的商业服务区。另外,天河城市中心区还出现了IT专业市场区的特殊商业空间,主要以无明显差异的大型的IT专营商场在空间上的高度集中形成。居民的基本生活服务区由于业态经营模式的转变,出现了以大型超市为核心的商业区代替以前以肉菜市场为中心的市场区。

第二节 讨 论

一、关于商业区的衰落

在广州市商业区的发展中,人民南-长堤一带的衰落似乎是"常识性"的判断,而且大多归因于高架桥的负面影响。通过对大型商店效益和经营者经营策略的分析,基本验证了该地域零售环境的下降。但另一方面,从其他服务行业和批发业的经营状况看,上下九至滨江一带仍然具有相当高的用地效益。水产、药材、日用品、玉石等批发市场(商业街)发展态势良好。在广州市国有百货业重组后,该商业区还是其物流中心建设的主要区域。大型商店业态的老化和衰落,是地域商业系统内部力量消长的结果,可以视为一种功能结构的重组过程。仅仅基于大型百货店效益下降而得出的"衰落论",有失偏颇。如果将历史文脉、商业街、批发市场、大型商店等内容,视为历史画卷中有形或无形图层的叠加,那么,褪色的是消费者感知强烈的"零售图层"。

在特定的历史时期之后,大型商店产生的牵引力逐步弱化,未来塑造区域商业新形象的动力,逐渐侧重于综合性的环境和更该高级的业态。从地域空间联系来看,随着珠江北岸滨水商业带的开发、南岸江南大道商业区的建设、佛山南海购买力的聚集,该地域将极具商业发展潜力,原有购买力迁移和局部设施变化的消极影响将逐步弱化。在空间上,商业区将表现出滨水延伸的倾向。2000年亿安百货的零售额超2亿元,2001年1月北京名店(赛特)进驻,皆初显商业节点生长的迹象。

因此,上下九一带商业区处于功能重构期,而非衰落期。

二、关于天河路的"商业旺地"

天河城广场是广州首例现代购物中心,附近拥有全市典型体育设施(天河体育中心)、最大的购书中心、标志性的中天广场,另外还有业绩甚佳的宏城广场(该超市公司2000年销售额近1.7亿元)。内部的主力店——天贸南大和吉之岛在全市大型商店中更是名列前茅(2000年利润全市最高,分别高达4 392万元和4 616万元)。

但商业的地位是不断变化的,天河城虽然带来了购物休闲娱乐一体化的现代商业文化,但现代文化的更新周期较短,区域的隐忧同样存在。相比较而言,在农林下路—陵园西路一带,在传统优势是百货店和商业街结合的基础上,近期建设的中华广场移植了购物中心的文化精髓,英雄广场和流行前线建设则拓展了户外活动空间和地下商业空间,大有后来居上之势。而天河路缺乏商业街、地下空间开发、业态组合等环境配套条件,地域的产业整合程度仍不够(火车东站已进行商业空间的垂直开发,但天河北路和天河路的交通门槛同时存在)。目前,天河路一带零售业没有任何衰落的迹象,但不能推断其业态空间将长久保持领先优势。

三、关于竞争的概念

广州市的商业竞争主要表现为业态和空间的竞争,但已不再是传统的某一业态或某一地域的内部竞争。从消费者行为的取向看,只有业态优势互补、店街联合,形成具有地域商业文化特色和活力的零售区,才更具亲和力。不管经营者是否有意趋向这一目标,新环境下的竞争将是整合了商业业态和空间基础上的较量。

随着中山四路和中山五路商业设施的建设,北京路零售区和农林下路零售区逐渐一体化;滨水商业带和一德路的开发,上下九滨水商业区逐渐形成;而江南大道一带则在短期内迅速集结了多种零售业态⋯⋯这些都验证了前文的判断。而环市东和其他郊区零售区,地域零售业的整体竞争力则相对下降,这并非个别业绩突出的大型商店所能逆转。

第三节 建 议

参与广州市商业网点规划一年多来,为本研究积累大量感性素材的同时,有一个问题不断困扰自己:如何在实践中有效地应用现有的学术成果?中心地理论在商业网点构建中的作用、连锁经营对业态发展的影响、商业地域类型与大型商店商圈的关系⋯⋯许多的实证研究似乎有向市场和社会进一步推进的必要。

正如郑观应所言:"商理极深、商务极博、商心极密、商情极幻。"商机莫测,正在于难以把握其规律性,市场的变幻时刻检验着学术研究的结论。因此,针对广州市零售业和批发业的发展建设,笔者对广州市商业发展提出几点建议。

一、关于零售业的建设

第一,市区仍然是吸纳大型商店的中心,规划部门应该在审批或调控措施方面加以引导,培育中心城区整体商业风格。

近十年间,广州中心城区商业集聚效应不断加强。大型商店营业面积迅速增加,从 1990 年的 30 860 万平方米增加至 2000 年的 397 050 万平方米,其中高效益的商店基本位于市属八区(2000 年零售额超亿元的零售业中,除连锁店和番禺友谊集团外全部位于市区)。从商店的利润总额看,1996～2000 年分别为 6 465 万元、-4 995万元、-4 818 万元、-6 629 万元和 9 222 万元,对比历年商店数量递增的状况(特别是近期中华广场、万国商业广场、东山商业城均相继开业),似乎两者的相关性不高。

参考家乐福提出的经验性数据:1.2 万平方米的大型购物中心,商圈人口为 100 万人;0.6～1 万平方米的大型超市,商圈人口为 10～50 万人。按下限计,市区 2000 年总人口 566.68 万人,可以支撑 6 000 平方米的大型商店近 57 万平方米。进一步对比市区新型和传统业态的经营效益,说明市区商业容量尚未饱和,随着旧城区的吸引力的持续增强,新业态具有很大的发展空间。

中心城区包括荔湾区、越秀区、东山区和天河区,地铁一号线和二号线、珠江岸线是联结各区商业空间的交通廊道。目前许多沿线的商业建设刚刚起步,建议以沿江路为依托,以上下九商业区为中心,形成传统商业文化和生活气息浓郁的滨水商业带;以中山路(一号线)为依托,以北京路零售区、农林下路零售区和天河路零售区为中心,形成具有时尚休闲商业文化特色的城区商业带。依托地铁二号线(解放路一江南大道段),将两条商业带和江南大道商业区连为一体,通过业态空间的拓展,实现商业与旅游业、饮食服务业的互动发展。

第二,广州南部的开发,关键在于培育区域经济生长的动力,近期应该谨慎建设大型商店。

南拓已经成为广州城市空间发展的主要方向。目前番禺区与广州原市区的联系,以人口和工业外迁为主,主要表现为近郊的房地产开发和工业用地在远郊的功能置换。在沙湾水道以北建设广州新城,必须培育区域经济生长的动力。未来地铁四号线(或部分为轻轨)直接从科学城延伸至沙湾水道一带,从表面上看,城市交通干线将带动房地产开发和业态空间的拓展。但从分析可见,第二产业、金融保险业、社会服务业等对商业发展影响很大,番禺区如果缺乏完善的产业环境,将很难解决人口疏散相应的就业问题,而缺乏购买力必然直接影响商业业态空间的培育,大型商店的建设应该谨慎。建议近期重点关注以社区服务为主的零售业态,如便利店和超级市场。在城市产业逐步配套完善之后,应充分挖掘珠江三角洲消费潜力巨大的优势,针对多数城市缺乏高品位、大规模的综合性商业设施的实际情况,建设为整个珠三角服务的 Shopping Mall,荟萃三角洲品牌产品,并提倡跨区域"一站式"购物的概念,使商业服务业成为整合珠江两岸购买力的新产业。

二、关于批发市场的建设

大型批发市场凭借交通和地价等有形条件获取高效益,但随着物流中心发展的深入,业态的竞争将逐步升级,只有进行更高层次的变革,批发市场才能保持固有的优势。同时,业态空间的内涵也将随着商业运作的模式的变革而发展,政府行为只有因应产业的演化规律才可能达到预期的效果。

现代物流企业与批发市场具有功能重叠的部分,特别是大型批发市场具有储运量大、信息联系广、临交通线布局、地域集聚效应明显、品牌资产雄厚等优势,完全可以借鉴物流企业的运作模式,培育更高层次的商业业态。物流业的兴起并不会取代传统的批发市场业态。在全市144个大中型批发市场中,许多将保留原有的业态,在地租杠杆和交通线引导下,延续其传统的地域生长模式:扩展或萎缩、迁移或保留。而高效批发市场在城市发展中贡献很大,特别是增槎路、火车站、上下九一带的市场群和天河区的电子、化工、服装市场,其上缴税收、解决就业的能力远超一般的商业企业。但如果缺乏现代的运作模式,大型批发市场的功能在业态竞争中可能弱化,仅仅成为一个仓储式的服务环节。

第一,向功能分离型的第三方物流发展。

从批发市场(群)间合股入手,解决内部权益分配问题。通过优化市场内部的配送环节,向服务社会的第三方物流生长,最终形成功能一体化、地域空间分离的新型物流中心。

与传统交易方式比较,除了交通和信息优势以外,目前批发市场的经营没有质变性的革新,依然是各个摊档各自为政,经营者的进货独立进行,以汽车运输为主。未来的发展应该充分发挥其储运优势,形成降低市场运营成本、整合市场优势的物流企业。

广清高速—增槎路、火车站一带形成规模化的批发市场群,邻近南岸路、机场路一带也聚集许多大型批发市场,市场周边依托高速公路、一级公路、快速干道、铁路线、内河等发达的交通网络。物流中心可布局于市场群内部,或者在市场群的过渡带,借鉴南方物流或邮政物流的运作方式,实现地域联合和行业联盟,强化批发市场的优势地位。由于物流中心紧密联系批发市场,两者可完成高效的配送和信息服务功能,但在空间上又处于分离状态。初期的物流中心发展主要通过统一配送降低批发市场的经营成本,成熟期则以丰富的商品种类、强大的储运功能、高效快捷的信息服务等构成高势能平台,向更高级的第三方物流演变。

第二,向现代专业性物流中心发展。

城市建成区中高效益的专业批发市场,由于发展空间的局限,向实体型和信息服务型结合的物流中心升级。

最典型的是太平洋科技电子交易市场和太平洋电脑市场,两个市场在 2000 年的成交额分别达到 12 亿元和 5 亿元。但随着天河路未来 CBD 地位的确立,区域商业功能逐渐转变,地价和交通制约因素将增加批发市场的运营成本,应该向不受空间限制的现代型物流企业转型。电脑市场专业性突出,其物流中心的构建模式可借鉴宝供集团模式。后者位于天河东路,在全市拥有 30 多家仓库,其仓储配送途径、企业整合措施、信息网络管理方式基本不受地理空间的局限,形成现代的第三方物流。电脑批发市场影响遍及全国,未来的发展必须突破依托传统商业空间的买卖方式,应打造高度信息化的物流服务中心,在传统产品交易的基础上,构建辐射全国的信息系统,以强大的实体流通和信息聚集,形成具有标尺效应的广州"电脑价格"。专业性批发市场的发展不再是传统的地域扩张模式,而是在崭新的理念框架下培育现代的物流中心。

第三,向批零结合式物流中心发展。

传统的批发和零售是商业流通中的上下游环节,物流中心的出现将其变为并列的个体。虽然批零一体化逐渐成为商业发展的主要趋向,但在广州市的业态结构中表现尚不明显。

批零结合式物流中心提倡:在特定的地域中,以大型批发市场和零售业采购中心为对象,将采购、储运、管理、信息、配送等环节有机联合,在价值链延长的同时,以无缝式运作降低经营成本,实现地域批零一体化。

最为典型的地域是上下九一带,该商业区综合性最高,大型批发市场有黄沙水产交易市场、清平农副产品市场、日用工业品交易市场,2000年成交额分别为25亿元、10亿元和4亿元;而批发型主导型商业街——源胜陶瓷玉石工艺街的年成交额也达3亿元。该地域批发区和零售区双重功能突出,广州市知名物流企业——广州商业储运公司也位于六二三路,形成良好的空间整合背景。建议在国有百货业重组完成后,将上下九一带的批零结构进行二次重组,以强强合作的方式,消除批零程序性藩篱,建设新型物流中心,使上下九一带形成传统文化气息浓郁、业态结构完善的多元商业空间。

第四节 理论探讨

城市已经步入了消费型的阶段,商业服务业正成为城市中心区的主要职能之一。我国的商业地理学正掀起一场新的研究热潮。但是,资料的匮乏、研究方法的落后、缺乏明晰的学科研究框架,这些都制约着我国城市商业地理学研究的深度发展。我国商业地理学要想取得突破性的进展,必须面对、解决处理以下几个问题。

一、关于城市商业地理学的研究方法和制度框架

商业服务业活动本身是一个复杂的巨系统,它不仅包括非常丰富的商品、服务类型,而且以复杂多样的结构形式组合在一起,形成不同类型的商业区、商业空间和空间结构。越是复杂的系统,我们越应该从微观实体的角度进行分析,这样才能弄清其空间分布规律,进而研究其空间的组合结构。首先,商业地理学应该尽可能地掌握关于商业网点经济活动、空间分布等第一手的基础资料和数据,并建立起相关研究的数据库。其次,在研究方法上应该有所突破。GIS 等地理信息系统软件的开发、应用将有助于对商业活动空间分布规律的研究。而数学指标的选取,一方面可以作为商业活动空间结构的基本内容,另一方面更是进一步研究的基本素材。在数学方法上,主成分因子分析、层次聚类分析等社会统计分析方法将有利于总结出商业活动的空间规律。

学科的发展还应该具备完善、科学、相对稳定的制度研究框架。城市的商业活动是一个由商业服务业设施提供商品、服务的供给者和实行购买、消费活动的消费者共同组成的一个互动平衡系统(图5—1)。在研究内容上,可以分为商业网点空间结构和消费者行为及消费空间结构两个层面的内容。其中,商业网点应该包括商业服务业设施的空间分布和区位特征、商业区的职能类型和组合结构、商业业态空间和商业区内部结构、城市的商业空间结构等几个层面的问题。

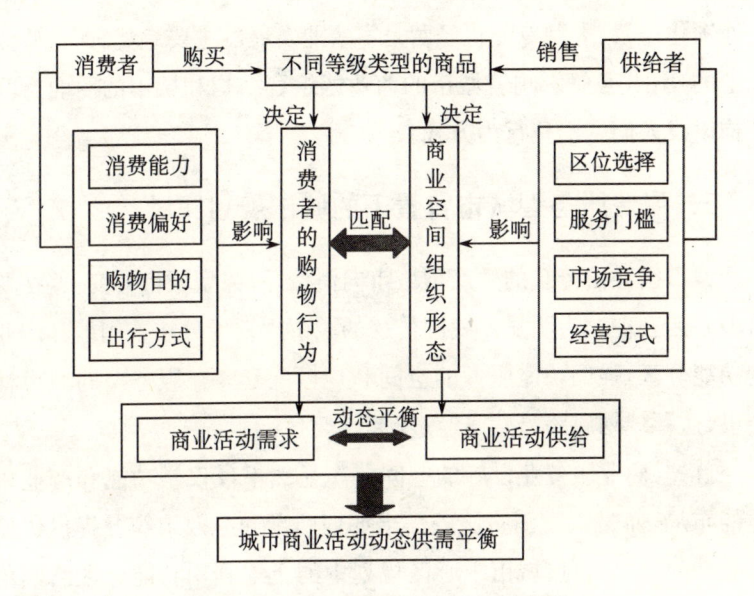

图 5—1　商业地理学的研究框架设计

二、消费行为、零售业态革命对商业空间结构的影响探讨

中国的城市发展和城市生活经历了从物质短缺经济时代向过剩经济时代的转变,与物资供给要素相比,消费需求方面越来越成为商业空间结构研究的核心以及关注的焦点。立足于微观活动的视角加强消费者行为的研究,科学把握居民各种行为的特征与趋势,为提高居民生活质量和服务水平,为提升城市商业网点规划布局都具有十分重要的现实意义。这不仅将成为学术界研究的前沿性问题,也将成为政府部门迫切需要解决的问题。

零售业的现代化与业态经营模式的变化是20世纪90年代以来西方商业地理学研究的主题之一。零售业总店数量的减少和零售业的连锁化经营、大型专业化经营是零售业发展的主要趋势,而这些业态上的变化,必然影响着城市的商业区组合结构和城市的商业空间结构以及人们的消费行为方式。

三、消费服务型城市背景下的城市规划探讨

城市已经由传统的生产型城市向消费、服务型城市转变,这在城市中心区表现尤为明显。我国传统的城市规划十分注重用地和产业的功能分区,强调功能服务的空间和规模配套。在服务型的城市社会里,这种规划思路显然已经过时。

首先,商业服务业设施的空间分布显然不仅仅是功能和产业用地的布局,而是人类消费服务需求如何引导和有效组织并提供优质服务的问题。可见,城市中心区规划中的土地利用功能分区已经落后于地域空间功能混合的概念。商住混合用地、商业办公混合用地、居住用地改为商业用地的情况在城市中比比皆是。其次,人们的消费活动和交通网络已经改变了传统的空间距离概念,感知距离、时间距离和多目的购物正挑战着"最近购物"的原则。城市的商业服务业设施等级结构正朝着"扁平化"的方向发展,即"高等级服务综合化和专业化,基本服务综合化"。配建指标的规划模式在市场化的今天是值得商榷的。最后,商业活动是一个供需平衡的动态系统,具有物质实体设施的空间分布,也有非物质实体的人的行为方式和购物出行活动,城市规划应该在重视非物质活动的空间规划基础上,才能实现城市商业服务业设施空间布局的合理性和有效性。

参 考 文 献

1. Agergaard, E., Olsen, P. A. and Allpass, J. 1970. The interaction between retailing and the urban centre structure: a theory of spiral movement. *Environment and Planning*, Vol. 2, pp. 55-71.
2. Anderson, S. P. and Neven, D. J. 1990. Spatial competition a la cournot: price discrimination by quality-setting oligopolists. *Journal of Regional Science*, Vol. 30, pp. 1-14.
3. Applebaum, W. 1966. Methods for determining store trade areas, market penetration, and potential sales. *Journal of Marketing Research*, Vol. 3, pp. 127-141.
4. Bacon, R. W. 1984. *Consumer Spatial Behaviour: A model of Purchasing Decision over Space and Time*. New York: Oxford University.
5. Beaumont, J. R. 1988. Store location analysis: problems and progress. In *Store Choice, Store Location and Market Analysis*, ed. N. Wrigley, London: Routledge.
6. Beavon, K. S. O. 1977. *Central Place Theory: A Reinterpretation*. London: Longman.
7. Berry, B. J. L. 1960. The impact of expanding metropolitan communities upon the central place hierarchy. *Annals, Association of American Geographers*, Vol. 50, pp. 112-116.
8. Berry, B. J. L. 1963. *Commercial Structure and Commercial Blight: Retail Patterns and Processes in the City of Chicago*. Chicago: University of Chicago, Department of Geography, Research Paper.
9. Berry, B. J. L. 1967. *Geography of Market Centers and Retail Distribution*. Englewood Cliffs, NJ: Prentice-Hall.

10. Berry, B. J. L. and Garrison, W. L. 1958a. A note on central place theory and the range of a good. *Economic Geographers*, Vol. 34, pp. 304-311.
11. Berry, B. J. L. and Garrison, W. L. 1958b. The functional bases of the central place hierarchy. *Economic Geographers*, Vol. 34, pp. 145-154.
12. Braid, R. M. 1993. Spatial price competition with consumers on a plane, at intersections, and along main roadways. *Journal of Regional Science*, Vol. 33, pp. 187-205.
13. Brandeau, M. L. and Chiu, S. S. 1994. Facility location in a user-optimizing environment with market externalities: analysis of customer equilibria and optimal public facility locations. *Location Science*, Vol. 2, pp. 129-147.
14. Breheny, M. J., Green, and Robert, L. J. 1981. A practical approach to the assessment of hypermarket impact. *Regional Studies*, Vol. 15, pp. 459-474.
15. Bresnahan, T. F. and Reiss, P. C. 1991. Entry and competition in concentrated markets. *Journal of Political Economy*, Vol. 99, pp. 977-1009.
16. Briggs, R. 1969. *Scaling of Preferences for Spatial Location: An Example Using Shopping Centers*. MA thesis, Ohio State University, Columbus, Ohio.
17. Britton, J. N. H. 1981. Industrial impacts of foreign enterprise: a Canadian technological perspective. *The Professional Geographer*, Vol. 33, pp. 36-47.
18. Bromley, R. D. F. and Thomas, C. J. 1993. *Retail Change Contemporary Issues*. London: UCL.
19. Brown, S. 1987. Retailers and micro-retail location: a perceptual perspective. *International Journal of Retailing*, Vol. 2, No. 3, pp. 3-21.
20. Brown, S. 1988. Institutional change in retailing: a geographical interpretation. *Association of American Geographers*. pp. 181-206.
21. Brown, S. 1989. Retail location theory: the legacy of harold hotelling. *Journal of Retailing*, Vol. 65, pp. 450-470.
22. Brown, S. 1992. *Retail Location: A Micro-Scale Perspective*. Avebury, Aldershot.
23. Bucklin, L. P. 1971. Trade area boundaries: some issues in theory and

methodology. *Journal of Marketing Research*, Vol. 8, pp. 30-37.
24. Bucklin, L. P. 1972. *Competition and Evolution in the Distributive Trades*. Eglewood Cliffs: Prentice-Hall.
25. Bucklin, L. P. 1983. Patterns of change in retail institutions in the United States with special attention to the traditional department store. *International Journal of Physical Distribution and Materials Management*, Vol. 13, pp. 153-168.
26. Burgess, E. W. 1925. *The Growth of the City*. In: Park R E, Burgess E W, Mckenzie R D (eds.). The City, Chicago: University of Chicago Press, pp. 47-62.
27. Burnett, P. 1973. The dimensions of alternatives in spatial choice processes. *Geographical Analysis*, Vol. 5, pp. 181-204.
28. Burnett, P. and Hanson, S. 1982. The analysis of travel as an example of complex human behaviour in spatially constrained situation: definition and measurement issues. *Transportation Research A*, Vol. 16, pp. 87-102.
29. Cadwallader, M. 1975. A behavior model of consumer spatial decision making. *Economic Geography*.
30. Christaller, W. 1933. *Central Places in Southern Germany*. English translated by Baskin, C. W. London: Prentice-Hall, 1966.
31. Christian, C. M. and Harper, R. A. 1982. *Modern Metropolitan Systems*. Columbus: Charles E. Merrill.
32. Claycombe, R. J. 1996. Mill pricing and spatial price discrimination: monopoly performance and location with spatial retail markets. *Journal of Regional Science*, Vol. 1, pp. 111-127.
33. Claycombe, R. J. 1998. Cournot retail chains. *Journal of Regional Science*, Vol. 3, pp. 481-494.
34. Coffey, W. J. and Shearmur, R. G. 1997. The growth and location of high order services in the Canadian urban system: 1971-1991. *Association of American Geographers*, Vol. 49, No. 4, pp. 404-418.
35. Cohen, S. B. and Applebaum, W. 1960. Evaluating store sites and determining store rents. *Economic Geography*, Vol. 36, pp. 1-35.
36. Converse, P. D. 1949. New laws of retail gravitation. *Journal of Market-*

ing, Vol. 14, pp. 379-384.

37. Cornish, S. L. 1995. Marketing matters: the function of markets and marketing in the growth of firms and industries. *Urban Geography*.
38. Crewe, L. 2000. Geographies of retailing and consumption. *Progress in Human Geography*, Vol. 24, No. 2, pp. 275-290.
39. Curtis, J. R. 1993. Central business districts of the two laredos. *American Geographical Society of New York*, pp. 55-64.
40. Davidson, W. R. 1970. Changes in distributive institutions. *Journal of Marketing*, Vol. 34, January, pp. 7-10.
41. Davies, R. L. and Bennison, D. J. 1978. The Eldon Square regional shopping center-the first eighteen months. Corbridge: *Retailing and Planning Associates*.
42. Davies, R. L. 1976. *Marketing Geography: with Special Rreference to Retailing*. London: Methuen.
43. Dawson, J. A. 1979. *The Marketing Environment*. London: Croom Helm.
44. Dawson, J. A. 1983. *Shopping Center Development*. London: Croom Helm.
45. Dawson, J. A. and Kirby, D. A. 1980. *Retailing Geography*. London: Croom Helm.
46. Domencich, T. and McFadden, D. 1976. *Urban Travel Demand: A Behavioral Analysis*. Amsterdam: North Holland Publishing Co.
47. Douglas, S. P. 1971. Patterns and parallels of marketing structures in several countries. *MSU Business Topics*, Vol. 19, Spring, pp. 38-48.
48. Downs, R. 1970. The cognitive structure of an urban shopping center. *Environment and Behaviour*, Vol. 2, pp. 13-39.
49. Dressman, A. C. R. 1968. Patterns of evolution in retailing. *Journal of Retailing*, Vol. 44, Spring, pp. 64-81.
50. Drezner, T. 1994. Optimal continuous location of a retail facility, facility attractiveness, and market share: an interactive model. *Journal of Retailing*, Vol. 70, pp. 49-64.
51. Drezner, T. and Drezner, Z. 1996. Competitive facilities: market share and location with random utility. *Journal of Regional Science*, Vol. 1,

pp. 1-15.
52. Drezner, Z. 1995. *Facility Location: A Survey of Application and Methods*. Berlin: Springer-Verlag.
53. Ducatel, K. and Blomley, N. 1990. Rethinking retail capital. *International Journal of Urban and Regional Research*, Vol. 14. pp. 207-227.
54. Duncan, D. J. 1965. Responses of selected retail institutions to their changing environment. In Bennett, P. D., editor, *Marketing and Economic Development*. Chicago: American Marketing Assosiation, pp. 583-602.
55. Dunn, E. S. 1956. The market potential concept and the analysis of location. *Papers of the Regional Science Association*, Vol. 2, pp. 183-194.
56. Dvies, L. and Rogers, D. S. 1984. *Store Location and Store Assessment Research*. New York: John Wiley and Sons.
57. Eaton, B. C. and Lipsey, R. G. 1979. Comparison shopping and the clustering of homogeneous firms. *Journal of Regional Science*, Vol. 19, pp. 421-436.
58. Eaton, B. C. and Lipsey, R. G. 1982. An economic theory of central places. *Economic Journal*, Vol. 92, pp. 56-72.
59. Edgington, D. W. 1984. Some urban and regional consequences of Japanese transnational activity in Australia. *Environment and Planning A*, Vol. 16, pp. 1021-1040.
60. Eighmy, T. H. 1972. Rural periodic markets and the extension of an urban system: a western nigerian example. *Economic Geography*, Vol. 48, pp. 299-315.
61. Esparza, A. X. and Krmence, A. J. 1996. The spatial markets of cities organized in a hierarchical system. *The Professional Geographer*, Vol. 48, No. 4, pp. 367-378.
62. Eswaran, M. and Ware, R. 1986. On the shape of market areas in Löschian Spatial Models. *Journal of Regional Science*, Vol. 2, pp. 307-318.
63. Fagerland, V. G. and Smith, R. H. T. 1970. A preliminary map of market periodicities in Ghana. *Journal of Developing Areas*, Vol. 41, pp. 333-347.
64. Fetter, F. 1924. The economic law of market areas. *Quarterly Journal of*

Economics, Vol. 38, pp. 520-529.
65. Fine, B. and Leopold, E. 1993. *The World of Consumption*. London: Routledge.
66. Fink, S. L., Beak, J. and Taddeo, K. 1971. Organisation crisis and change. *Applied Behavioural Science*, Vol. 7, pp. 15-37.
67. Freeman, D. B. 1973. *International Trade, Migration, and Capital Flows*. Research Paper, Department of Geography, The University of Chicago, Chicago.
68. Fusch, R. 1994. *The Plaza in Italian Urban Morphology*. New York: American Geographical Society.
69. Garner, B. J. 1966. *The Internal Structure of Retail Nucleations*. Evanston Ⅲ: Northwestern University, Studies in Geography No. 12.
70. Garnier, J. B. and Delobez, A. 1979. *Geography of Marketing*. New York: Longman.
71. Ghosh, A. 1981. Models of periodic marketing and the spatiotemporal organization of market places. *The Professional Geographer*, Vol. 33, No. 4, pp. 475-483.
72. Ghosh, A. and McLafferty, S. 1984. A model of consumer propensity for multipurpose shopping. *Geographical Analysis*, Vol. 16, No. 3.
73. Ghosh, A. and McLafferty, S. L. 1987. *Location Strategies for Retail and Sevice Firms*. Lexington Mass: Lexington Books.
74. Ghosh, A. and Rushton, G (eds.). 1987. *Spatial Analysis and Location-Allocation Model*. New York: Van Nostrand Reinhold Company.
75. Ghosh, A. and Craig, S. 1984. A location allocation model for facility planning in a competitive environment. *Geographical Analysis*, Vol. 16, No. 1, pp. 39-51.
76. Gist, R. R. 1968. *Retailing: Concepts and Decisions*. New York: John Wiley and Sons.
77. Gist, R. R. 1971. *Marketing and Society: A Conceptual Introduction*. New York: Holt, Rinehart and Winston.
78. Glosh, A. 1986. The value of a mall and other insights from a revised central place model. *Journal of Retailing*, Vol. 61, No. 1, pp. 79-97.

79. Golledge, G. R., Rushton, G. and Clark, W. A. V. 1966. Some spatial characteristics of Iowa's farm population and their implications for the grouping of central place functions. *Economic Geography*, Vol. 43, pp. 261-272.
80. Golledge, R. G. and Harry Timmermans(eds.). 1988. *Behavioural Modelling in Geography and Planning*. London: Groom Helm.
81. Golledge, R. G. and Timmermans, H. *Applications of Behavioural Research on Spatial Problem I: Cognition*.
82. Good, C. M. 1972. Periodic markets: a problem in locational analysis. *Professional Geographer*, Vol. 24, pp. 210-216.
83. Goss, J. 1993. The "Magic of the Mall": an analysis of form, function, and meaning in the contemporary retail built environment. *The Professional Geographer*, Vol. 83, No. 1, pp. 18-47.
84. Graham, S. 1998. Strategies of surveillant simulation: new technologies, digital representations and material geographies. *Environment and Planning D: Society and Space*, pp. 379-504.
85. Greenow, L. and Muñiz, V. 1988. Market trade in decentralized development: the case of Cajamarca Peru. *The Professional Geographer*, Vol. 40, No. 4, pp. 416-427.
86. Guy, C. M. and Lord, J. D. 1993. Transformation and the city centre. In *Retail Change: Contemporary Issues*, ed. C. Thomas and R. Bromley, London: UCL Press, pp. 88-108.
87. Hallsworth, A. G. 1992. *The New Geography of Consumer Spending: A Political Economy Approach*. New York: John Wiley and Sons.
88. Halperin, W. 1985. *Spatial Cognition and Consumer Behaviour: A Panel Data Approach*. Ph. D. dissertation, University of California, Santa Barbara.
89. Hamed, M. M. and Easa, S. M. 1998. Integrated modeling of urban shopping activities. *Journal of Urban Planning and Development*, Vol. 9, pp. 115-131.
90. Hanson, S. 1980. Spatial diversification and multi-purpose travel: implications for choice theory. *Geographical Analysis*, Vol. 12, pp. 245-257.

91. Hanson, S. and Huff, J. 1988. Repetition and day-to-day variability in individual travel patterns: implications for classification. In Golledge, R. G. and Timmermans, H., editors, *Behavioural Modelling in Geography and Planning*, London: Croom Helm, pp. 368-398.
92. Harris, C. D. 1954. The market as a factor in the localization of industry in the United States. *Annals of the Association of American Geographers*, Vol. 44, pp. 315-348.
93. Harris, C. D. and Ulman, E. 1945. The nature of cities. *Annals, American Academy of Political and Social Science*, Vol. 242, pp. 7-17.
94. Hill, P. and Smith, R. H. T. 1972. The spatial and temporal synchronization of periodic markets: evidence from four emirates in northern Nigeria. *Economic Geography*, Vol. 48, pp. 345-355.
95. Hoare, A. G. 1985. Great Britain and her exports: an exploratory regional analysis. *Tijdschrift voor Economische en Sociale Geografie*, Vol. 76, pp. 9-21.
96. Hollander, S. C. 1960. The wheel of retailing. *Journal of Marketing*, Vol. 24. July, pp. 37-42.
97. Hollander, S. C. 1966. Notes on the retail accordion. *Journal of Retailing*, Vol. 42, Summer, pp. 29-40.
98. Horwood, E. M. and Boyce, R. R. 1959. *Studies of the Central Business District and Urban Freeway Development*. Seattle: University of Washington Press.
99. Hotelling, H. 1929. Stability in competition. *Economics Journal*, Vol. 39, pp. 41-57.
100. Hoyt, H. 1939. *The Structure and Growth of Residential Neighborhoods in American Cities*. Washington DC: Federal Housing Administration.
101. Huff, D. 1962. *Determination of Intra-urban Retail Trade Areas, Real Estate Research Program*. Los Angeles: University of California.
102. Huff, D. 1963. A probability analysis of shopping center trade areas. *Land Economics*, Vol. 39, pp. 81-89.
103. Huff, D. 1964. Defining and estimating a trade area. *Journal of Marketing*, Vol. 28, pp. 34-38.

104. Hyson, C. D. and Hyson, W. P. 1950. The economic law of market areas. *Quarterly Journal of Economics*, Vol. 64, pp. 319-327.
105. James Jixian Wang, and Jiang Xu. 2002. An unplanned commercial district in a fast-growing city: a case study of Shenzhen, China. *Journal of Retailing and Consumer Services*, Vol. 9, pp. 317-326.
106. Joeseph, A. E. 1982. Mon the interpretation of the coefficient of location. *The Professional Geographer*, Vol. 34, No. 4, pp. 443-446.
107. Johnson, R. J. 1976. *The World Trade System: Some Enquiries into Its Spatial Structure*. New York: St Martin's Press.
108. Jones, K. and Simmons, J. 1993. *Location, Location, Location: Analyzing the Retailing Environment*. Canada: Nelson.
109. Jumper, S. R. 1974. Wholesale marketing of fresh vegetables. *Annals of the Association of American Geographers*, Vol. 64, pp. 387-396.
110. Kawamukai, H. 1996. *The Effect of Retail Firm Ownership on Price Equilibrium*, Vol. 2, pp. 257-270.
111. Kaynak, E. 1979. A refined approach to the wheel of retailing. *European Journal of Marketing*, Vol.13, pp. 237-245.
112. Kirby, D. A. 1976. The North American convenience store: implications for Britain. In Jones, P. and Oliphant, R., editors, Local shops: problems and prospects reading. *Unit for Retail Planning Information*, pp. 95-100.
113. Kohsaka, H. 1984. An optimization of the central place system in terms of multipurpose shopping trip. *Geographical Analysis*, Vol. 16, No. 3.
114. Kristensen, G. and Tkocz, Z. 1994. The Determinants of distance to shopping centers in an urban model context. *Journal of Regional Science*, Vol. 3, pp. 425-443.
115. Lamb, R. F. 1985. The morphology and vitality of business districts in upstate New York villages. *The Professional Geographer*, Vol. 37, No. 2, pp. 163-173.
116. Langdale, J. 1985. Electronic funds transfer and the internalization of the banking and finance industry. *Geoforum*, Vol. 16, pp. 1-13.
117. Langston, P., Clarke, G. and Clarke, D. 1998. Retail saturation: the de-

bate in the mid-1990s. *Environment and Planning A*, pp. 49-66.
118. Laulajainen, R. 1992. The quest for global market leadership: example of two welding companies. *The Professional Geographer*, Vol. 44, No. 4, pp. 392-406.
119. Launhardt, W. 1885. *Mathematische Begründung der Volkswirtschaftslehre*, Teubner, Leipzig.
120. Lee, Y. 1979. A nearest-neighbor spatial-association measure for the analyzing of firm interdependence. *Environment and Planning A*, pp. 169-176.
121. Lentnek, B., Harwitz, M. and Narula, S. 1981. Spatial choice in consumer behavior toward a complex local theory of demand. *Economic Geography*, Vol. 57, pp. 362-372.
122. Leslie, D. and Reimer, S. 1999. Spatializing commodity chains. *Progress in Human Geography*, Vol. 23, pp. 401-420.
123. Linnemann, H. 1966. *An Econometric Study of International Trade Flows*. Amsterment: North Holland Publishing Company.
124. Lloyd, W. J. 1991. Changing suburban retail patterns in metropolitan Los Angeles. *Association of American Geographers*, Vol. 43, No. 3, pp. 335-344.
125. Lo, L. 1990. A translog approach to consumer spatial behavior. *Journal of Regional Science*, Vol. 3, pp. 393-413.
126. Loot, 1999. *The Second Hand Market: A Portrait of Tomorrow's Consumer*. London: Loot.
127. Lord, J. D. 1984. Shifts in the wholesale trade status of U. S. metropolitan areas. *The Professional Geographer*, Vol. 36, No. 1, pp. 51-63.
128. Lösch, A. 1954. *Die Raumliche Ordnung der Wirtschaft* (Verlag, 1944), translated by W. H. Woglom and W. F. Stolper as The Economics of Location. Yale University Press.
129. Malaffety, S. and Ghosh, A. 1986. Multipurpose shopping and location of retailing firms. *Geographical Analysis*, Vol. 18, No. 3, pp. 215-225.
130. Mann, P. 1958. The socially balanced neighborhood unit. *Town Planning Review*, Vol. 29, pp. 91-98.

131. Marble, D. and Bowlby, S. 1968. Shopping alternatives and recurrent travel patterns. *Geographic Studies of Transportation and Network Analysis*. IL: Northwestern University.
132. Mayfield, F. M. 1949. *The Department Store Story*. New York: Fairchild.
133. McCammon, B. C. 1975. Future shock and the practice of management. In Levine, P., editor, Attitude research bridges the Atlantic. Chicago: American Marketing Assosiation. *Marketing Research Techniques Series*, Vol. 16, pp. 71-89.
134. McConnell, J. E. 1985. Geography of internation trade. *Association of American Geographers*.
135. McGee, T. G. 1971. *The Urbanization Process in the Third World*. Bell.
136. McKeever, J. R. and Griffin, N. M. 1977. *The Community Builder's Handbook*. Washington DC: Urban Land Institute.
137. McNair, M. P. 1958. Significant trends and developments in the post war period. In Smith, A. B., editors, *Competitive Distribution in a High Level Economy and Its Implications for the University*. Pittsburg: University of Pittsburg Press. pp. 1-25.
138. McNair, M. P. and May, C. 1976. *The Evolution of Retail Institutions in the United States*. Cambridge: Marketing Science Institute.
139. Miller, E. J. and O'Kelly, A. E. 1983. Estimating shopping destination choice models from travel diary data. *The Professional Geographer*, Vol. 35, No. 4, pp. 440-449.
140. Miller, H. J. 1996. Pricing policy reactions to agglomeration in a market with spatial search. *Journal of Regional Science*, Vol. 3, pp. 393-415.
141. Mulligan, G. 1983. Consumer demand and multi-purpose shopping behavior. *Geographical Analysis*, Vol. 15, pp. 76-81.
142. Mulligan, G. 1984. Agglomeration and central place theory: a review of the literature. *International Regional Science Review*, Vol. 9, pp. 1-42.
143. Mulligan, G. and Fik, T. 1989. Asymmetrical price conjectural variation in spatial competition models. Paper presented at the Western Regional Science Association meeting, San Diego, CA.
144. Murphy, R. E. 1972. *The Central Business District: A Study in Urban*

Geography. London: Longman.
145. Murphy, R. E. and Vance, J. E. 1954. A comparative study on nine central business districts. *Economic Geography*, Vol. 30, pp. 301-336.
146. Nakanishi, M. and Cooper, L. G. 1974. Parameter estimate for multiplicative interactive choice model: least spuares approach. *Journal of Marketing Research*, Vol. 11, pp. 303-311.
147. Nystrom, P. 1930. *The Economics of Retailing: Retail Institutions and Trends*, third edition. New York: Roland Press.
148. O'Kelly, M. E. 1981. A model of the demand for detail facilities incorporating multistop multipurpose trips. *Geographical Analysis*, Vol. 13, pp. 134-148.
149. Okabe, A., Boots, B. and Sugihara, K. 1992. *Spatial Tessellations-Concepts and Applications of Voronoi Diagrams*. Chichester. England: John Wiley and Sons.
150. Oxenfeldt, A. R. 1960. The retailing revolution: why and wither. *Journal of Retailing*, Vol. 36, Fall, pp. 157-162.
151. Papageorgiou, G. J. and Brummell, A. C. 1975. Crude inferences on spatial consumer behavior. *Annals, Association of American Geographers*, Vol. 65, pp. 1-12.
152. Park, C., Hughes, R., Thurkal, V. and Friedman, R. 1981. Consumer decision plans and subsequent choice behaviour. *Journal of Marketing*, Vol. 45, pp. 33-47.
153. Parr, J. B. 1995. The economic law of market area: a further discussion. *Journal of Regional Science*, Vol. 4, pp. 599-615.
154. Parr, J. B. and Denike, K. G. 1970. Theoretical problems in central place analysis. *Economic Geography*, Vol. 46, pp. 568-586.
155. Parr, J. B. 1980. Frequency distributions of central places in southern Germany: a further analysis. *Economic Geography*, Vol. 56, pp. 141-154.
156. Parr, J. B. 1981. Temporal change in a central place system. *Environment and Planning A*, Vol. 13, pp. 97-118.
157. Peschel, K. 1982. International trade, integration and industrial location. *Regional Science and Urban Economics*, Vol. 12, pp. 247-269.

158. Potte, R. B. 1976. *The Structure Characteristics of the Urban Retailing System and the Nature of Consumer Behaviour and Perception: A Case Study Based on Stochport*. Ph. D. thesis, University of London.
159. Potte, R. B. 1979. Perception of urban retailing facilities: an analysis of consumer information fields. *Geografiska Annaler*, Vol. 61B, pp. 19-29.
160. Potter, R. B. 1981. Correlates of the functional structure of urban retail areas: an approach employing multivariate ordination. *The Professional Geographer*, Vol. 33, No. 2, pp. 208-215.
161. Potter, R. B. 1982. *The Urban Retailing System: Location, Cognition and Bahaviour*. Aldershot: Gower.
162. Proudfoot, M. J. 1937. *Intra-city Business Census Statistics for Philadelphia*. Penn. Washington: Government Printing Office.
163. Rabeiga, W. A. and Lamoureux, L. F. 1973. Wholesaling hierarchies: a florida case study. *Tijdschrift voor Economische en Sociale Geografie*, Vol. 64, pp. 226-230.
164. Reilly, W. J. 1931. *The Law of Retail Gravitation*. Knickerbocker Press, New York.
165. Revzan, D. A. 1966. *The Marketing Significance of Geographical Variations in Wholesale/Retail Sales Ratios*. Berkeley: Institute of Business and Economic Research, University of California.
166. Richard F. L. 1985. The morphology and vitality of business districts in upstate New York villages. *The Professional Geographer*, Vol. 37, No. 2, pp. 163-173.
167. Richards, J. 1983. Off-price. *Retail 1*, Vol. 21, Winter, pp. 31-35.
168. Robertson, K. A. 1981. Downtown retail activity in large American cities 1954-1977. *Progress in Human Geography*.
169. Robock, S. H. and Simmonds, K. 1983. *International Business and Multinational Enterprises*. Homewood, Illinois: Richard D Irwin.
170. Rogers, D. 1970. *The Role of Search and Learning in Consumer Space Behaviour: A Case of Urban Immigration*. Unpublished MA thesis, University of Wisconsin, Madison, WI.
171. Rose, G. S. 1987. Reconstructing a retail trade area: tucker's general

store, 1850-1860. *The Professional Geographer*, Vol. 39, No. 1, pp. 33-40.
172. Rosenbloom, B. 1976. The trade area mix and retailing mix: a retail strategy matrix. *Journal of Marketing*, Vol. 40, pp. 58-66.
173. Rushton, G. 1965. *The Spatial of Grocery Purchases in Iowa*. Ph. D. dissertation, University of Iowa City, TO.
174. Rushton, G. 1969. Analysis of spatial behaviour by revealed space preference. *Annal of the Association of American Geographers*, Vol. 59, pp. 391-400.
175. Saul, B. C. and George, K. L. 1967. Form and function in the geography of retailing. *Economic Geography*, Vol. 43, pp. 1-42.
176. Savitt, R. 1984. The "wheel of retailing" and retail product management. *European Journal of Marketing*, Vol. 18, pp. 43-54.
177. Scott, P. 1970. *Geography and Retailing*. London: Hutchinson.
178. Shaffer, H. 1973. How retail methods reflect social change. *Canadian Business*, Vol. 46, pp. 10-15.
179. Shonkwiler, J. S. and Harris, T. R. 1996. Rural retail business thresholds and interdependencies. *Journal of Regional Science*, Vol. 4, pp. 617-630.
180. Siddall, W. R. 1961. Wholesale-retail trade ratios as indices of urban centrality. *Economic Geography*, Vol. 37, pp. 124-132.
181. Smith, R. H. T. 1970. A note on periodic markets in west Africa. *African Urban Notes*, Vol. 5, pp. 29-37.
182. Smith, R. H. T. Periodic market-places and periodic marketing. *Review and Prospect II*.
183. Stabler, J. C. 1987. Trade center evolution in the great plains. *Journal of Regional Science*, Vol. 27, pp. 225-241.
184. Stern, L. W. and El-Ansary, A. I. 1977. *Marketing Channels*. Englewood Cliffs: Stores, Vol. 60, October, pp. 44-49.
185. Stewart, J. Q. and Warntz, W. 1958. Physics of population distribution. *Journal of Regional Science*, Vol. 1. pp. 99-123.
186. Stine, J. H. 1962. Temporal Aspects of the Tertiary Production Elements

in Korea. In *Urban Systems and Economic Development*, edited by F. R. Pitts. Euggene, Oregon: University of Oregon Press, pp. 68-88.
187. Sui, D. Z. and Wheeler, J. O. 1993. The location of office space in the metropolitan service economy of the United States, 1985-1990. *The Professional Geographer*, Vol. 45, No. 1, pp. 35-43.
188. Thill, J. C. 1986. A note on multipurpose and multistop shopping, sales, and market areas of firms. *Journal of Regional Science*, Vol. 4, pp. 775-783.
189. Thomas, J. S. and Sewall, M. A. 1976. Image inputs to a probabilistic model: predicting retail potential. *Journal of Marketing*, Vol. 40, pp. 48-53.
190. Thomas, S. M., Anderson, R. E. and Jolson, M. A. 1986. The wheel of retailing and non-store evolution: an alternative hypothesis. *International Journal of Retailing*, Vol. 1, pp. 18-29.
191. Thompson, D. 1963. New concept: subjective distance. *Journal of Retailing*, Vol. 39, pp. 1-6.
192. Thorpe, J. K. 1978. Periodic markets in the caspian lowlands of Iron. In *Markets Place Trade: Periodic Markets, Hawkers, and Traders in Africa, Asia and Latin America*, edited by Smith, R. H. T, Vancouver, B. C.: Center for Transportation Studies, pp. 81-98.
193. Timmermans, H. 1983. Non-compensatory decision rules and consumer spatial choice behavior: a test of predictive ability. *The Professional Geographer*, Vol. 35, No. 4, pp. 449-455.
194. Timmermans, H., Borgers, A. and Waerden, P. V. D. 1992. Choice experiments versus revealed choice models: a before-after study of consumer spatial shopping behavior. *The Professional Geographer*, Vol. 44(4), pp. 406-416.
195. Timmermans, H. and Golledge, R. G. *Applications of Behavioural Research on Spatial Problem II: Preference and Choice*.
196. Tinbergen, J. 1962. *Shaping the World Economy-Suggestions for an International Economic Policy*. New York: The Twentieth Century Fund.
197. ULI-the Urban Land Institute. 1977. *Shopping Center Development*

Handbook. Washington D. C.
198. Vance, J. E. 1962. Emerging patterns of commercial structure in American cities in Norborg, K. editor, *The IGU Symposium on Urban Geography*, Lund 1960. Lund: Gleerup, pp. 485-518.
199. Vance, J. E. Jr. 1970. *The Merchant's World: The Geography of Wholesaling*, Englewood Cliffs. NJ: Prentice Hall.
200. Vanderbeck, R. M. 2000. "That's the Only Place Where You Can Hang Out", urban young people and space of the mall. *Urban Geography*, Vol. 21, No. 1, pp. 5-25.
201. Wanmali, S. 1977. Periodic markets in southern Bihar: spatial and temporal characteristic. *Management and Labor Studies*, Vol. 3, pp. 1-16.
202. Weber, A. 1965. *Theory of the Location of Industries*. Translated by Friedrich. C. J. Chicago and London: The University of Chicago Press.
203. West, D. S., Ryan, D. L. and Hohenbalken, B. V. 1988. New competition in shopping-center hierarchies: an empirical comparison of alternative specifications. *Journal of Regional Science*, Vol. 3, pp. 329-343.
204. Wheeler, J. O. and Muller, P. O. 1981. *Economic Geography*. New York: John Wiley and Sons.
205. White, R. W. 1977. Dynamic central place theory: results of a simulation approach. *Geographical Analysis*, Vol. 9, pp. 226-243.
206. White, S. E. 1985. Macro-level activity spaces: some nationwide visitation patterns. *The Professional Geographer*, Vol. 37, No. 1, pp. 28-35.
207. Willis, P. 1990. *Common Culture*. Milton Keynes: Open University Press.
208. Winstanley, M. J. 1983. *The Shopkeepers World: 1830-1914*. Manchester: Mancherter University Press.
209. Wong, S-C. and Yang, H. 1999. Determining market areas captured by competitive facilities: a continuous equilibrium modeling approach. *Journal of Regional Science*, Vol. 1, pp. 51-72.
210. Wrigley, N. 1993. Retail concentration and the internationalization of British grocery retailing. In Bromley, R. and Thomas, C., editors, *Retail Change, Contemporary Issues*. London: UCL Press, pp. 41-68.

211. Zimmerman, M. M. 1955. *The Supermarket: A Revolution in Distribution*. New York: McGraw-Hill.
212. IMI(创研)市场信息研究所:《2000 IMI消费行为与生活形态年鉴》,北京广播学院出版社,2000年。
213. 阿兰·梅冬著,蔡宗夏译:"法国商业活动的演化与商业地理学研究",《人文地理》,1993年第4期。
214. 安成谋:"城市零售商业网点布局初步研究",《经济地理》,1988年第2期。
215. 安成谋:"兰州商业中心的区位格局及优势度分析",《地理研究》,1990年第1期。
216. 巴里·伯曼(Barry Berman)、乔尔·R. 埃文斯(Joel R. Evans)著,吕一林、熊鲜菊等译:《零售管理》,中国人民大学出版社,2002年。
217. 白光润:"微区位研究",《上海师范大学学报》(自然科学版),2003年第3期。
218. 保继刚:"旅游者空间行为规律在宾馆选址中的意义初探",《人文地理》,1991年第9期。
219. 彼得·J. 麦戈德瑞克(Peter J. McGoldrick):《零售营销》,机械工业出版社,2004年。
220. 蔡国田、陈忠暖、林先扬:"广州市老城区零售商业服务业区位类型特征及发展探析",《现代城市研究》,2002年第5期。
221. 蔡鸿生:《城市商业发展的规模、规划、规范》,中国商业出版社,2002年。
222. 曹连群:"商业零售业态分类规范与商业网点布局规划",《北京规划建设》,1999年第5期。
223. 曹荣林:"南京市城乡集贸市场的发展与布局",《人文地理》,1992年第2期。
224. 曹嵘、白光润:"交通影响下城市零售商业微区位探析",《经济地理》,2003年第2期。
225. 柴彦威、李峥嵘、刘志林、史中华:"时间地理学研究现状与展望",《人文地理》,2000年第6期。
226. 柴彦威、王恩宙:"时间地理学的基本概念与表示方法",《经济地理》,1997年第3期。
227. 柴彦威、龚华:"城市社会的时间地理学研究",《北京大学学报》(哲学社会科学版),2001年第5期。
228. 柴彦威、刘志林、李峥嵘等:《中国城市的时空间结构》,北京大学出版社,

2002年。
229. 柴彦威:"时间地理学的起源、主要概念及其应用",《地理科学》,1998年第1期。
230. 柴彦威:《城市空间》,科学出版社,2000年。
231. 陈传康:"北京的感应和行为地理研究",《经济地理》,1982年第4期。
232. 陈福义、范保宁:《湖南商业地理》,湖南大学出版社,1986年。
233. 陈纲伦:"'传统风貌一条街'的综合效益与多元模式",《建筑学报》,1994年第5期。
234. 陈广:《7-11连锁便利功略》,南方日报出版社,2004年10月。
235. 陈开庆等:"论广州市北京路'商业城'建设的可行性",《广州研究》,1985年第6期。
236. 陈联:"CBD规划研究的前提及方法",《城市规划》,1995年第3期。
237. 陈伟新:"国内大中城市中央商务区近期发展实证研究",《城市规划》,2003年第12期。
238. 陈文娟:"广州城市肉菜市场发展与规划研究"(硕士论文),中山大学,1998年。
239. 陈忠暖、陈颖、甘巧林等:"昆明市城市商业地域结构分析与调整对策探讨",《城市问题》,1999年第4期。
240. 陈忠暖、陈颖、甘巧林等:"昆明市城市商业地域结构探讨与调整对策",《现代城市研究》,1999年第6期。
241. 陈忠暖、陈颖、甘巧林等:"昆明市城市商业地域结构探讨与调整对策刍议",《人文地理》,1999年第4期。
242. 陈忠暖、程一钧、何劲耘:"城市零售商业服务业区位类型划分的探讨——昆明市零售商业服务业区位类型的分析",《经济地理》,2001年第2期。
243. 陈忠暖、甘巧林、陈颖等:"昆明市城市商业地域结构探讨与调整对策",《城市研究》,1999年第6期。
244. 陈忠暖等:"昆明市商业地域结构研究",昆明市商业地域结构研究课题组,1997年。
245. 池柏良、郑奔:《天河物流商圈格局》,香港新闻出版社,2003年。
246. 楚义芳:"CBD与城市发展",《城市规划》,1992年第3期。
247. 崔彤彤:"对上海郊区零售商业网络建设的浅见",《城市经济研究》,1995年。

248. 戴德梁行:"广州房地产信息",2000 年。
249. 邓世文:"中国城市商业网点布局研究",《人文地理》增刊,1999 年。
250. 丁健:"国际大都市 CBD 分功能、机制及其发展趋势——兼述对上海市建设 CBD 的启示",《城市经济研究》,1994 年。
251. 〔法〕巴斯帝哀德泽著,陈光庭摘译:"城市的商业和服务业",《城市问题》,1993 年第 3 期。
252. 樊绯:"天津市中心城区零售业空间结构研究"(硕士论文),北京大学,2001 年。
253. 方远平:"大都市服务业区位理论与实证研究"(博士论文),中山大学,2004 年。
254. 傅崇兰等编:《广州城市发展与建设》,中国社会科学出版社,1994 年。
255. 高松凡:"历史上北京城市场变迁及其区位研究",《地理学报》,1989 年第 6 期。
256. 高松凡:"中地论与历史城市地理研究——以嘉兴市域城镇演化为重点",《经济地理》,1988 年。
257. 高文杰:"商贸与城市发展",《城市规划汇刊》,1995 年第 1 期。
258. 龚佰洪:《商都广州》,广东地图出版社,1999 年。
259. 龚华:"深圳市居民消费行为的空间特征及其决策机制研究"(硕士论文),北京大学,2003 年。
260. 龚进华:"海淀西大街的初步调查"(博士论文),北京大学,1982 年。
261. 官莹、张素丽:北京市集贸市场空间分布特征研究",《人文地理》,2003 年第 6 期。
262. 管驰明、崔功豪:"1990 年代以来国外商业地理研究进展",《世界地理研究》,2003 年第 3 期。
263. 管驰明、崔功豪:"中国城市新商业空间及其形成机制初探",《城市规划汇刊》,2003 年第 6 期。
264. 广东省地价评估事务所等:"广州市商业用地区片价表/图、综合商业级别价",1998 年。
265. 广东省地图出版社:《广州市公共汽车导向图》,1998 年、2001 年。
266. 广州房地产信息中心:"广州市房地产市场",1995~1999 年。
267. 广州古都学会等:《1992 名城广州小百科》,中山大学出版社。
268. 广州市城庆工作委员会办公室:《辉煌的广州》,中山大学出版社,1996 年。

269. 广东省统计局:《广东统计年鉴(2001)》,中国统计出版社,2001年。
270. 广州市房地产统计年鉴编委会:"广州市房地产统计年鉴(在编)",2000年。
271. 广州市工商局:《广州市商品交易市场购物手册》,广州出版社,1999年。
272. 广州市规划局:"广州市'十五'时期重大建设项目规划(征求意见稿)"。
273. 广州市规划局等:"广州市商业网点十年发展规划",2001年。
274. 广州市旅游规划研究中心等:"越秀区商贸旅游业发展总体规划(2001—2010)",2001年。
275. 广州市商业委员会、广州市城市规划局、广州市商业网点办公室、广东三维地产策划有限公司:"广州市商业网点十年发展规划(2000—2010)",2001年。
276. 广州市商业委员会:"大型商场建设情况表",1998年。
277. 广州市商业委员会:"广州市大型零售企业经营状况",1998~2000年。
278. 广州市商业委员会:"广州市商贸业'十五'计划",1999年。
279. 广州市统计局:《广州统计年鉴》,中国统计年鉴出版社,1986~2001年。
280. 广州市统计局:《广州五十年》,中国统计出版社,1999年。
281. 广州市珠江中原物业顾问有限公司:"广州市综合商场市场研究报告"。
282. 郭柏林:"连锁超市空间结构模式",《人文地理》,1997年第3期。
283. 郭柏林:"上海市发奶网络空间结构模式的探讨",《地理科学》,1993年第2期。
284. 郭崇义、戴学珍:"北京外商投资零售企业区位选择研究",《经济地理》,2002年第11期。
285. 郭崇义:"上海市外商投资零售企业区位选择研究",2003年第1期。
286. 郭冬乐等:《2001中国商业理论前沿Ⅰ、Ⅱ》,社会科学文献出版社,1999年。
287. 郭振等:"城市商业网点的规划原则和政策",《商业经济研究》,1999年第4期。
288. 国家统计局设管司:国民经济行业分类与代码(GBT4754-94),1994年。
289. 国家质量技术监督局:"零售业态分类"(classification of types of operation in retail business)标准[S],标准号 GB/T 18106-2000,2000年8月1日实施。
290. 海山:"行为地理学及其对中国地理学的意义",《人文地理》,1997年第12期。
291. 贺崇明等:《广州市内环路建成后对周边地区社会经济影响研究》,广东科技出版社,2001年。
292. 侯锋:"西方商业地理学的基本内容",《经济地理》,1988年第1期。
293. 胡宝哲:"现代商业环境的功能与构成特点",《建筑学报》,1988年第3期。
294. 胡华颖:《城市·空间·发展——广州城市内部空间分析》,中山大学出版社,1993年。
295. 胡兆量:"对北京中央商务区的探索",《城市规划》,1993年第1期。
296. 黄富厢等:"现代化国际大都市及CBD建设的若干探讨",《城市规划》,1997年第4期。
297. 黄国雄等:"零售业态发展评析",《兰州商学院学报》,1998年第3期。
298. 黄毅:"网络市场会代替传统市场?——Internet网上购物的交易费用分析",《商业研究》,2000年第1期。
299. 建设部:《城市用地分类与规划建设用地标准》(建设部(90)建标字第322号,GBJ137-90)。
300. 蒋云红:"零售商业空间组织的市场分析",《人文地理》,1991年第4期。
301. 蒋云红:"美国购物中心的规划与设计",《城市问题》,1993年第3期。
302. 靳俊喜等:《现代商业发展与中心城市商贸战略创新》,重庆出版社,2003年。
303. 康琳:"我国城市商业街区的布局形态",《城市规划汇刊》,1993年第2期。
304. 科林·T. 托马斯著,潘建纲译:"英国的城市中心商业区研究",《人文地理》,1989年第4期。
305. 克利斯泰勒,W. 著,常正义等译:《德国南部的中心地原理》,商务印书馆,1998年。
306. 雷玉秀等:"多CBD城市土地的均衡价格结构",《北京师范大学学报》,1995年第12期。
307. 冷勇:"广州市CBD功能特征与空间结构研究"(硕士论文),中山大学,1999年。
308. 李毕方:"浅谈零售商圈理论及其应用",《商场现代化》,1996年第6期。
309. 李程桦:《商业新业态:城市消费大变革——以南京为样本的社会学研究》,东南大学出版社,2004年。
310. 李东进:《消费者行为学》,经济科学出版社,2001年。
311. 李冬琴:"电子商务的发展对传统零售业的影响及对策",《商业经济文荟》,2000年第3期。

312. 李芳等:"国外 CBD 研究及规划实例简介",《城市问题》,1994 年第 2 期。
313. 李沛:《当代全球性城市中央商务区(CBD)规划理论初探》,中国建筑工业出版社,1999 年。
314. 李权时等编:《岭南文化现代精神》,广州出版社,2001 年。
315. 李泳:"城市中心商业区内部功能与步行街",《热带地理》,1997 年第 1 期。
316. 李越:"从世界城市体系零售业态变革规律看我国城市零售业态整体结构模式",《商业经济研究》,1997 年第 8 期。
317. 李振泉、李诚固、周建武:"试论长春市商业地域结构",《地理科学》,1989 年第 2 期。
318. 梁健玲:"一个客源竞争的案例分析",《经济地理》,2002 年第 11 期。
319. 廖什:《经济空间秩序:经济财货与地理间的关系》,商务印书馆,1997 年。
320. 林耿、许学强:"广州市商业业态空间形成机理",《地理学报》,2004 年第 5 期。
321. 林耿、闫小培、周素红:"消费因素影响下广州市大型百货商店的发展",《热带地理》,2002 年第 3 期。
322. 林耿、闫小培:"广州市商业功能区空间结构研究",《人文地理》,2003 年第 6 期。
323. 林耿:"广州市商业业态空间形成机理研究"(博士论文),中山大学,2002 年 a。
324. 林景荣:"最小费用流在商业网点布局上的应用",《商业经济研究》,1996 年第 3 期。
325. 林锡艺:"广州市服务业区位研究"(硕士论文),中山大学,1999 年。
326. 刘建华:"商业网点的最佳发展规模研究",《商业管理》,1993 年 a。
327. 刘建华:"商业网点发展的决策和方法",《商业管理》,1993 年 b。
328. 刘宁:"21 世纪我国零售业发展趋势",《商场现代化》,2000 年第 7 期。
329. 刘盛和:"我国周期性集市与乡村发展研究",《经济地理》,1991 年第 1 期。
330. 刘彦随:"中国内陆特大城市中心商业区发展布局探讨——以西安城市中心区为例",《人文地理》,1995 年第 1 期。
331. 刘胤汉、刘彦随:"西安零售商业网点结构与布局研究",《经济地理》,1995 年第 2 期。
332. 卢辞:"城市零售业态的问题及对策",《商业经济研究》,1999 年第 7 期。
333. 陆大壮主编:《中国商业地理学》,中国财政经济出版社,1991 年。

334. 陆惠琴等:"中国商业业态的变革与发展",《武汉冶金管理干部学院学报》,2000年第2期。
335. 路满平:"应用商圈理论指导零售企业布局",《商场现代化》,1998年第11期。
336. 吕传廷:"广州城市空间结构调整研究"(硕士论文),中山大学,2000年。
337. 罗杰·布莱克威尔著,季建华等译:《重构新千年零售业供应链》,远东出版社,2000年。
338. 罗彦、周春山:"城市商业空间结构问题与优化探讨",《商业经济与管理》,2005年第1期。
339. 罗彦、周春山:"中国城市的商业郊区化及研究迟缓发展探讨",《人文地理》,2004年12期。
340. 毛林根编:《产业经济学》,上海人民出版社,1996年。
341. 宁越敏:"上海市区商业中心区位的探讨",《地理学报》,1984年第2期。
342. 牛亚菲:"中心地模式的实验研究——江苏省赣榆县和灌云县城镇网的优化设计",《地理学报》,1989年第6期。
343. 欧阳孔仁、汤惠君:"论地理活动空间对消费者行为的影响",《消费经济》,1994年第1期。
344. 〔日〕须原芙士雄著,赵荣译:"今年日本商业地理学的研究主题——特点与问题",《人文地理》,1992年第12期。
345. 芮明杰等:"零售业的网络化",《商场现代化》,1999年第1期。
346. 桑义明、肖玲:"商业地理研究的理论与方法回顾",《人文地理》,2003年第6期。
347. 诗群:"广府饮食中的岭南文化精神——《广州美食》有关饮食与文化的述评",《广州大学学报》(综合版),2000年第5期。
348. 时臻、白光润:"浅析上海市大卖场的空间区位选择",《人文地理》,2003年第8期。
349. 史建平:"谈城市集贸市场布局——以石家庄市为例",《经济地理》,1991年第1期。
350. 史向前:"北京市零售业'中心空洞化'趋势浅析",《中国流通经济》,1997年第2期。
351. 宋海、万典武主编:《深圳市商业发展规划研究》,深圳市人民政府,1998年。
352. 宋启林:"现代城市中心商贸区发展机制及未来趋势",《国外城市规划》,

1993年第2期。
353. 隋锡山、汤湧:《商业地理学概论》,黑龙江出版社,1998年。
354. 孙鹏、王兴中:"西方国家社区环境中零售业微区位论的一些规律(一)",《人文地理》,2002年a,第4期。
355. 孙鹏、王兴中:"西方国家社区环境中零售业微区位论的一些规律(二)",《人文地理》,2002年b,第4期。
356. 汤建中:"上海CBD的演化和职能调整",《城市规划》,1995年第3期。
357. 天河区发展计划局、统计局、物价局,许小明:"天河城商圈批发业与零售业发展的分析"(未刊稿)。
358. 王宝铭:"对城市人口分布与商业网点布局相关性的探讨",《人文地理》,1995年第1期。
359. 王德、周宇:"上海市消费者对大型超市选择行为的特征分析",《城市规划汇刊》,2002年第4期。
360. 王德、张晋庆:"上海市消费者出行特征与商业空间结构分析",《城市规划》,2001年第10期。
361. 王德、朱玮、黄万枢:"南京东路消费行为的空间特征分析",《城市规划汇刊》,2004年第1期。
362. 王鸿楷:《台北市消费活动及商业设施之空间结构分析》,国立台湾大学土木工程学研究所,中华民国七十九年六月三十日。
363. 王建永等:《广州街巷大全图册》,广东地图出版社,2000年。
364. 王恺:《简明商业经济辞典》,吉林人民出版社,1986年。
365. 王琳、白光润、曹嵘:"大城市商业郊区化的问题及调控——以上海市徐汇区为例",《城市问题》,2004年第3期。
366. 王卫平:"商业网点建设中应当把握好的几个关系",《商场现代化》,1997年第9期。
367. 王文卿等:"城市购物中心的规划设计与实践",《建筑学报》,1995年第6期。
368. 王希来、崔家立:《中国商业地理学》,红旗出版社,1985年。
369. 王希来:"浅议城市二级商业区布局问题",《人文地理》,1991年第4期。
370. 王兴中:"人—地行为的主要模式(型)论",《人文地理》,1991年第2期。
371. 王兴中等译,D. J. 沃姆斯利、G. J. 刘易斯著:《行为地理学导论》,陕西人民出版社,1988年。

372. 王兴中、秦瑞英、何小东等:"城市内部生活场所的微区位研究进展",《地理学报》增刊,2004年。
373. 王学萌编:《灰色系统方法简明教程》,成都科技大学出版社,1993年。
374. 邬义均等编:《产业经济学》,中国统计出版社,1997年。
375. 吴良镛:"谈CBD的规划建设",《城市规划》,1995年第3期。
376. 吴明伟、陈联:"关于我国城市CBD规划建设的一些思考",《城市规划汇刊》,1994年第3期。
377. 吴宇华:"北京市新市区商业网点布局初探",《经济地理》,1991年第1期。
378. 吴郁文、谢彬、骆慈广、张蕴坚:"广州市城区零售商业企业区位布局的探讨",《地理科学》,1988年第3期。
379. 仵宗卿、柴彦威、戴学珍、杨吾扬:"购物出行空间的等级结构研究——以天津市为例",《地理研究》,2001年第4期。
380. 仵宗卿、柴彦威、张志斌:"天津市民购物行为特征研究",《地理科学》,2000年第6期。
381. 仵宗卿、戴学珍、戴兴华:"城市商业活动空间结构研究的回顾与展望",《经济地理》,2003年第4期。
382. 仵宗卿、戴学珍:"北京市商业中心的空间结构研究",《城市规划》,2001年第10期。
383. 仵宗卿:"北京市商业活动空间结构研究"(博士论文),北京大学,2000年。
384. 伍亮、沈柏年编:《1995~2002广州经济形势分析与预测》,广东人民出版社。
385. 夏祖华:"国外经验与我国城市商业中心及商业街规划",《城市规划》,1986年第3期。
386. 向清成、李昕:"关于开展我国消费地理学研究的若干问题",《经济地理》,1990年第4期。
387. 谢东晓:"商业功能与交通功能间的区位关系",《城市问题》,1993年第2期。
388. 谢芳:"美国百货业大王——沃尔斯连锁店关闭的原因及启示",《城市问题》,1998年第1期。
389. 谢杰:"零售业主力业态——大型综合超市及其营销策略",《商业研究》,2001年第1期。
390. 谢巧玲、夏洪胜:"购物中心'百货+超市'模式及思考",《商业研究》,2003

年第 24 期。
391. 徐放:"北京市的商业服务业地理",《经济地理》,1984 年第 1 期。
392. 徐光春编:《辉煌十五年·广州卷》,光明日报出版社,1994 年。
393. 徐晶:"城市化进程与商业网点规划",《商业研究》,1999 年第 5 期。
394. 徐印州等:"广州万客隆的市场营销分析及百货业的市场竞争",《商业经济研究》,1997 年。
395. 许学强、周素红、林耿:"广州市大型零售商店布局分析",《城市规划》,2002 年第 7 期。
396. 许学强、周一星、宁越敏编著:《城市地理学》,高等教育出版社,1997 年。
397. 宣红岩:"城市零售商业布局成因",《商场现代化》,1999 年第 2 期。
398. 闫小培、姚一民:"广州第三产业发展变化及空间分布特征分析",《经济地理》,1997 年第 6 期。
499. 严重敏、宁越敏:"略论上海市中心商务区的改造和发展",《城市问题》,1992 年第 4 期。
400. 闫小培、石元安:"广州市新老中心商业区土地利用差异研究",《热带地理》,1995 年第 9 期。
401. 闫小培、许学强、杨轶辉:"广州市中心商业区土地利用特征、成因及发展",《城市问题》,1992 年第 3 期。
402. 闫小培、周春山、冷勇等:"广州 CBD 的功能特征与空间结构",《地理学报》,2000 年 7 月第 4 期。
403. 杨宏烈:"广州骑楼商业街的文化复兴",《规划师》,1998 年第 3 期。
404. 杨韬、黄立中:"成都市外资零售企业区位选择研究",《市场周刊·商务》,2004 年第 9 期。
405. 杨吾扬、谢东晓:"北京市中心商务区的现状与预测",《城市问题》,1992 年第 3 期。
406. 杨吾扬:"北京市零售业与服务业中心和网点的过去、现在和未来",《地理学报》,1994 年第 1 期。
407. 杨吾扬:《区位论原理》,甘肃人民出版社,1989 年。
408. 杨吾扬等:《商业地理学——理论基础与中国商业地理》,甘肃人民出版社,1987 年。
409. 杨瑛、亢庆、邓毛颖:"广州市区大型百货商场空间布局影响因素分析",《城市研究》,1999 年第 6 期。

410. 杨瑛:"20 年代以来西方国家商业空间学理论研究进展",《热带地理》,2000 年第 3 期。
411. 杨瑛:"广州市区大型百货商店发展与空间布局研究"(硕士论文),中山大学,1998 年。
412. 叶明:"城市中心商务区(CBD)的起源、特征与形态",《时代建筑》,1996 年第 4 期。
413. 叶明:"从'DOWNTOWN'到'CBD'——美国城市中心的演变",《城市规划汇刊》,1999 年第 1 期。
414. 易铮、况光贤:"90 年代重庆零售商业离心化研究",《人文地理》,2002 年第 12 期。
415. 〔英〕R. J. 约翰斯顿主编,柴彦威等译:《人文地理学词典》,商务印书馆,2004 年。
416. 于洪俊:"试论城市地域结构的均质性",《地理学报》,1983 年第 3 期。
417. 于淑华等:"上海市零售业态发展情况调查",《商场现代化》,1996 年第 1 期。
418. 袁奇峰等:"广州市第十甫、下九路传统骑楼商业街步行化初探",《建筑学报》,1998 第 3 期。
419. 张宝光:"利用罗伦兹曲线对城市商业网点布局的分析",《天津商学院学报》,1989 年 4 期。
420. 张丙振:"论哈尔滨商业零售网点的布局",《商业研究》,1994 年。
421. 张德金:"浅谈商业零售业态相互渗透的发展趋势",《北京市财贸管理干部学院学报》,2001 年第 4 期。
422. 张建生:"商业文化的新趋势",《兰州商学院学报》,1998 年第 3 期。
423. 张俊芳:"北美大城市中心区步行街区的发展与规划",《国外城市规划》,1995 第 2 期。
424. 张理:"网上购物及其心理分析",《商业经济研究》,1999 年第 7 期。
425. 张水清:"商业业态及其对城市商业空间结构的影响",《人文地理》,2002 年第 10 期。
426. 张素丽、佘幼宇、官莹、刘保民:"北京市商品交易市场的发布特征与发展趋势",《经济地理》,2001 年第 11 期。
427. 张素丽、张得志:"北京市县消费品零售市场差异探析",《人文地理》,2001 年第 3 期。
428. 张素丽:"零售商业市场定位与地理定位",《经济地理》,1999 年第 4 期。

429. 张素丽:"浅析零售商店的选址要素",《商业时代》,1999 年第 3 期。
430. 张文奎:"行为地理学研究的基本理论问题",《地理科学》,1990 年第 6 期。
431. 张文忠:《经济区位论》,科学出版社,2000 年,第 167～216 页、250～299 页。
432. 章兴泉:"CBD 走向集中还是分散",《城市规划》,1993 年第 1 期。
433. 赵德海:"论居住区商业网点建设与发展",《商业研究》,1999 年第 11 期。
434. 赵卓文等:《消费者睇楼 ABC》,广东地图出版社,2000 年。
435. 郑煜:"现代商业中心商业区城市设计观",《城市规划汇刊》,1993 年第 2 期。
436. 中国社会科学院语言研究所词典编辑室编:《现代汉语词典》(第五版),商务印书馆,2005 年。
437. 周安伟:"市场经济下城市商业设施规划的理性思维",《城市规划汇刊》,1994 第 4 期。
438. 中华人民共和国国家统计局:《中国统计年鉴(2001)》,中国统计出版社,2001 年。
439. 周春山、罗彦、尚嫣然:"中国商业地理学的研究进展",《地理学报》,2004 年第 11 期。
440. 周春山、罗彦:"城市零售空间布局与经营的生态学解释",《商业时代》,2004 年。
441. 周东山等:"1986 广州市场大观"。
442. 周锐波:"广州天河城市中心区商业网点分布及其空间结构研究"(硕士论文),中山大学,2005 年。
443. 周尚意、李新、董蓬勃:"北京郊区化进程中人口分布与大中型商场布局的互动",《经济地理》,2003 年第 5 期。
444. 周一星:《城市地理学》,商务印书馆,1995 年。
445. 周作明:"中国传统起居文化浅论",《广西民族学院学报》(哲学社会科学版),1998 年第 3 期。
446. 朱炜宏:"建设北京市中央商务区(CBD)促进北京跨世纪城市中心结构的战略转型",《城市规划》,1999 年第 8 期。
447. 朱小丹编:《改革开放二十年的广州》,开放时代杂志社,1998 年。
448. 左宪棠编:《中国商业经济学》,安徽人民出版社,1986 年。

附表

附表1　2001年广州市区主要交通干线沿线楼盘名称

道路名称	位置	楼盘（由北向南排列或者由西向东排列）
花地大道	东侧	玉兰苑—鹤顶花园—华丽苑
	西侧	怡芳苑—荷花苑—东鹏花苑—康乃馨苑
荔湾路	东侧	皇上皇大厦—文昌花苑—文昌阁
	西侧	观湖雅轩—恒宝华庭—多宝华厦
人民路	西侧	流花雅轩—金门大厦
工业大道	东侧	保利丰花园—保利红棉花园—金碧花园
	西侧	天鹅大厦—金沙花园—光大花园—南晖苑—南箕花苑—保利花园
机场路	东侧	白云高尔夫花园—白云花园—又一居花园
	西侧	顺景花园—汇侨新城—紫荆花园—新市花园二区—百顺台小区—贝丽花园—万科大厦—翠逸家园—腾龙阁—建发广场—金迪城市花园
广从公路	东侧	保利白云山庄—景泰花园
	西侧	东方明珠花园—逸景居—康隆花园—盈翠华庭
解放路	东侧	中曦大厦
	西侧	新宝利大厦—侨力大厦—新濠大厦
江南大道	东侧	怡安花园—万丰花园—紫丹园—润泰大厦—加怡花园—晓港湾
	西侧	海意花园—中旅侨苑—海富花园—海珠广场—金碧花园
广州大道	东侧	金穗大厦—名门大厦—新大厦—远洋明珠大厦—丽水庭院—新理想华庭—琴海居—德盛苑—金穗雅园
	西侧	福泉居—丽景台—鸿业大厦—中海锦苑—愉景雅苑—南洲花园
环市路—天河路—中山大道—黄埔东	北侧	环市西苑—荔新大厦—怡心路—花果山庄—淘金小区—广州珠江实业—龙苑大厦—泽辉苑—华景新城—美好居—东浦广场—逸安阁—天虹花园—金隆园—祥晖广场
	南侧	天马大厦—广州珠江外资建筑设计院—叠翠台—新世界东逸花园—俊景花园—羊城花园—中兴花园—益庭阁—荔景园—怡景大厦—怡港花园—骏鸿花园—榕景阁

续表

道路名称	位置	楼盘（由北向南排列或者由西向东排列）
东风路—黄埔大道	北侧	逸雅居—骏汇大厦—天晖阁—翠湖山庄—华江花园—海景大厦—天润大厦—荔香花园
	南侧	金威大厦—观湖雅轩—健力宝大厦—新裕大厦—锦城花园—天骏花园—华骏花园—君怡大厦—跑马地花园—恒安大厦
中山路	北侧	康王地下商城—西门口广场—新宝利大厦
	南侧	富力广场—福地轩—中曦大厦—金德大厦—建雅台—海谊百子大厦—金羊花园
昌岗路—新港路	北侧	愉景雅苑
	南侧	金昌大厦—中旅侨苑—江南美景花园—顺景雅苑—顺华名庭—鸿运花园—金丰花园—珠江大家庭花园
外环	外侧	同德花园—天平花园—天鹅花园—乐意居—景城花园—羊城花园—叠彩园—新丽苑
	内侧	城西花园—松溪花园—侨德花园—同逸苑—濂泉居—陶茹住宅区—东圃广场—天力园—南洲花园—万华花园—英豪花园—恒洲小苑—南洲名苑—晓岗湾—加怡花园—金碧花园—保利花园
内环	外侧	环市西苑—荔新大厦—怡心苑—花果山庄—星河苑—绿怡居—福莱花园—金羊花园—联发名阁—东湖御苑—盈基大厦—骏和大厦—兰亭颖园—玫瑰园—可逸名庭—江南花园—金沙花园—富泽园—天鹅大厦—荔湖明苑—荔港南湾—粤电花园
	内侧	天马大厦—麓景台—麓湖阁—海谊百子大厦—江湾花园—怡安花园朗晴居—海意花苑—怡龙苑—保利丰花园—黄沙大厦—南源花园

资料来源：《广州日报》。
注：内环与环市西路环市中路部分重叠。

附表2 天河城市中心区商业服务业设施情况一览表

大类	种类	小类	数量	面积							
				A	B	C	D	E	F	G	H
		总计	6 294	2 490	1 437	992	689	413	115	94	51
I 零售商业		合计	3 155	1 685	794	426	139	52	16	30	14
	i 食杂店	小计	540	404	86	25	10	12	2	1	0
		1. 肉菜市场	25	2	2	1	5	12	2	1	0
		2. 水果店	126	112	12	2	0	0	0	0	0
		3. 熟食店	43	38	4	1	0	0	0	0	0
		4. 面包糕点	135	92	31	10	2	0	0	0	0
		5. 凉茶店	55	46	9	0	0	0	0	0	0
		6. 休闲饮品	24	13	5	4	2	0	0	0	0
		7. 牛奶店	17	17	0	0	0	0	0	0	0
		8. 粮油副食	65	53	11	0	1	0	0	0	0
		9. 补品店	43	27	10	6	0	0	0	0	0
		10. 特产店	7	4	2	1	0	0	0	0	0
	ii 便利店	小计	869	530	207	109	18	4	1	0	0
		1. 士多店	520	400	99	19	2	0	0	0	0
		2. 连锁便利	49	0	11	35	3	0	0	0	0
		3. 报刊杂志	76	72	3	1	0	0	0	0	0
		4. 小型书店	50	18	14	9	8	1	0	0	0
		5. 文具办公用品	175	40	80	46	5	3	0	0	0
	iii 穿戴用品店	小计	581	335	146	77	19	3	1	0	0
		1. 一般服饰	434	243	119	58	11	2	1	0	0
		2. 高档服装	31	4	7	12	7	1	0	0	0
		3. 饰品	94	77	13	4	0	0	0	0	0
		4. 皮具皮袋	8	2	5	1	0	0	0	0	0
		5. 金银珠宝	14	9	2	2	1	0	0	0	0

续表

大类	种类	小类	数量	面积							
				A	B	C	D	E	F	G	H
Ⅰ零售商业	ⅳ特色专业店	小计	1 052	417	354	201	67	12	1	1	0
		1.茶烟酒	181	91	59	29	2	0	0	0	0
		2.鲜花礼品	67	39	12	10	5	1	0	0	0
		3.体育用品	48	12	22	9	3	1	1	1	0
		4.五金交化	149	69	54	19	5	2	0	0	0
		5.家居装饰	121	25	55	31	8	2	0	0	0
		6.古董藏品	10	4	4	2	0	0	0	0	0
		7.婴幼商品	28	14	7	6	0	1	0	0	0
		8.通讯器材	7	0	0	4	2	1	0	0	0
		9.特色爱好	49	5	26	15	3	0	0	0	0
		10.音像制品	46	29	10	4	3	0	0	0	0
		11.保健化妆用品	72	30	32	6	4	0	0	0	0
		12.药店	63	7	13	24	16	3	0	0	0
		13.眼镜店	36	11	12	13	0	0	0	0	0
		14.电脑及配件	60	17	30	9	3	1	0	0	0
		15.仪器仪表	9	2	2	3	2	0	0	0	0
		16.饮用水点	58	45	8	4	1	0	0	0	0
		17.音乐器材	8	1	2	2	3	0	0	0	0
		18.电器	14	0	2	7	5	0	0	0	0
		19.宠物	15	6	4	3	2	0	0	0	0
		20.菜籽店	11	10	0	1	0	0	0	0	0
	ⅴ超级市场	小计	35	0	0	3	13	10	4	4	1
		1.小型超市	18	0	0	3	12	3	0	0	0
		2.中型超市	12	0	0	0	1	7	3	1	0
		3.大型超市	5	0	0	0	0	0	1	3	1

续表

大类	种类	小类	数量	面积 A	B	C	D	E	F	G	H
Ⅰ零售商业	vi大型专营商场	小计	68	0	1	11	12	11	7	18	8
		1.书城	2	0	0	0	0	0	0	1	1
		2.家居建材	3	0	0	0	0	1	0	2	0
		3.汽车市场	7	0	0	2	1	2	1	0	1
		4.电脑城	23	0	0	1	2	5	3	7	5
		5.电器城	4	0	0	0	0	0	1	3	0
		6.服饰商场	5	0	0	0	0	0	1	3	1
		7.手机数码商场	24	0	1	8	9	3	1	2	0
	vii综合商场	小计	11	0	0	0	0	0	0	6	5
		1.购物中心	4	0	0	0	0	0	0	1	3
		2.百货商场	7	0	0	0	0	0	0	5	2
Ⅱ餐饮服务业		合计	1 090	113	235	229	223	214	59	27	0
		1.中式连锁快餐	43	0	4	10	19	10	0	0	0
		2.中式一般快餐	515	112	222	147	31	3	0	0	0
		3.西式快餐	14	0	1	0	4	9	0	0	0
		4.低档中式正餐	109	0	5	48	56	0	0	0	0
		5.中档中式正餐	219	0	0	5	53	128	29	4	0
		6.高档中式餐厅	53	0	0	0	0	8	22	23	0
		7.西式餐厅和饮吧	134	1	2	19	56	53	3	0	0
		8.学生饭堂	13	0	1	0	4	3	5	0	0
Ⅲ居民服务业		合计	2 019	689	407	333	327	146	43	37	37
	i卫生服务	小计	96	11	14	24	17	10	12	2	6
	ii美容服务	小计	592	84	127	191	128	53	8	1	0
		1.美发美容	440	76	122	165	70	7	0	0	0
		2.保健美体	152	8	5	26	58	46	8	1	0

续表

大类	种类	小类	数量	面积							
				A	B	C	D	E	F	G	H
Ⅲ居民服务业	ⅲ修理业	小计	419	249	83	39	38	9	1	0	0
		1.车辆修理	90	14	14	19	33	9	1	0	0
		2.单车修理	18	18	0	0	0	0	0	0	0
		3.电脑电器修理	136	60	54	17	5	0	0	0	0
		4.洗衣缝纫	175	157	15	3	0	0	0	0	0
	ⅳ代理服务	小计	769	337	182	76	127	46	1	0	0
		1.房屋租赁	162	86	64	12	0	0	0	0	0
		2.彩票投注	41	41	0	0	0	0	0	0	0
		3.家政服务	79	51	21	5	1	1	0	0	0
		4.金融保险	159	3	6	6	104	39	1	0	0
		5.电信服务	128	70	24	15	15	4	0	0	0
		6.文印服务	100	57	30	10	3	0	0	0	0
		7.旅行社	23	9	8	5	1	0	0	0	0
		8.摄影冲印服务	77	20	29	23	3	2	0	0	0
	ⅴ休闲娱乐	小计	66	8	1	3	17	24	10	3	0
	ⅵ旅馆业	小计	77	0	0	0	0	4	11	31	31
		1.招待所	25	0	0	0	0	4	7	12	2
		2.普通宾馆	23	0	0	0	0	0	4	13	6
		3.星级宾馆	29	0	0	0	0	0	0	6	23
Ⅳ其他服务业			17	2	2	3	4	4	2	0	0

注:① 资料来自实地调查并进行统计分析。② 面积类型分别指:A≤20平方米;20平方米<B≤50平方米;50平方米<C≤100平方米;100平方米<D≤200平方米;200平方米<E≤500平方米;500平方米<F≤1 000平方米;1 000平方米<G≤5 000平方米;5 000平方米<H。

附表 3 划分商业服务业设施空间分布类型的数据指标

序号	商店类型	商店代码	标准差	离散系数	罗伦兹指数	地区特化数 LQ>1	地区特化数 LQ>5	商业地域密度
1	肉菜市场	01	0.220	4.689	0.958 4	0.045	0.045	1.042
2	水果店	02	1.191	5.027	0.954 6	0.088	0.043	2.681
3	熟食店	03	0.362	4.473	0.952 2	0.062	0.062	1.303
4	面包糕点	04	0.703	2.769	0.868 3	0.179	0.039	1.421
5	凉茶店	05	0.361	3.491	0.924 9	0.088	0.088	1.170
6	休闲饮品	06	0.225	4.986	0.963 6	0.041	0.041	1.091
7	牛奶店	07	0.214	6.710	0.979 6	0.026	0.026	1.214
8	粮油副食	08	0.851	6.963	0.973 9	0.051	0.051	2.407
9	健康食品	09	0.323	3.997	0.943 5	0.068	0.068	1.194
10	特产店	10	0.114	8.660	0.988 7	0.013	0.013	1.000
11	士多店	11	1.771	1.811	0.731 5	0.444	0.043	2.203
12	便利店	12	0.314	3.410	0.923 4	0.085	0.085	1.089
13	报刊杂志	14	0.391	2.734	0.883 0	0.130	0.130	1.101
14	小型书店	15	0.334	3.552	0.930 4	0.081	0.081	1.163
15	办公用品	16	1.515	4.606	0.908 1	0.165	0.049	1.989
16	一般服装	21	2.676	3.280	0.898 3	0.218	0.051	3.741
17	服装专卖	22	0.345	5.915	0.975 5	0.036	0.036	1.632
18	饰品店	23	0.587	3.323	0.920 6	0.111	0.111	1.593
19	皮具皮袋	25	0.122	8.093	0.986 8	0.015	0.015	1.000
20	首饰钟表	26	0.182	6.918	0.982 0	0.023	0.023	1.167
21	茶烟酒	31	0.720	2.115	0.823 3	0.233	0.075	1.460
22	鲜花礼品	32	0.435	3.452	0.920 5	0.100	0.100	1.264
23	体育用品	33	0.847	9.388	0.988 8	0.028	0.028	3.200
24	五金交化	34	0.673	2.404	0.856 9	0.190	0.064	1.475
25	家居装饰	35	0.696	3.059	0.905 9	0.135	0.053	1.681
26	古董藏品	36	0.136	7.225	0.983 1	0.019	0.019	1.000
27	婴妇用品	37	0.247	4.698	0.959 2	0.047	0.047	1.120
28	通讯器材	38	0.129	9.834	0.991 9	0.011	0.011	1.167
29	特色爱好	39	1.482	16.091	0.991 9	0.028	0.028	3.267

续表

序号	商店类型	商店代码	标准差	离散系数	罗伦兹指数	地区特化数 LQ>1	地区特化数 LQ>5	商业地域密度
30	音像制品	40	0.347	4.012	0.9388	0.073	0.073	1.179
31	化妆品	41	0.421	3.110	0.9117	0.107	0.107	1.263
32	医药品	42	0.387	3.265	0.9180	0.098	0.098	1.212
33	眼镜店	43	0.311	4.601	0.9583	0.053	0.053	1.286
34	电子产品	44	0.919	8.148	0.9866	0.030	0.030	3.750
35	仪表仪器	45	0.167	9.875	0.9912	0.013	0.013	1.286
36	饮用水店	46	0.424	3.890	0.9401	0.079	0.079	1.381
37	音乐器材	47	0.122	8.093	0.9868	0.015	0.015	1.000
38	家用电器	48	0.192	7.300	0.9822	0.023	0.023	1.167
39	宠物用品	49	0.177	6.261	0.9772	0.026	0.026	1.071
40	菜籽店	50	0.338	16.346	0.9983	0.004	0.004	5.500
41	小型超市	51	0.181	5.344	0.9680	0.034	0.034	1.000
42	中型超市	52	0.148	6.583	0.9793	0.023	0.023	1.000
43	大型超市	53	0.096	10.266	0.9925	0.009	0.009	1.000
44	大型书店	61	0.061	16.279	0.9981	0.004	0.004	1.000
45	家居建材	62	0.075	13.279	0.9962	0.006	0.006	1.000
46	汽车市场	63	0.129	9.834	0.9919	0.011	0.011	1.167
47	电子市场	64	0.373	8.627	0.9861	0.024	0.024	1.769
48	电器商场	65	0.086	11.489	0.9944	0.008	0.008	1.000
49	服饰商场	66	0.096	10.266	0.9925	0.009	0.009	1.000
50	手机商场	67	0.233	5.168	0.9666	0.039	0.039	1.143
51	购物中心	71	0.086	11.489	0.9944	0.008	0.008	1.000
52	百货商场	72	0.114	8.660	0.9887	0.013	0.013	1.000
53	连锁快餐	81	0.299	3.698	0.9346	0.073	0.073	1.103
54	一般快餐	82	1.954	2.018	0.8018	0.344	0.066	2.814
55	西式快餐	83	0.160	6.083	0.9755	0.026	0.026	1.000
56	低档餐厅	84	0.881	4.299	0.9373	0.105	0.038	1.946
57	中档餐厅	85	0.875	2.124	0.8171	0.258	0.038	1.599
58	高档餐厅	86	0.341	3.419	0.9250	0.086	0.086	1.152

续表

序号	商店类型	商店代码	标准差	离散系数	罗伦兹指数	地区特化数 LQ>1	地区特化数 LQ>5	商业地域密度
59	西餐厅	87	0.726	2.882	0.879 7	0.167	0.049	1.506
60	学生饭堂	89	0.154	6.318	0.977 4	0.024	0.024	1.000
61	文印服务	100	0.477	2.539	0.854 9	0.165	0.165	1.136
62	卫生门诊	101	0.339	3.284	0.918 4	0.092	0.092	1.122
63	专科医院	102	0.224	4.586	0.956 5	0.047	0.047	1.040
64	综合医院	103	0.187	6.628	0.980 2	0.024	0.024	1.154
65	保健美体	104	0.658	2.304	0.839 2	0.209	0.049	1.369
66	理发店	105	0.699	3.350	0.912 7	0.128	0.041	1.632
67	美容美发	106	1.210	1.957	0.787 6	0.320	0.032	1.935
68	冲印摄影	107	0.392	2.710	0.881 1	0.132	0.132	1.100
69	车辆维修	108	0.488	2.886	0.894 3	0.132	0.132	1.286
70	单车维修	109	0.210	6.197	0.977 4	0.028	0.028	1.200
71	电器维修	110	0.988	3.865	0.912 8	0.141	0.047	1.813
72	洗衣缝纫	111	0.815	2.478	0.857 7	0.203	0.070	1.620
73	房屋租赁	112	0.800	2.628	0.878 5	0.175	0.073	1.742
74	彩票投注	113	0.267	3.461	0.924 7	0.077	0.077	1.000
75	家政服务	114	0.391	2.632	0.877 1	0.135	0.135	1.097
76	银行保险	116	0.615	2.059	0.806 7	0.237	0.047	1.262
77	电信服务	117	0.724	3.011	0.896 6	0.150	0.039	1.600
78	加油站	119	0.166	6.798	0.980 9	0.023	0.023	1.083
79	驾驶培训	120	0.086	11.489	0.994 4	0.008	0.008	1.000
80	网吧歌厅	132	0.324	5.069	0.957 8	0.053	0.053	1.214
81	俱乐部	133	0.251	4.598	0.954 4	0.051	0.051	1.074
82	游乐场	134	0.075	13.279	0.996 2	0.006	0.006	1.000
83	招待所	141	0.220	4.689	0.958 4	0.045	0.045	1.042
84	一般酒店	142	0.212	4.913	0.962 2	0.041	0.041	1.045
85	高档酒店	143	0.246	4.370	0.952 2	0.053	0.053	1.071
86	旅行社	144	0.221	5.114	0.965 4	0.030	0.030	1.438

附表 4 商业服务业设施的空间分布类型与城市商业区类型的关系

	零星均匀分布	广泛均匀分布	偏均匀分布型	零星分布型	偏集聚型	高度集聚型
城市综合服务区	相关:肉菜市场,超市	相关:凉茶,便利店,化妆品,连锁快餐,医疗卫生,车辆维修,文印服务	高度相关(37.7%):面包,烟酒,五金,家居,餐厅,SPA,洗衣店,修理业,地产,银行,电信	—	较相关(19.9%):土多,一般快餐,美容,美发,一般服装	—
社区基本服务区	相关:肉菜市场,超市	相关(13.3%):凉茶,报刊,书店,音像,药店,鲜花,连锁快餐,医疗卫生,车辆维修,文印服务	高度相关(37.8%):面包,饰品,烟酒,家居,餐厅,SPA,洗衣店,修理业,地产,电信	—	高度相关(30.6%):土多,一般快餐,美容美发,一般服装	相关:水果店,粮油副食
服饰商业区	—	相关:凉茶,报刊,化妆品,医疗卫生,文印服务,照相馆冲印	—	相关:服饰专营商场	高度相关(45.1%):土多,一般快餐,美容美发,一般服装	—
办公服务区	高度相关:住宿	—	—	高度相关:酒店,百货商场,大型专营商场	相关:快餐,美容	依附关系:电子产品
专业服务区	高度相关:住宿	—	—	—	—	—
特色商业服务区	—	—	—	—	高度相关:土多,一般快餐,美容美发	—
专业市场区	—	—	—	高度相关:电脑专业市场	—	完全相关(83.8%):菜籽,体育用品,特色爱好,电子,办公

后 记

商业的复杂性和时效性使其发展规律往往很难把握,特别是对商业和空间关系的揭示,常常使人感觉力不从心。也正因如此,无论对年轻学者还是学术前辈,商业地理成为一个很吸引人的研究领域。具有两千多年商贸历史的广州市,作为岭南政治、经济、文化的中心,是一个理想的研究样地。本书的研究历时三年,从城市的宏观到微观层面对广州市商业业态空间进行解读,试图回答其形成机理、结构形式和职能类型等一般性命题。我们虽饱含探索的热情,但书稿完成之后,始终觉得难以触及商业业态空间的内在本质,更遑论对其规律性的揭示了。唯一可以表达的是,对学术的满怀敬畏。

付梓之际,我们希望表达对许学强教授和闫小培教授两位导师的感激之情。没有他们多年如一日的指引和用心点拨,我们可能没有缘分走上学术的道路,也可能与商业地理这个丰富多彩的学术领域擦肩而过……

此外,我们也要感谢颜廷真博士和曹小曙副教授对本书出版的大力支持,感谢所有在本书撰写和出版过程中提供过建议和帮助的人。

林 耿 周锐波
2006 年 11 月 12 日
于广州中山大学康乐园